André Karger und Rudolf Heinz (Hg.):
Trauma und Schmerz

Reihe: edition psychosozial

André Karger und Rudolf Heinz (Hg.):

Trauma und Schmerz

Psychoanalytische, philosophische und sozialwissenschaftliche Perspektiven

Psychosozial-Verlag

Bibliografische Information der Deutschen Bibliothek
Die Deutsche Bibliothek verzeichnet diese Publikation in der Deutschen Nationalbibliografie; detaillierte bibliografische Daten sind im Internet über <http://dnb.d-nb.de> abrufbar.

Originalausgabe

E-Mail: info@psychosozial-verlag.de
www.psychosozial-verlag.de

Umschlagabbildung: Kentaur Cheiron;
griechische Vasenmalerei um 520 v. Chr.
Umschlaggestaltung nach Entwürfen
des Ateliers Warminski, Büdingen.
ISBN 978-3-89806-485-9

Inhaltsverzeichnis

Trauma und Schmerz

Einleitung

André Karger, Rudolf Heinz

Schmerz gehört zu den elementaren Erfahrungen des menschlichen Lebens. Er ist ein zentrales Element unserer Kultur und entsteht gleichsam »an den Schnittpunkten von Körper, Psyche und Kultur« (Morris 1994, S. 11; vlg. auch Le Breton 2003). Als eine im eigenen Körper herrschende Gewalt artikuliert der Schmerz einen Riss. Er reißt im Menschen einen Abgrund auf, der in ihm selber ist und der die »beruhigende Teilungslinie zwischen dem Physischen und dem Psychischen allmählich zerbrechen« (Pontalis 1998, S. 230) lässt. Im alltäglichen Verständnis erscheint der Schmerz darum als Vorbote, als Zeichen des Todes und wird in dessen Nähe gestellt. Der Schmerz macht den Menschen sich selber fremd und nimmt ihn zugleich vollkommen in Anspruch. Alle differenzierten Empfindungsqualitäten macht er zunichte und ist darin buchstäblich *totalitär*. Er reduziert den Menschen auf diese eine Empfindung und macht ihn sich und der Welt fremd. Der Körper ist im Schmerz eingeschlossen, gleichsam erstarrt. Anders als andere Empfindungen hat er keinen Referenten und lässt sich nicht angemessen artikulieren, im Gegensatz beispielsweise zur Angst und zur Trauer, die auf ein Objekt bezogen sind. Die einzige Artikulation des Schmerzes ist der Schrei, an ihm scheitert die Sprache. Der Schmerz steht dabei auch für das *Unmitteilbare*. Schmerz schließt die Mitteilung, die Teilhabe am anderen radikal aus und treibt in die Vereinzelung und Privation. Zugleich lässt sich fragen, auf was diese Eigenschaften des Schmerzes hindeuten: das Totalitäre, das Unmitteilbare und die Privation? Es sind Eigenschaften, die den Schmerz nicht nur in die Nähe des Todes, sondern auch des Heiligen rücken.

Aus der doppelten Nähe zum Tod und zum Heiligen lassen sich zwei grundsätzliche Deutungsrichtungen verfolgen: die Überwindung des Schmerzes durch das Individuum und die Überwindung des Individuums durch den Schmerz. Erstere beschäftigt sich mit den individuellen Folgen des Schmerzes in seiner zerstörerischen Gewalt. Hierbei geht es meist im Zusammenhang von Schmerz und Krankheit um Formen seiner Bewältigung. Letztere beschäftigt sich mit dem Schmerz als Mittel der Entindividualisierung, beispielsweise in der Folter, im Ritual oder der Erziehung. Dem entsprechen zwei zunächst gegenläufige Praktiken, die zugleich die Entwicklungsdynamik der modernen Kultur kennzeichnen: den Umgang mit dem Schmerz als

Schmerzvermeidung und Schmerzsteigerung. Dies lässt sich am Christentum und seinem säkularen Nachfolger der naturwissenschaftlichen Medizin zeigen. Eine Art Urszene des Christentums ist die Darstellung der Passion Christi. In der christlich geprägten Tradition wird der Schmerz nicht einfach nur durch ein Heilsversprechen gerechtfertigt, sondern geradezu für notwendig erklärt. Schon etymologisch sind Schmerz und Pein (engl. pain, frz. peine) an die Strafe (lat. poena) gebunden. Der Schmerz und das Leiden wird in der Imitatio Christi zu Erlösung. Zentral in dieser christlichen Leidensmystik ist bekanntlich die Annahme, dass das Mit-Leiden mit Jesu eine mystische Erfahrung der Gottesnähe bringt. Für die christlichen Wundmale gilt, dass sich im Fleisch »die Spiritualisierung des Fleisches manifestiert« (Vinken 2004, S. 14). Die Erfahrung und Überwindung des Schmerzes als Ertötung der eigenen negativen Existenz (des Körpers) führt zum Hervorgang des Geistes aus dem toten Körper als Gott. Die Passion Christi ist, wie die Folter, auf ein Telos hin organisiert, welches in der Transzendenz, der Gottwerdung des Menschen besteht. Diese – zutiefst ödipale – Phantasmatik der Erlösung ist zugleich mit einer Ökonomie der Gewalt und des Opfers verknüpft, welches im Selbstopfer nur scheinbar die Gewalt des Opfers des Körpers verdeckt. Zunächst im Gegensatz zu der Affirmation des Schmerzes im Christentum steht das Projekt der Moderne, welches seit Mitte des 19. Jahrhunderts – in diesen Zeitraum fällt auch die Einführung der Narkose in die Medizin – Techniken zur Schmerzvermeidung ersinnt. So ist die moderne Medizin nicht nur als Schmerztherapie, sondern in einem umfassenden Sinne als Palliativmedizin auf die Beherrschung des Schmerzes aus. Der Schmerz wird zum rein objektivierbaren biochemischen Problem, das seiner rationalen therapeutischen Beseitigung harrt. Dabei gilt doch für das Verständnis des Schmerzes, beides – Schmerzvermeidung und Schmerzsteigerung – zusammen zu denken und in ein Bedingungsgefüge zu bringen und zu verstehen, dass die realisierten Extreme der beiden Alternativen tödlich sind.

Bereits zum zweiten Mal (vgl. Karger, Heinz 2004) fand am 20. November 2004 an der *Klinik für Psychosomatische Medizin und Psychotherapie der Heinrich-Heine-Universität Düsseldorf* die Arbeitstagung zu interdisziplinären Aspekten des Traumas statt, diesmal unter dem Titel *Trauma und Schmerz*. Mit der Engführung auf Schmerz sollte die Diskussion des übergeordneten Traumaproblems ihre Fortsetzung finden, konsequenterweise nicht zuletzt im Rekurs nämlich auf die etymologisch ursprüngliche medizinisch tradierte Bedeutung von Trauma: »Verletzung«, »Wunde«, mit ihrem sensuellen Effekt: körperlicher Schmerz, dieser skandalösen Realie menschlicher Existenz. Obwohl Trauma und Schmerz bereits dem Wortsinn nach verbunden sind und der Schmerz zentral die Phänomenologie des Traumas mit bestimmt, gibt es bisher wenige Arbeiten, die sich mit diesem als eigenständigem Phänomen beschäftigen. Der bisher vernachlässigten Problemdimension des Schmerzes beim Trauma nachzugehen, haben sich vorliegende Beiträge zur Aufgabe gestellt. Während der *Teil I* die Beiträge der Arbeitstagung beinhaltet, sind im *Teil II* die Fragestellung derselben ergänzende und fortführende Texte zusammengefasst.

Ausgehend von der Annahme des Todestriebs als Abwehrvorgang des Ur-Traumas der Sterblichkeit gilt für den Schmerz die unabweisbare Fantasmatik der todestriebmotivierten Verdinglichung des Körpers: dessen hartbestrafte apotheotische Anmaßung zugleich vitaler Körper und mortales körperüberbietendes Ding selbst zu sein. Schmerz signalisiert, verdammend und rettend, die unmögliche Unmöglichkeit dieser von sich aus nicht unter subjektive Verantwortung fallenden Anmaßung.

»Schmerz ist der gefühlsahnende Weg« zum Tod, der in der Gefühlsahnung zugleich gehemmt wird: »die höchst denkbare Steigerung unserer Körperlichkeit« (Améry 2002, S. 75). Dies schreibt Améry über den Schmerz als Versehrter, der die Folter, von Nationalsozialisten ausgeübt, am eigenen Leib selbst erleiden musste. Sein Essay »Die Tortur« zählt vermutlich zu den meistzitierten deutschsprachigen Texten über die Folter, deren Überwältigungsmacht er als eine totale beschreibt. Nicht zuletzt aus dem aktuellen Anlass der Diskussion um die Legitimität staatlicher Gewalt zum Schutze ihrer Bürger und der Frage der Einschränkung derer Grundrechte, die im Gefolge der Terror-Anschläge vom 11. September 2001 aufgekommen ist, beschäftigen sich gleich zwei Beiträge mit der Folter. In den »Überlegungen zum Problem von Folter und Schmerz« des Psychoanalytikers *André Karger* (Düsseldorf) wird im Rückgriff auf Scarry (1992) verdeutlicht, dass der Körper und mithin das Individuum nur vermittelt durch das Andere des Objekts (des Dings) gegeben ist. Diese Vermittlung oder in psychoanalytischer Terminologie Übertragung ist ein Produktionsverhältnis, in dem Körper nothaft durch das Andere des Objekts supplementiert wird. Das Trauma und in subjektiver Rücksicht seine Empfindung, der Schmerz, markieren die letztfühlbare Grenze des Einschnitts des Objekts (des Dings) im Körper. Das »Problem des Leidens«, mithin des Schmerzes, ist stets im Rahmen des Verhältnisses von »Schöpfung« (Produktion) und »Auflösung« (Antiproduktion) von Kultur situiert. Folter (und Krieg) sind anmaßende, überbietende Nachahmungen (Usurpationen) humaner Produktion. Damit sind sie zuletzt immer Symptome einer kulturellen Krise. Auch der Friedensforscher *Hajo*

Schmidt (Hagen) bezieht sich in seinem Beitrag »›The Body in Pain‹ – Folter oder demokratischer Rechtsstaat?« auf die aktuelle Diskussion um die Einschränkung der Grundrechte zur Gewährleistung der Terrorbekämpfung. Der moderne Rechtsstaat als »sterblicher Gott« (Hobbes) erliegt aber seinem Fantasma, wenn er mit Gewalt die Durchsetzung seiner allgemeinen regulativen Idee betreibt und so die wichtige Differenz zwischen dieser und dem individuellen Rechtssubjekt wegzuschaffen beginnt. Schöpfung und Auflösung im Schmerz sind auch im Beitrag des Medien- und Kulturwissenschaftlers *Reinhold Görling* (Düsseldorf) explizit Thema. Die christliche Ikonographie zeigt, mit Verweis auf Walker Bynum, dass die Wunde an der Seite Christi nicht nur als Stigma der Verletzung, sondern »als Brust und sein blutendes, laktierendes Fleisch als Symbol der ›Menschwerdung‹ Gottes« anzusehen ist (Walker Bynum 1996, S. 65). In der christlichen Pathosformel der Stigmata ist die Wunde das sichtbare Zeichen der Nicht-Repräsentierbarkeit eines sich der subjektiven Verfügung Entziehenden und markiert damit die Bedingungen von Sichtbarkeit überhaupt.

In seinem philosophiegeschichtlichen Aufriss »Schmerz und Kontingenz« redet der Philosoph *Rudolf Bluhm* (Düsseldorf) der Funktionalisierung des Schmerzes wider, in der dieser auf ein bloßes Ziel hin verstanden und sogleich kontextualisiert wird: der Schmerz in seiner Bedeutung für ein zufriedenes Leben oder für die Nachfolge Gottes etc. Demgegenüber geht Bluhm dem phänomenalen Eigencharakter des Schmerzes nach, den er als Erleben von chronischer Nicht-Transzendenz bestimmt wissen will. Dieses nicht in subjektive Verantwortung fallende Begehren nach Transzendenz ist bei dem Philosophen *Rudolf Heinz* (Düsseldorf) in seinem Beitrag »Der Strafkolonist am Reck. Über den Zusammenhang von Ding, Krankheit, Folter und Artistik« todestrieblich-philosophisch präzisiert als tötender erstletzter Inzest von Körper und Ding, in dem sich die Göttlichkeitsanmaßung der Sterblichen, unsterblich zu sein, realisiert. Schmerz ist paradoxerweise die rettende, verdammende Sanktion dieser Anmaßung.

Die dynamischen Folgen der traumatisierenden Situation für die psychischen Strukturen und Prozesse untersucht der Psychoanalytiker *Bernd Klose* (Düsseldorf) in seinem Beitrag »Schmerz und Schmerzschicksal – Funktionswandel des primären Schmerzes der traumatisierenden Situation«. Erleidet das Opfer als Folge intrusiver Gewalterfahrung einen unerträglichen lebensbedrohlichen Zustand von Hilflosigkeit, kann dieser durch psychische Besetzung und Introjektion des Täters und des primären Schmerzerlebnisses abgewendet werden. Dieses fürderhin Fremde im Selbst, das Introjekt, wird ein Teil der psychischen Struktur des Opfers (Ichideal) und gleichzeitig zur

Quelle eines beständigen intrapsychischen Konflikts wie des Selbsterhaltes. Ist später das Selbstwert-Gleichgewicht bedroht, kann durch aktive Zufügung von Schmerz, d.h. durch aktive Wiederholung der traumatisierenden Situation, der Selbsterhalt gesichert werden. In der Krankheit erfährt der primäre Schmerz – Folge drohender Selbstvernichtung – paradoxerweise einen Funktionswandel zum Schmerz als Selbsterhalt, was gewichtige Implikationen für den therapeutischen Umgang mit ihm hat.

Die Zahl der Opfer des Genozids in Ruanda übersteigen die menschliche Vorstellungskraft. Innerhalb von 13 Wochen wurden 1994 etwa 800.000 Menschen der Volksgruppe der Tutsi gezielt getötet. Nicht aber mit der Trauma der Opfer, sondern mit dem psychischen Bedingungen (Derivate des malignen Narzissmus), die auf Seiten der Täter solche vernichtende Gewalt am anderen bahnen, beschäftigt sich der Psychoanalytiker *Hans-Jürgen Wirth* (Gießen) in seinem Beitrag »Genozid und seelischer Schmerz. Psychoanalytische Überlegungen zum Völkermord in Ruanda«. Auf dem Hintergrund der Täter-Orientierung in der aktuellen Diskussion um den Nationalsozialismus wird dabei auch die Frage aufgegriffen, inwieweit denn der maligne Narzissmus der Täter aus einer Traumatisierung derselben folgt und die Täter ebenfalls durch ihre Tat Traumatisierte sind. Dabei argumentiert Wirth bei aller differenzierenden Betrachtung letztlich gegen eine Verwischung des fundamentalen Unterschieds zwischen Tätern und Opfern und zeigt, dass bereits klinisch bei beiden ganz unterschiedliche Syndrome vorliegen. Notwendig für die Täter wäre aber, dass sie die Symptome der Traumatisierung an sich zuließen, in dem sie beginnen, sich mit ihren Opfern zu identifizieren.

Die erste Textminiatur »Exkurs zur ›Urverdrängung‹« von *Rudolf Heinz* (Düsseldorf) schreibt das psychoanalytische Konzept der »Urverdrängung« dahingehend um, dass die Urverdrängung als libidinöse Gegenbesetzung, Abschirmung einer apriorischen Traumatik verstanden wird. Das Trauma ist, todestriebtheoretisch gefasst (s.o.), die Sterblichkeit des Menschen. Die zweite Textminiatur nimmt die Frage nach der Differenz von Schmerz als Repräsentation des Traumas, mithin von »Verletzung« und »Krankheit« auf und bestimmt erstere als fantasmatisch schuldbereinigte, entsubjektivierte Steigerung von Krankheit. Solchermaßen bereinigt, strebt die Naturwissenschaft danach, letztlich jede »Krankheit« in »Verletzung« zu überführen. Auch der theoretisch an die »Pathognostik« von Rudolf Heinz anschließende Text des Philosophen *Christoph Weismüller* (Düsseldorf) »Verletzlichkeit, Trauma und Schmerz – Götter, Dinge und Menschenkörper« beschäftigt sich mit Verletzlichkeit als Inbegriff der oszillierenden, für Produktion wie Antiproduktion geöffneten humanen Zwischensphäre, die auch zur Hoffnung auf kritische Interventionschancen Anlass geben mag.

Mit dem Schmerz ist die Sinnfrage untrennbar und als immer wieder neu zu stellende verbunden. Weder hat der Schmerz einen Sinn, noch ist er schlicht sinnlos. Die Folter greift auf diese Eigentümlichkeit des Schmerzes zu und instrumentalisiert sie. In seiner phänomenologischen Analyse »Schmerz als soziale Handlung. Bemerkungen zur Folter« begreift der Philosoph *Christian Grüny* (Witten-Herdecke) die Folter als dessen soziales Ausagieren.

In seinem Beitrag »Deutung und Gewalt. Deutung zwischen Affirmation und Zerstörung« wiederholt sich für den Psychoanalytiker *Olaf Knellessen* (Zürich) in der scheinbar gewaltfreien therapeutischen Technik der Deutung die grundsätzliche Ambivalenz des Psychischen: die Dynamik von Bewältigung und Überwältigung. Psychische Repräsentation entsteht in einem Akt der Gewalt, der die Gewalt des Todes zugleich aufschiebt: das Leben kann sich vor dem Tod nur durch die Ökonomie des Todes (Schmerz) schützen. Krankheit hat immer etwas mit der Verwerfung dieser Ambivalenz des Psychischen zu tun. Bei Daniel Paul Schreber, dem »berühmtesten Patienten der Psychiatriegeschichte« wird in der Psychose diese Verwerfung des Traumas der Kastration am eigenen Leibe vollzogen: Die Gottwerdung geschieht analog der Imitatio Christi als schmerzender Prozess der Weibswerdung. Dies führt der Psychoanalytiker *Bernd Nitzschke* (Düsseldorf) in seinem Beitrag »›Schrecknisse völlig unbekannter Art‹. Ein Jahrhundert Menschen aus Schreberschem Geist« aus und gibt dabei zugleich anlässlich des Centenariums (2003) der »Denkwürdigkeiten eines Nervenkranken«, in denen der Schmerzensmann Schreber über seine Verwandlung schreibt, einen Überblick über dessen Rezeptionsgeschichte.

Krankheiten sind, das zeigt auch die Begriffsgeschichte des »Traumas«, soziale Konstrukte, deren präzisere Verortung allererst mit einer allgemeinen Theorie der Krankheit gelingen. Diskurse über- und verformen den – professionellen – Blick auf die Phänomene. Die Psychologin *Angela Kühner* (München) stellt die nicht zuletzt auch praktisch bedeutsame Frage, ob angesichts der inflationären Verwendung des Traumabegriffs und dessen zunehmender Medizinalisierung das Sprechen über Trauma dem entsprechenden Phänomen überhaupt noch gerecht wird, und ob derzeit andere Begriffe, wie Schmerz, angemessener sein könnten?

Hiermit danken wir dem Grafiker Burkhard Neumann (Düsseldorf), der das Titelmotiv entworfen hat, der Stiftung zur Förderung der Philosophie e.V., welche die Veranstaltung und die Publikation finanziell mit einer Spende unterstützt hat, und allen ungenannten freiwilligen Helfern.

Literatur

Améry, J. (2002): Die Tortur. In: ders.: Werke, Bd. 2. Stuttgart (Klett-Cotta), S. 55–85.

Karger, A., Heinz, R. (2004): Trauma und Gruppe. Psychoanalytische, philosophische und sozialwissenschaftliche Perspektiven. Gießen (Psychosozial).

Le Breton, D. (2003): Schmerz. Eine Kulturgeschichte. Zürich, Berlin (Diaphanes).

Morris, D. B. (1994): Geschichte des Schmerzes. Frankfurt am Main, Leipzig (Insel).

Pontalis, J.-P. (1998): Zwischen Traum und Schmerz. Frankfurt am Main (Fischer) [2003 Psychosozial].

Scarry, E. (1992): Der Körper im Schmerz. Frankfurt am Main (Fischer).

Vinken, B. (2004): Via cruris, via amoris. In: Menke, B., Vinken, B. (Hg.): Stigmata. Poetiken der Körperinschrift. München (Fink), S. 11–23.

Walker Bynum, C. (1996): Fragmentierung und Erlösung. Frankfurt am Main (Suhrkamp).

Teil I

Überlegungen zum Problem von Folter und Schmerz

André Karger

Beschäftigt man sich mit dem Schmerz als einem Element des Traumas, sieht man sich sofort mit einer Reihe heterogener Diskurse (Medizin, Religion, Politik etc.) und grundlegender Probleme konfrontiert. Das Hervorstehendste und Allgegenwärtige, auf das man trifft, ist das des Körpers und seiner Beziehung zur Psyche, der so genannte »Leib-Seele Dualismus« als die Not der Repräsentation sowohl des Körpers als auch der Psyche! Geht der Schmerz als psychisches Phänomen (einer Sinneswahrnehmung) letztlich ganz in der ihn hervorrufenden körperlichen Verletzung auf? Stellt man die Frage so, impliziert diese bereits eine Scheinkausalität von Ursache und Wirkung. Oder ist Schmerz als psychisches Phänomen tatsächlich ein mentaler Akt ohne Referenz (das Qualia-Problem)? Oder ist Schmerz als psychisches Phänomen nur »in einer Art von Monismus der absoluten Koppelungsdifferenz von Körper und Seele« (Heinz 1990, S. 352f) zu denken? Ich möchte hier diese basale Problemdimension zwar markieren, aber im Folgenden vernachlässigen und mich mit dem Phänomen Schmerz von einem seiner Ränder her nähern. Es ist ein bekanntes Verfahren, nicht nur der Psychoanalyse, sich mit einem Phänomen von seinen Rändern, seinen Abweichungen und Auslassungen her auseinander zu setzen und es durch diese zu bestimmen. In diesem Sinne möchte ich einige Gedanken über den Schmerz anstellen, indem ich mich mit einem seiner Extreme beschäftige, der Folter (Makropathologie). Die Analyse des Schmerzes mit der Folter aufzunehmen, folgt auch dem Ansatz von Elaine Scarrys monumentaler Studie »Der Körper im Schmerz« (Scarry 1992), die für meine Überlegungen ein wichtiger Orientierungsrahmen ist. Dabei ist es unumgänglich, das »Problem des Leidens« stets im Rahmen des Verhältnisses von »Schöpfung« (Produktion) und »Auflösung« (Antiproduktion) zu sehen. Das Denken über Folter in der grund-legenden Dimension des Humanen zu situieren, unterscheidet sich radikal von anderen Ansätzen, welche die Folter entweder aus den psychologischen Gründen der Täter (beispielsweise als Sadismus) oder aus handlungsrationalen Gründen (beispielsweise zur Informationsgewinnung) zu erklären versuchen.

Kam dem Thema der Folter über viele Jahre in der öffentlichen Diskussion eher ein marginaler Stellenwert zu, hat sich dies in der letzten Zeit geändert. Die Einrichtung der »Lager« in Guantanamo Bay und anderswo, die Veröffentlichung der Folter-Bilder aus dem Gefängnis in Abu Ghraib oder die rechtliche Diskussion im »Fall Daschner« mögen als Anzeichen einer neuerdings wieder die öffentliche Wahrnehmung bedrängenden Aktualität der Folter gelten. Was damit angezeigt wird, ist wohl weniger das erneute Auftauchen des Phänomens der Folter in unserem abendländischen Kulturkreis – eine neuerliche Begegnung mit einem längst abgeschafft geglaubten Wiedergänger der Geschichte –, als vielmehr deren erschrecktes Gewahrwerden als anhaltende Obrigkeitspraxis rechtsstaatlicher Demokratie. Folter zählt nicht nur, folgt man den Jahresberichten von Amnesty International, weiterhin zu einer verbreiteten systematisch ausgeübten Herrschaftstechnik, sondern ist anhaltender Problembestand der abendländischen Kultur: »die Tortur begleitet den Prozess der Zivilisation« (Kramer 2004, S. 42). Bei der Re-Lektüre eines wichtigen Textes zur Folter, »Die Tortur« von Jean Améry (2002), musste ich beispielsweise verwundert feststellen, dass selbst die Diskussion um Folter-Bilder bereits seit Jahrzehnten zum Bestand der Nach-Moderne zählt – davon einmal abgesehen, dass die öffentliche Darstellung von Folter ein zentrales Sujet der Kunst ist. In den 1960er Jahren erschienen Fotos von Folterungen gefangener Vietcong-Rebellen in den westlichen Medien. Graham Greene schrieb damals an den Londoner *Daily Telegraph*: »Das Neuartige an den von der englischen und amerikanischen Presse veröffentlichten Fotografien ist, dass man sie offenbar mit Einverständnis der Folterknechte aufnahm und dass sie ohne Kommentare publiziert wurden …« (ebd., S. 37ff).

Jenseits der Frage nach der moralischen und juristischen Legitimität (vgl. beispielsweise Reemtsma 2005) hat mich die Funktion der Diskussion um »Lager« und »Folter« und deren Symptomcharakter in den jetzigen kriegerischen Auseinandersetzungen, die unter der Bezeichnung »Globalisierung« geführt werden, beschäftigt. Was heißt es für unsere westliche Kultur (hierbei ist kein Unterschied zwischen US-Amerika und Europa zu machen), wenn »Lager« und »Folter« wieder in Erscheinung treten? Und was sagt die Folter über Schmerz und Trauma aus? Warum muss Folter fotografiert werden? Die Fragen so zu stellen, heißt aus der Perspektive des Täters zu denken.

Was ist Folter? Im weitesten Sinn ist Folter, wie es in der UN-Konvention festgelegt wird, »jede Handlung, durch die einer Person vorsätzlich große körperliche oder seelische Schmerzen oder Leiden zugefügt werden … [und] wenn diese Schmerzen von einem Angehörigen des öffentlichen Dienstes oder einer anderen in amtlicher Eigenschaft handelnden Person … verursacht werden« (Allgemeine Erklärung der Menschenrechte vom 10. Dezember 1948). Zentral für die Folter sind also zwei Elemente: »erstens die Zufügung großer Schmerzen oder Leiden, zweitens die Täterschaft der Obrigkeit« (Kramer 2004, S. 15).

Folter als Handlung geschieht in der Intimität eines zur Öffentlichkeit hin abgeschlossenen Raumes. Aber Folter ist zu allererst ein soziales Geschehen und ein öffentliches Geschehen. Folter ist der Eingriff des Sozialen, intentionale Traumatisierung vermittelt über den Körper, in die Psyche, die über den Schmerz vermittelt wird und die mit einer erzwungenen Aufnahme, einem Übergang des Individuums in das Soziale einhergehen. Deshalb wird Folter auch häufig mit Initiationsriten verglichen (Oberdiek 2000). Das allgemeine Problem kultureller Gewalt wird in der Folter in dreifacher Weise konkretisiert: um die Dimensionen der Vorsätzlichkeit, des Schmerzes und der Legitimität durch die Stellvertreter des Sozialen.

Ich möchte im Folgenden entlang des Textes »Die Tortur« von Améry (1977) einige weitere Problemspezifikationen markieren. Améry fragt zunächst nach dem Status des Wissens über Folter und dem Verhältnis von Imaginärem (Imagination / Vorstellung der Folter) und Realem (Wirklichkeit / Ereignis der Folter). Seine Antwort lautet, man weiß

> »nur so halb und halb … aber nicht darum, weil etwa, wie man so sagt, das Geschehnis ›die Vorstellungskraft überstiege‹ .., sondern weil es Wirklichkeit ist und nicht Imagination. Man kann ein Leben daran wenden, das Eingebildete und das Wirkliche gegeneinander zu halten, und wird dennoch niemals damit zu Rande kommen« (ebd., S. 61).

Der Ausdruck »gegeneinander halten« bedeutet mindestens zweierlei, dass etwas gegeneinander gestellt und mit einander verglichen wird. Dieses Gegeneinanderhalten im Sinne des Vergleichens meint, dass, wie dies im Umgang mit dem Trauma gleichfalls bedeutsam ist, die Imagination sich beständig von der Wirklichkeit unterscheiden muss. Es ist das »Dissoziieren«, die Aufspaltung und Selbstdistanzierung des Subjekts, in der die Wirklichkeit zu einer Vorstellung wird und das Subjekt beständig in der Kraft dieser Unterscheidung weiter existieren kann. Es ist der Modus des »Gegeneinanderhaltens«, in dem die Vorstellung der Folter und das Ereignis der Folter beständig auseinander gehalten werden müssen. Der andere Sinn des »Gegeneinanderhaltens« ist so ziemlich das Gegenteil davon: der des aktiven Zusammenfügens im Sinne einer gegenseitigen Abstützung, das Neutralisieren zweier Gegenkräfte. Das Gegeneinanderhalten in dem letztgenannten Sinne ist dasjenige, was zentral den Akt der Folter ausmacht. Es ist das Zusammen- und Gegeneinanderdrängen von

Vorstellung und Wirklichkeit, die sich im Schmerz diskriminieren und im Tod zusammenfallen.

An mehreren Stellen nimmt Améry das Problem der Differenz zwischen Vorstellung und Wirklichkeit auf und betont die irreduzible Differenz zwischen beiden. Er greift ein altes Problem der angemessenen Darstellung des Bösen, der Gewalt, auf und unterstreicht dabei die Einzigartigkeit und die Nicht-Darstellbarkeit des Ereignis der Folter. Gleichzeitig schiebt sich aber – mit der Behauptung der Nicht-Darstellbarkeit – eine weitere Bedeutung ein, die mit der »Einzigartigkeit« einher geht. Das Ereignis der Folter gerät in seiner Einzigartigkeit (Singularität) in gefährliche Nähe zum Heiligen. Das Gedächtnis der Singularität ist der Schmerz. Améry schreibt:

> »Ich kaufe eine Zeitung und bin ›ein Mann, der eine Zeitung kauft‹: Der Akt unterscheidet sich nicht von dem Bild, in dem ich ihn vorausnahm, und ich selbst differenziere mich kaum von den Millionen, die ihn vor mir vollzogen (...) die so genannte Wirklichkeit des Alltags ist selbst im unmittelbaren Erlebnis nichts als (...) Abstraktion. In Wahrheit stehen wir dem Ereignis und damit der Wirklichkeit nur in seltenen Momenten unseres Lebens Aug' in Auge gegenüber« (ebd., S. 63).

Dieses Moment eines negativen absoluten Evidenzerlebens, das »Auge in Auge mit dem Ereignis sein«, realisiert sich in der Folter. Man könnte einwenden, dass Améry sich gerade so verhält, wie jeder schwer Traumatisierte, der in seiner Symptomatik, im Sinne der Identifikation mit dem Aggressor, gerade dasjenige affirmieren muss, was ihn zerstört. Allerdings scheint bei ihm die grundsätzliche Ambivalenz der Einzigartigkeit auf als nichtende (fürchterliche) und zugleich erhabene (heiligende) Gottesnähe. Es ist dieser Aspekt des Problems des Heiligen, der auch in Kafkas Strafkolonie (»Wie still wird dann aber der Mann um die sechste Stunde! Verstand geht dem Blödesten auf. Um die Augen beginnt es«) – wie überhaupt in der Passionsmystik, in der der Schmerz zur Gottesgegenwart verhilft – eine zentrale Rolle spielt.

Améry selbst schreibt weiter zu dem nämlichen Problem: »Wer (...) in der Folter von dem Schmerz überwältigt wird, erfährt seinen Körper wie nie zuvor. Sein Fleisch realisiert sich total in der Selbstnegation« (ebd., S. 74). Die Folter ist so etwas, wie die überbietende Nachahmung der Anmaßung von Krankheit am anderen, in der der Körper im Schmerz die Seele negiert, indem diese in den Körper eingeht. Erst in der Folter »wird die Verfleischlichung des Menschen vollständig«. Der Schmerz ist der »gefühlsahnende

Weg« zum Tod. Die Folter lässt »uns den eigenen Tod erleben«. Améry zeigt den wichtigen Zusammenhang an zwischen dem Motiv der Gottwerdung des Menschen, der Folter und dem Schmerz!

Um diesen Zusammenhang genauer zu fassen, möchte ich im Folgenden kurz zunächst das theoretische Gerüst skizzieren, in dem sich Elaine Scarry (1992) bewegt, um dann in einem zweiten Schritt auf die Folter zu sprechen zu kommen. Scarry geht von einer konflikthaften Struktur der Kulturentwicklung aus, deren innere Gleichförmigkeit sich in den antagonistischen Prozessen der Schöpfung und Auflösung zeigt. Paradigmatisch für zwei Punkte in der Entwicklung der westlichen Kultur sind die Religion des Christentums und dessen säkularisierte Form des Kapitalismus (Materialismus), die Scarry anhand der Bibel und Marx' Schriften analysiert. Der Schöpfungsprozess wird als zunehmende Supplementierung des Körpers gedacht. Die Schöpfung (Produktion) beruht auf einer »Grundbeziehung zwischen physischem Schmerz« als Grenze der Empfindung und »den vorgestellten Objekten« (ebd., S. 409). Der Körper ist selbst schon ein Supplement erster Ordnung, da er nur im psychischen Phänomen der Empfindung gegeben ist. Das Supplement ist primär eine Projektion von Körper als Empfindung. Die Projektion von Empfindung ist die Objektivierung von Empfindung. Als objektivierte Empfindung wird diese wieder introjiziert, d. h. sie wirkt auf den Körper zurück und verändert diesen. Das introjezierte Supplement verleiht der »objektlosen Empfindung« einen Referenten (ebd., S. 415). Dem Supplement kommt die Aufgabe zu, die Widrigkeit der Empfindung zu mindern und die Macht der Empfindung zu vergrößern, in einer Weise, dass das Bewusstsein eine Komplexität und Weite erreicht, die mit den problematischen Kontingenzen des Körpers nicht zu erreichen wäre.

Aufgabe des Supplements ist es »die Widrigkeit der Empfindung (nicht die Empfindung selbst) zu verringern« (ebd., S. 446). Eine Supplementierung ist notwendig, weil der Körper von einem fundamentalen Mangel befallen ist: seiner Sterblichkeit. Die Empfindungen des Körpers sind Anzeichen seiner Sterblichkeit, welche letztlich aus dem physischen Schmerz hervorgehen.

Die Supplementierung als körperüberbietende Projektion geschieht nicht nur im Akt des Vorstellens (als psychischem Akt). Das Supplement muss in einem zweiten Schritt substantiiert, d. h. materialisiert werden, damit es sich nicht vollständig vom Körper ablöst.

Das Problem der Substantiierung, genau genommen das Problem der Transsubstantiation als des Eingangs des Göttlichen in den Menschen, wird im Christentum und im Materialismus auf unterschiedliche Weise gelöst. Während in der Religion dem Menschen (Körper) als Supplement der Gott, ist im Materialismus ihm das Kapital gegenüber gestellt. In beiden Fällen, Religion wie Materialismus, gelingt die Transsubstantiation aber nicht, da die Rückvermittlung des Supplements in den zu supplementierenden Körper scheitert (der Akt der Konsumtion). Vielmehr kommt es zu einer *Isolierung* des Supplements, also des Gottes sowie des Kapitals, welches rein in sich zu zirkulieren beginnt: im Verhältnis von Ware und Kapital. Das, was das Supplement leisten sollte, eine Minderung der Not des Körpers als die Widrigkeit der Empfindung, findet nicht statt. Der »menschliche Schöpfer« findet keine »körperliche Entlastung« durch sein göttliches Artefakt / Supplement (ebd., S. 404). Er muss sein Leid (Opfer) maximieren, um sein Artefakt zu substantiieren (i. S. der Aufrechterhaltung des Glaubens). Beispiele hierfür sind die Passion Christi, in der Christus mit seinem Opfer Gottvater substantiiert, oder das Wirtschaftssystem, welches geschaffen wurde, um von der Not der körperlichen Existenz zu befreien, dann aber mit noch mehr Arbeitsopfern gesichert werden muss. Dies wird durch die aktuelle Wirtschaftssituation gut illustriert, in der es zunehmend für mehr Arbeit weniger Geld gibt. Der Wert einer Großtheorie wie der von Marx oder von Scarry liegt darin, dass sie eine Erklärung liefert, warum die individuellen Reaktionen auf eine solche Situation jenseits der Vernunft oder des Verstandes liegen. Nicht individuelle Gier und Neid alleine als psychologische Motive sind hinreichend erklärend, vielmehr wird deutlich, dass in der Dimension des Begehrens eine kulturelle Substantiierungskrise vorliegt. Wenn das Kapital zunehmend in sich zu zirkulieren beginnt, hat dies Rückschläge auf die Körper, die ja nothaft auf ihr Artefakt angewiesen sind.

Dies ist für Scarry der Umschlag zur Antiproduktion: das Opfer der Arbeitskraft muss durch das Körperopfer ersetzt werden. Es findet eine Maximierung der Opfer zur Substantiierung des Supplements statt. Krieg und Folter sind negative Substantiierungsstrategien.

Was heißt das für das Verständnis der Folter? Folter ist ein interpersonelles Geschehen. Es ist eine extreme Beziehungsmodalität zwischen zwei Menschen: einem Täter und einem Opfer, in der es für den Täter um seine Resubstantiierung geht. Hierfür wird der Körper des Opfers in ein Ding (»Supplement«) verwandelt. Eine wesentliche Rolle bei diesem Vorgang spielt der Schmerz. Denn die Objektivierung des Körpers in der Folter geschieht als Objektivierung des Schmerzes: das Nichtfühlbarwerden von Fühlbarkeit, mit der sich der Täter identifiziert. Die Folter kann in drei Prozesselemente unterteilt werden: 1. Steigerung des Schmerzes (physischer Akt: Zufügung von Schmerz, sprachlicher Akt: Verhör), 2. Visualisierung (Objektivierung) des Schmerzes

(Wunde [Körper]; Ding [Waffe]), 3. Isolierung und Aneignung des objektivierten Schmerzes und dessen Deutung als Macht. Warum kommt dem Schmerz diese ausgezeichnete Funktion zu? Da der »physische Schmerz keinen Referenten besitzt, (...) er ist nicht von oder für etwas (...) und gerade weil er kein Objekt hat, widersetzt er sich mehr als jedes andere Phänomen der sprachlichen Objektivierung« (ebd., S. 14). Schmerz ist als Sinnesqualität eine Empfindung, die einen unausdrückbaren physischen körperlichen Zustand repräsentiert. Genauer: Der Vorgang der Objektivierung des Schmerzes ist für Scarry eine Objektivierung seines Signifikanten (bei Scarry Attribut), das darum real ist, weil das Signifikat, auf das dieser verweist, als Sinnesqualität »unbestreitbar real«, evident ist. Gleichzeitig muss der Beweis der Evidenz durch die Sichtbarkeit des (gefolterten) Körpers geleistet werden: deshalb ist Folter immer öffentlich und muss immer repräsentiert (fotografiert) werden. Bezogen auf die Folterbilder aus Abu Ghraib heißt das aber, dass wir in einer Substantiierungskrise sind, und wir – die Folterer – diese Bilder brauchen.

Damit ist die Folter eine basale politische Strategie zur Legitimation von Macht. Gerät eine Ideologie oder zentrale Idee eines Kollektivs in eine Legitimationskrise, erfolgt ein Rückgriff auf den Körper und seine Faktizität. Signifikanten (Attribute) des Körpers werden von diesem abgelöst und auf die kulturelle Konstruktion zurück übertragen, um diese abzusichern. Folter und Krieg sind anmaßenden überbietende Nachahmungen (Usurpationen) des Schöpfungsaktes. Die Schöpfung selbst führt zu einer zunehmenden Entwirklichung, die im Krieg ihre Fortsetzung und Umkehrung erfährt. Krieg und Folter sind Strategien der Substantiierung (wiederaneignende Verkörperlichung des Supplements).

> »Wenn das System nationaler Überzeugungen keine andere Quelle der Substantiierung mehr besitzt als die schiere Körperlichkeit derer, die diese Überzeugung hegen und die bloße Intensität der Gefühle in diesen Körpern, dann kommt der Wunsch nach Krieg auf. D. h. zum Krieg kommt es, wenn das eigene Land für ein Volk zur Fiktion geworden ist, wie sehr das Volk diese Fiktion auch lieben mag« (ebd., S. 97).

Was folgt daraus: Je rasanter der kulturelle Prozess der Immaterialisierung, desto härter die Sanktion dieser Immaterialisierung durch Krieg, Folter und Krankheit (als Körperanmahnung). Die weitere Übertragung auf die aktuelle politische Situation überlasse ich dem geneigten Leser.

Literatur

Améry, J. (2002): Die Tortur. In: ders.: Werke, Bd. 2. Stuttgart, S. 55–85.

Burschel, P., Distelrath, G., Lembke, S. (Hg.) (2000): Das Quälen des Körpers. Eine historische Anthropologie der Folter. Köln (Böhlau).

Heinz, R. (1990): Pathognostische Studien, Bd. III. Essen (Blaue Eule).

Kramer, S. (2004): Die Folter in der Literatur. München (Fink).

Le Breton, D. (2003): Schmerz. Zürich, Berlin (Diaphanes).

Menke, B., Vinken, B. (Hg.) (2004): Stigmata. Poetiken der Körperinschrift. München (Fink).

Oberdiek, U. (2000): Initiation, Selbst-Folter und Folter. In: Burschel, P., Distelrath, G., Lembke, S. (Hg.): Das Quälen des Körpers. Eine historische Anthropologie der Folter. Köln (Böhlau), S. 67–98.

Pontalis, J.-B. (1998): Über den (psychischen) Schmerz. In: ders.: Zwischen Traum und Schmerz. Frankfurt am Main (Fischer) [2003 Gießen, Psychosozial-Verlag], S. 222–238.

Reemtsma, J. P. (2005): Folter im Rechtsstaat. Hamburg (Hamburger Edition).

Scarry, E. (1985, 1992): Der Körper im Schmerz. Frankfurt am Main (Fischer).

»The Body in Pain« – Folter oder demokratischer Rechtsstaat?

Hajo Schmidt

Rückkehr der Folter?

Die im Gefolge der Anschläge vom »11. September« zunächst in den USA, dann in allen, eigenem Selbstverständnis nach rechtsstaatlich verfassten OECD-Staaten durchgesetzte Einschränkung der Grund- und Bürgerrechte musste deren Anwälte und Nutznießer, im Zweifel also ganze Bevölkerungen, beunruhigen. Dies umso mehr, als der praktische Nutzen der Maßnahmen, die Gewährleistung einer effizienten und zugleich rechtskonformen Terroristenbekämpfung nämlich, von betroffenen Bürgern und kompetenten Kritikern gleichermaßen bestritten wurde. Wieweit könnte, wieweit dürfte der Rechtsstaat gehen, um seine hochsymbolisch und medienwirksam infrage gestellten Sicherheits- und Schutzfunktionen, nach innen wie nach außen, zu behaupten? Guantanamo, die Bilder aus Abu Ghraib (deren quasidokumentarischer Charakter die beunruhigende Frage aufwerfen ließ, was wir alles an und auf Bildern nicht zu sehen bekamen), die sich verdichtende Überzeugung systematischen Folterns durch die irakischen Besatzungsmächte, vor allem durch die USA, nährten und nähren die schlimmsten Befürchtungen: die Renaissance von Folter und Folterern auch im demokratischen Verfassungsstaat?!

Es empfiehlt sich zu differenzieren. Was Existenz und Ausmaß der Folter betrifft, so müssen wir gewiss eine grundsätzliche Sonderstellung der Vereinigten Staaten geltend machen; könnten uns die geschilderten Ereignisse veranlassen, das den Aufstieg der USA zum konkurrenzlosen Welthegemon absichernde Unmaß an Gewalt und Menschenopfern einmal unvoreingenommen zur Kenntnis zu nehmen; sollten wir auch in Sachen Staatsterrorismus den Kontinuitätsaspekt für die Außen- und Sicherheitspolitik der Bush-Administration stark machen.

Stützen könnten wir uns dabei auf beste, selbstkritische Traditionen und Erkenntnisse US-amerikanischer Provenienz. So entdeckten bereits Mitte der Achtziger Jahre die umfänglichen Recherchen Noam Chomskys und Edward Hermans Washington, D.C., als »Welthauptstadt für Folter und politischen Mord« (1979, S. 16), schätzten Ende der Achtziger Jahre Insider, nämlich CIA-Dissidenten, die Anzahl der Kommunistenhatz und »Counter-Insurgency« zum Opfer gefallene Bewohner dritter Länder auf ca. 6 Millionen (!)[1], erzwangen Oppositionelle und Bürgerbewegungen die Beinahe-Schließung und Umwidmung der Zehntausenden lateinamerikanischer ›Sicherheitsspezialisten‹ Grundzüge des Folterhandwerks vermittelnden »School of the Americas« (Grobe 1004).

Gewiss hat die jetzige Regierung neue Akzente gesetzt. Im Pentagon haben Rumsfeld und seine Staatssekretäre, so resümiert der in der USA lehrende, für die *Frankfurter Rundschau* den letzten US-Wahlkampf kommentierende Helmut Müller-Sievers unter Berufung nicht zuletzt auf die Recherchen des unerschrockenen Seymour Hersh[2], »mit Billigung des Präsidenten (...) ein Netz von ultra-geheimen Spezialeinheiten gestrickt, die nicht nur den Auftrag zur Jagd auf Verdächtige erhielten, sondern gleichzeitig die Erlaubnis, überall auf der Welt geheime Gefängnisse einzurichten und in diesen Verhöre vorzunehmen, für die das Verbot der Folter nicht mehr gelten sollte. Diese Aufträge waren umso leichter zu erteilen, als im Zuge der Abwendung vom Staat als Rechtsverwahrer Teile der Kommandos von Zivilisten gebildet wurden, die keinem militärischen Befehl unterstehen. Guantanamo ist nur die sichtbarste Insel in diesem Meer der Rechtsfreiheit, Abu Ghraib nur zufällig bekannt geworden« (FR. 29. September 2004).

Man wird anderen OECD- und Nato-Staaten, einzelner Skandale unbeschadet, ein vergleichbares Maß rechtsethischer Verwahrlosung in der Außen- und Sicherheitspolitik nicht vorwerfen können, mag sich allenfalls darüber wundern, warum die liberalen Medien und Öffentlichkeiten dieser Gesellschaften nicht stärker – investigativ, diskursiv, normativ – auf die auf Permanenz gestellten Entgleisungen und Gewaltexzesse des Bündnisführers und Hegemons reagiert haben, obwohl diese doch auf das Herz des liberaldemokratischen Staats- und Menschenrechtsverständnisses zielen. »Bushs Brandzeichen Guantanamo«, hat Christian Geyer zurecht bemerkt (FR, 17. Mai 2004), symbolisiere die zivilisatorische Innovation »rechtsförmige(r) Rechtslosigkeit« – eine höchst unansehnliche Innovation, »deren Dynamik nur schwer abzustoppen ist, weil sie eine grundlegende zivilisatorische Sperre knackt: die der Rechte-Zuschreibung für jedermann, auch für den Rechtsbrecher, dessen Terror die zivilisierte Ordnung bedroht«.

Mag auch ein indolenter Präsident keinen Zusammenhang erkennen zwischen seiner Rechtsfigur »des Rechtsbrechers, dem keine Rechte zustehen«,

1 Wie berichtet im *Guardian Weekly* vom 30.12.1987, zit. nach Johan Galtung (2003).
2 Dessen höchst aktuelle Reportagensammlung Chain of Command erfreulich schnell auch auf Deutsch erschienen ist.

und unsäglichen, leider zur Genüge belegten Geheimdienst-Praktiken – »›Greift euch, wen ihr braucht und macht mit ihnen, was ihr wollt‹ – so fassen mehrere amerikanische Geheimdienstmitarbeiter laut New Yorker die Order zu den Sonderverhören zusammen« (ebd.) –, so bewegt doch viele Bürger der USA wie anderer OECD-Staaten die Furcht vor dem definitiven entzivilisierenden Dammbruch.

Rechtsstaat versus Folterpraxis

In Deutschland haben die Folter-Nachrichten und -Bilder von jenseits des Atlantiks Abscheu, zum Teil Entsetzen ausgelöst; sie haben aber auch eine Diskussion befördert und breitgetreten, die von der Kontroverse über das Verhalten des stellvertretenden Frankfurter Polizeipräsidenten Daschner im Mordfall Jakob von Metzler allein nicht hätte leben können, an der sich neben Journalisten und Leserbriefschreibern Juristen und Rechtsphilosophen, Historiker und Literaten, Bundeswehrangehörige und Strafverfolger beteiligten, und in deren Verlauf auch radikale und vor kurzem kaum aussage-, geschweige denn rechtfertigungsfähige Positionen als vom Atem der Weltgeschichte angehaucht erscheinen konnten. Bedenkt man, wie kategorisch noch im Falle der RAF-Gefangenen jeder Bezug anstößiger einschlägiger Praktiken – Dauerüberwachung, Zellendauerbeleuchtung, Isolation – zur gängigen Folterpraxis bestritten wurde, mussten juristische Innovationen, wie der Vorschlag zur Einführung eines (rechtsstaatliche Bremsen ausbauenden) »Feindstrafrechts« (G. Jakobs) oder die Relativierung des Menschenwürdeparagrafen des Grundgesetzes (M. Herdegen), ebenso wie politische Empfehlungen, etwa der Folterfreigabe für – außerhalb unserer Rechtssystems und -schutzes angesiedelten – Terrorismus-Beschuldigte (M. Wolffsohn), Aufsehen und glücklicherweise auch Bedenken erregen.

Denn alle unentwegte Konstruktion von Extremsituationen, aus denen allein die Anwendung der Folter einen human angemessenen Ausweg versprechen soll, die ganze Suche nach der »guten Einzelfallfolter« (B. Lochbihler von *Amnesty*) also, vermag sich ebenso wie ein intrinsisch perfektioniertes Unterscheidungswesen – Beweismittel-, Rettungs-, Straf-Folter; »weiße« und Normalfolter... – vor dem Gewicht der notorischen Einwände gegen die Folter allenfalls gewaltsam zu behaupten: dass Foltern relevante Erkenntnisse weder hervorbringen kann noch letztlich will, und dass der als denk- und legitimierbar behauptete Folterfall nichts, aber auch gar nichts mit der sozialen, politischen und ethischen Realität von Tausenden täglich erfolgender Folterakte zu tun hat (vgl. Scarry 1992, Anm. 11 und 160).

Mit diesen – letztlich defensiven – Argumenten begnügten sich zahlreiche Gegenreden nicht, die einen konstitutiven Zusammenhang zwischen einschränkungslos zu beachtender Menschenwürde und Respekt vor dem menschlichen Körper bzw. Leib herstellten und die auf der Unvereinbarkeit auch der Ausnahmefolter mit unseren historisch-politischen, rechtsethischen und/oder moralischen Überzeugungen bestanden. Ohne deren Panorama hier entfalten zu können, referiere ich unmittelbar auf einen Beitrag Jan Phillip Reemtsmas[3], der sich kategorisch gegen jede Aufweichung des Folterverbots durch staatliche Stellen wendet, und dessen argumentative Grundstruktur offensichtlich zur Begründung unterschiedlicher Positionen, von *ai* bis hin zu wertkonservativen Kreisen, taugt.

Ausgangspunkt von Reemtsmas Ausführungen ist die Existenz eines funktionierenden, von seinen Bürgerinnen und Bürgern bejahten und belastbaren Rechtsstaates. Durch eine wie auch immer eingeschränkte Legitimierung der Folter würden Idee und Realität dieses Rechtsstaats »in ihrer Substanz« beschädigt, weil dessen Voraussetzung »die Idee des rechtsfähigen Subjekts« darstellt – eines selbstbewussten Subjekts, dem grundsätzlich die Nachprüfbarkeit allen staatlichen Handelns auf seine Rechtmäßigkeit hin offen steht, das aber durch Foltern in seiner Rechtssubjekt-Qualität infrage gestellt, ja, »im Extremfall als autonomes Individuum zerbrochen und zerstört wird.« Daher gilt das Verbot der Folter ausnahmslos, schützt Schuldige wie Unschuldige eben als Mitglieder und ideelle Voraussetzungen des Rechtsstaats und steht nicht zur Disposition einzelfallbezogener Abwägungen.

Reemtsmas Situierung der Folterproblematik im Bereich der »Sittlichkeit« und nicht der »Moralität« weist höchst plausibel die Verwechslung der moralischen Konfliktlage sozialer Subjekte, in der ethisch womöglich hochbedeutsame Normen kollidieren[4], mit der Situation zurück, in der ein Staat sein Gewaltmonopol widerstands- und einspruchslos an der Nichtigkeit des beschuldigten Einzelsubjekts exekutieren darf – nicht selten bis hin zum Brechen jeden Restes persönlicher Würde und Autonomie. Die Angemes-

3 Reemtsma hat sich an verschiedenen Orten zur Problematik geäußert; ich beziehe mich hier auf seinen Artikel, den die *Tageszeitung* (TAZ) am 22. Juni 2004 veröffentlicht hat.

4 Einschlägig wäre hier das bekannte Beispiel vom gewaltaversen Jüngling, der zur massiven Gewalt greifen muss, um die Vergewaltigung seiner Schwester durch Bewaffnete abzuwehren. Um Kriegsdienstverweigerer einer – zuletzt Kriegsdienst und Bundeswehr legitimierenden – Widerspruchs in ihren ethischen Auslassungen zu überführen, erfreute sich das Beispiel seit den Sechsziger Jahren großer Beliebtheit auf den Kreiswehrersatzämtern der Republik, reüssierte dort aber offensichtlich nur als ein Kategorienfehler (vgl. auch Reemtsmas Unterscheidung von Moralität und Sittlichkeit).

senheit dieser Betrachtungsweise wird auch durch die historische These Reemtsmas gestützt, dass der Kampf gegen die Folter, inklusive ihrer philosophischen Delegitimierung, die Entstehungsgeschichte des Rechtsstaats grundiere: »Das Verbot der Folter gehört zum Kernbestand unserer modernen westlichen Zivilisation.« Und auch das lasse sich zeigen: »(…) wo die Folter zugelassen wurde, zerbrach der Rechtsstaat«.

Reemtsmas Zurückweisung jeder Aufweichung des absoluten Folterverbotes überzeugt philosophisch-systematisch wie historisch. Gleichwohl bedürfen Ausführungen dieses Typs einer gewissen ›Erdung‹; darum möchte ich den Gedanken stark machen, dass das, was bei einer noch so zurückhaltenden Rechtfertigung der Folter auf dem Spiel steht, zuletzt nicht die Anerkennung einer unserem Selbstverständnis nach unverzichtbaren Idee ist, sondern der höchst verletzliche Körper des Menschen. Die Intransigenz in der Verteidigung der Menschenwürde und des Menschenrechts stützt sich hiernach nicht allein auf die Evidenz eines sich in den Begriffen von Menschenwürde, Menschenrecht und Rechtsstaat explizierenden Selbstbewusstseins postaufklärerischer Subjekte, sie wurzelt immer zugleich im Wissen um die äußerste Verletzlichkeit des menschlichen Körpers, in der Erfahrung eines entsprechenden, zurückhaltend-respektvollen Umgangs mit demselben sowie im Verdacht einer latenten Dezivilierungsneigung selbst des Rechtsstaats. In dieser Sicht verleiht eine dichte Studie der amerikanischen Literaturwissenschaftlerin Elaine Scarry (1992) zur Anthropologie und Sozialpsychologie der Folter den vorstehenden Ausführungen eine angemessene Dramatik und neues Gewicht.

»Der Körper im Schmerz«

Für Scarrys einfühlsame Studie, umfassend interessiert am Zusammenhang von körperlicher Schmerzerfahrung und der Schaffung wie der Auflösung von Kultur, gewinnt die (Analyse der) Folter einzigartige Bedeutung dadurch, dass der in ihr gezeugte namenlose Schmerz das betroffene Subjekt in die Grenzerfahrung der Auflösung von Welt treibt. Diese Grenzerfahrung beglaubigt die innere Verwandtschaft des aller sprachlichen Vermittlung widerstehenden Schmerzes und des alle Bewusstseinsgehalte stillstellenden Todes. Imponiert »der Tod durch Abwesenheit, der Schmerz dagegen durch empfundene Gegenwart« (49), dann lässt sich der Schmerz als Vorschein und Imitat des Todes, jede extreme Schmerzzufügung aber als »Scheinexekution« verstehen und erleben.

Das Wissen um diese intimen Zusammenhänge machen sich Folterer und folternder Staat zunutze, wenn sie ihre Opfer der Tortur und dem Verhör unterwerfen. Beides gehört in der Regel zusammen: »Die Folter besteht aus einem zentralen physischen Akt, der Zufügung von Schmerz, und aus einem zentralen sprachlichen Akt, dem Verhör« (45). Ehe ich mich der wichtigen Frage zuwende, ob das Verhör mehr ist als der Vorwand, der Legitimationsversuch unsäglicher Schmerzattacken, möchte ich die Struktur des Folterprozesses skizzieren, dessen Sinn bzw. Zweckhaftigkeit sich für Scarry resümiert in der »Umwandlung absoluten Schmerzes in die Fiktion absoluter Macht« (43).

Grundsätzlich repetiert der Folterprozess die Abfolge und Verschränkung dreier Tatbestände:

> »Erstens wird einem Menschen in stetiger Steigerung Schmerz zugefügt. Zweitens wird der Schmerz (...) auch in dem Sinne gesteigert, dass man ihn objektiviert und so für jene sichtbar macht, die außerhalb des Gepeinigten stehen. Drittens wird der objektivierte Schmerz als solcher geleugnet und stattdessen als Macht gedeutet ...«. (44) Dieser Strukturaufriss der Folter bedarf der Erläuterung.

Die Folter beginnt mit der Zufügung starker und immer stärkerer (zumeist) körperlicher Schmerzen. Abscheulich für den nicht involvierten Betrachter, den Folterer als moralisch verwahrlosten Staatsagenten bloßstellend, bereitet die Folter ihrem Opfer ein intensiveres Schmerzerlebnis als im Falle irgendeines anderen Leidens, ein Erlebnis allerdings, dass allen anderen weitgehend unzugänglich bleibt. Hieran zu arbeiten und die Attribute des Schmerzes zu objektivieren, kennzeichnet die nächste Phase des Folterns – versteht sich: nicht zwecks Anerkennung und Milderung, sondern zur Dokumentation und Steigerung des Folterschmerzes. »Der Schmerz wird daher in den vielgestaltigen und ausgeklügelten Prozessen sichtbar gemacht, die sich aus dessen Erzeugung entwickeln« (79).

Wird der Schmerz der Folter notwendigerweise empfunden als »schiere Widerwärtigkeit«, als in mir und doch zugleich als gegen mich gerichtet, als Nicht-Ich, so findet dieses Nicht-Ich im Folterer seine dauerhaft-abstoßende Repräsentanz, die sich bald aber über alle Räumlichkeit und deren Gegenstände auszubreiten trachtet. Die Dauerschmerzerfahrung erzwingt ein Bewusstsein eigener wie umfassender fremder Täter- bzw. »Agentenschaft«:

> »Das Gefühl, zum Agenten des eigenen Schmerzes geworden zu sein, das in zahlreichen Situationen der Tortur erkennbar ist, findet seine Inszenierung in jenem ritualisierten Verrat an sich selbst, den das Geständnis oder die erzwungene Körperhaltung anzeigt. Das Gefühl der äußeren Agentenschaft objekti-

> viert sich in dem Umstand, dass Raum und Zivilisation systematisch in das Waffenarsenal des Folterers eingebaut werden« (80).

Es kommen hinzu die Missachtung und Verwischung der Grenzen zwischen Innen und Außen: »Das Opfer wird gezwungen, auch auf die intimsten und innersten Regungen seiner Körperlichkeit (Schmerz, Hunger, Ekel, Sexualität, Ausscheidung) zu achten, während es gleichzeitig keine positive Privatheit gibt, da ständige Überwachung herrscht (...): Öffentlichkeit und Privatheit existieren nur noch in ihrer Entstellung« (81f.). Konstatieren wir noch die Zerstörung der Sprache des gefolterten Subjekts, Extremisierung und Instrumentalisierung der grundsätzlichen Sprachlosigkeit und Kommunikationsresistenz des Schmerzes, sowie die »Zerrüttung aller Bewusstseinsinhalte«, die den Gefolterten am Ende aufgehen lassen im Waffenarsenal des Folterers. »So vermehrt der Folterer wie der Schmerz beständig seine Ressourcen und Zugriffe, bis der Raum und alles darin zu einer gewaltigen externalisierten Landkarte wird, auf der die Gefühle des Opfers aufgezeichnet sind« (84).

Das Perverse: Der solcher Art objektivierte, in der äußeren Welt nun zugleich die innere Realität spiegelnde Schmerz wird, wiewohl produziert, vom Produzenten doch zugleich geleugnet. Was aus der Sicht des Opfers alles zum Agenten, zur Ursache seiner Leiden werden konnte – und am Ende war das seine ganze Welt inklusive seiner abwesenden Lieben und Vertrauten –, gerinnt unter den Händen und im Munde des Folterers zu Instrumenten von dessen Übermacht, zu Insignien des von ihm repräsentierten politischen Regimes. In der unvergleichlichen Asymmetrie der ins Spiel gebrachten Kräfte »ist nicht der Schmerz, sondern das Regime unbestritten real (...), hat nicht der Schmerz, sondern das Regime die Macht, (...) die Welt aufzulösen« (86) – endet der Prozess mithin als Selbstdarstellung absoluter, wenngleich »fiktiver Macht« (87).

Man hätte nun weder die anthropologische noch die politische Dimension des Vorgangs hinreichend ausgeleuchtet, übersähe man die sprachliche Seite des Geschehens, das ›Verhör‹. Der sprachliche Akt nämlich liefert die Ideologie und moralische Rechtfertigung der Folter und sorgt entscheidend für deren Überleben in Raum und Zeit. Stellt die Frage des Inquisitors das vorgebliche Motiv für sein Tun bereit, den höheren Auftrag und die Begründung seiner schändlichen Taten, so gewährt eine dem Opfer abgenötigte ›Antwort‹, das »Geständnis«, hierfür scheinbar die Bestätigung. Unsinniger-, aber fast unvermeidbarerweise wird der Wehrlose so zum »Verräter«, der statt Mitgefühl nun die Verachtung der Welt erntet und darüber des funktionalen Zusammenhangs zwischen Verhörpraxis und Schmerzzufügung gewahr werden könnte.

Wenn er das noch könnte... So verwerflich und unbegründet die Insinuation des Folterers ist, die Antwort des hilflos Gefolterten, sein so genanntes Geständnis, sei als Verrat, »Selbst-Verrat« zu verstehen, so sicher kann sie gleichwohl rechnen auf ein Entgegenkommen des schmerzenden Körpers selbst. Jedem Schmerz, zumal dem intensiven, eignet nämlich – Urschuld des Körpers am Subjekt sozusagen – ein »unsichtbares Moment von Verrat an sich selbst«, von »Selbsthass« und »Selbstentfremdung« (72) – schmerzinduzierte Fundamentaldefizite mithin, die im abgepressten Geständnis Objektivierung finden und dadurch auch der unerträglichen Anmaßung souveräner Macht subjektiv anschauliche Substanz verschaffen.

Die Dechiffrierung des »Körpers im Schmerz« als der ultimativen »positiven« – und dazu noch subjektiv gewährten (!) – »Quelle der Substanziierung« (94) angemaßter äußerster Macht bringt Scarrys Demontage der Folter als Wahrheitssuche und Rettungsversuch zum Abschluss. Die Folter wird Eckstein und äußerster Fluchtpunkt der Dezivilisierung und jede Verteidigung desselben gerät zum Skandal: »Wer die willentliche Verursachung von Todesqualen auch nur mit einem glimpflichen Namen, einem vertuschendem Wort belegt, der macht Sprache und Kultur zu Komplizen ihrer Destruktion« (67).

Rechtsstaat und Folter – ein Missverständnis?

Nicht nur dem Folterer nimmt Scarrys einfühlsame Analyse das gute Gewissen. Politisch wie moralisch sind deren Lehren klar und, wie mir scheint, von verstörender Konsequenz. Eine Welt liegt zwischen jener situativ nahe liegenden – als Chance ergriffenen oder der Not gehorchenden – physischen Gewaltanwendung zwecks Abwendung unmittelbar drohenden Leids und der systematisch betriebenen Zerstörung des Individuums durch die Zufügung unerträglicher Schmerzen und die Zerstörung seiner Sprache, *ad maiorem gloriam* der folternden Macht und deren unmenschlichen Agenten! Und wieweit entfernt uns Scarrys sensible Nachzeichnung eines ausschließlich zugunsten des Folterers sich verschiebenden Interaktions- und Machtgefüges von Ideologie und Apologie der Folter: sie diene, Unrecht im Medium der Sprache aufzudecken und unerträgliche Gefahr von Staat und Bürgerschaft abzuwenden?

Zweifellos stehen Sprache und Sprechen im Mittelpunkt der Folter. Fügt die Folter dem Gefolterten Schmerzen zu, die ob ihrer Intensität schon Sprache zerstören, so wird dieser Vorgang durch ›das Verhör‹ zugleich gespiegelt und überboten – besteht dessen Zweck doch nicht in der Informationsgewinnung, »sondern einzig darin, die Sprache des Gefangenen sichtbar aufzulösen«

(35). Dieser nihilistische Prozess körperlicher, sprachlicher und mentaler Enteignung dokumentiert eine weitere Perfidie dadurch, dass er alle Verantwortungsverhältnisse verkehrt und dem Folterer ein Motiv (qua ›Verhör‹), dem Gefolterten aber (qua ›Geständnis‹) alle Schuld zuerkennt. So verwandelt sich selbst die Rest-Moral des gequälten Subjekts in ein Attribut, oder besser: in die »Fratze« (Reemtsma) des folternden Regimes, der Über-Macht.

Der gebrochene Körper des Subjekts »substantiiert« (94 und passim) also die Macht des Regimes: Es wird deutlich, warum Reemtsma die Folter in einen kontradiktorischen Gegensatz zu Idee und Realität des Rechtsstaats brachte; man begreift, warum (der selbst gefolterte) Jean Améry in ihr »die Essenz des Nationalsozialismus« sehen konnte (zit. nach Heidelberger-Leonard 2004, S. 87).

Dann wäre also die – hier am Verhalten der USA und anhand einiger Symptome der bundesdeutschen Debatte konstruierte – Liaison zwischen Staat und Tortur, zwischen Rechtsstaatsbegehren und Folterwunsch nur ein Missverständnis – eine ›unmögliche‹ und durch Aufklärung jederzeit revorzierbare Beziehung? Dies scheint mir denn doch, auch wenn die Symptome noch überschaubar sind und die USA bevorzugt im und für das Ausland foltern (lassen), ein zu großer Optimismus. Angesichts der Opfergeschichte des modernen Staates möchte ich zu bedenken geben: Auch der Rechtsstaat, auch der demokratische, bleibt »sterblicher Gott« (Hobbes) und mag als solcher (gelegentlich) glauben, selbst die Menschenwürde als Inbegriff individueller Autonomie und Rechtsfähigkeit zum ureigensten Produkt oder Geschenk gar seiner originären Rechtssetzungs- und Durchsetzungskompetenz erklären zu können.

In dieser Sicht mag dann die exemplarisch oder systematisch betriebene Folter des Staates als Antwort auf das bzw. als fantasmatischer Exit aus dem ›Rechtsstaatsparadox‹ sich begreifen lassen. Der demokratische Verfassungsstaat hat in historisch unvergleichbarem Maße für die Anerkennung, Durchsetzung und Differenzierung des Rechts und aller Rechtsverhältnisse gesorgt und dabei eine ebenfalls einzigartige Machtfülle erworben. ›Bezahlt‹ aber hat er diesen seinen Erfolg, zumindest nach offiziellem bundesdeutschen Staats- und Verfassungsverständnis[5], mit seiner teleologischen Hinordnung auf bzw. seiner axiologischen Unterordnung unter das fragile, durch seine Menschenwürde hypostasierte, einzelne Rechtssubjekt. Diesen Skandal bzw. dessen unerhörten Anspruch zumindest gelegentlich (damit aber auch

5 Ich verweise nur auf die einschlägigen Arbeiten U. Scheuners, E. Denningers oder E.-W. Böckenförde bereits der Sechziger Jahre.

grundsätzlich) durch (das Recht zur) Folter zurückzuweisen, hätte also seine eigene Logik und Begreiflichkeit; könnte zumindest im Makro-Unbewussten des Staates, dieser gewaltgegründeten »invention occidentale« (H. Lefebvre), für fortwährende Faszination und Anerkennung dieser archaischen Institution sorgen.

Literatur

Chomsky, N.; Hermans, E. (1979): The Political Economy of Human Rights. Boston (MA: South end Press), hier Bd. 1, S. 16 (»the torture and political murder capital of the world«).

Galtung J. (2003): Der 11. September 2001: Diagnose, Prognose, Therapie. In: ders. et al.: Neue Wege zum Frieden. Konflikte aus 45 Jahren: Diagnose, Prognose, Therapie. Minden: Bund für soziale Verteidigung, S. 382f.

Grobe, K. (2004): »Die Schule der Folterer«. In: *Frankfurter Rundschau* vom 16. Juni 2004, S. 28.

Hersh, S. (2004): Die Befehlskette. Vom 11. September bis Abu Ghraib. Reinbek bei Hamburg (Rowohlt).

Frankfurter Rundschau vom 29. September 2004, S. 15: »Fetischist Rumsfeld – Wahlkampf in den USA« (10).

Frankfurter Allgemeine Zeitung vom 17. Mai 2004: »Bumerang. Nach welchem Handbuch bricht Bush Recht?«

Scarry, E. (1992): Der Körper im Schmerz. Die Chiffren der Verletzlichkeit und die Erfindung der Kultur. Frankfurt am Main (Fischer).

Heidelberger-Leonard, I. (2004): Jean Améry. Revolte in der Resignation. Biografie. Stuttgart (Klett-Cotta).

Christliche Bildlichkeit des Schmerzes

Reinhold Görling

I

Schmerz, Elaine Scarry macht es in ihrer Untersuchung deutlich, ist die Wahrnehmung eines anderen in mir selbst, etwas, das mich bedroht, mich verletzt oder entgrenzt, meinen Körper, meine psychische Integrität (Scarry 1992). Schmerz lässt sich nicht subjektivieren, auch wenn Schmerz etwas zutiefst Subjektives ist. Er ist eine Reaktion des Subjekts auf etwas, das sich nicht subjektiveren lässt, und zugleich etwas, das sich der Kontrolle entzieht. Schmerz ist eine sinnlich erfahrene Zone der Unbestimmtheit zwischen Subjekt und Objekt, Innen und Außen, dem Fremden und dem Eigenen. Es gibt auch andere Zonen der Indetermination, insbesondere solche, die als Lust erfahren werden. Und es ist ja auch nicht selten, dass das eine in das andere umschlägt. Eros und Thanatos sind beide nie ganz subjektivierbar, sie sind innere Natur.

Das Stigma ist etwas, das als ein Zeichen für Nicht-Subjektivierbarkeit gelesen wird. Es kann ein körperliches Merkmal sein, dass die sich der subjektiven Verfügung entziehende Natur des Menschen anzeigt, es kann ein zugefügtes Zeichen sein, ein Mal, das einer Person zugefügt wird, um sie aus einem sozialen oder kulturellen Zusammenhang auszuschließen, sie für unrein zu erklären, sie zu naturalisieren gewissermaßen. Dies ist ja die ursprüngliche Bedeutung des aus dem Griechischen stammenden Wortes (Goffman 1970).

Es macht aber durchaus Sinn, den Begriff der Stigmatisierung auch dann zu benutzen, wenn dieses Zeichen nicht offen sichtbar ist, wenn eine Person dieses Stigma gewissermaßen unter der Haut trägt, wie die Narbe einer Verletzung, die wohl nach außen geheilt zu sein scheint, die aber nach innen nicht zu bluten, nicht zu schmerzen aufhört. Dann kann es sein, dass dieses innere Zeichen einer Unbestimmtheitszone zwischen einem bedrohlichen anderen in mir und dem Subjekt durch das sich gleichsam selbst zugefügte Stigma markiert und begrenzt wird, was zu einem Wiederholungszwang ebenso führen kann wie zu einem ausgeprägten Vermeidungsverhalten.

Christus' Wunden sind Stigmata, die in einer zweifachen Weise eine Nicht-Subjektivierbarkeit anzeigen: sie sind die Zeichen, die dem Körper in seiner Ausgrenzung aus der sozialen und kulturellen Gemeinschaft zugefügt wurden, also Zeichen der Ausweisung in die Natur, und sie sind in ihrer

Unauslöschlichkeit Zeichen der Göttlichkeit, des Numinosen. Das Ausgegrenzte und das Heilige berühren sich.

II

Der Psychoanalyse wird gern nachgesagt, dass sie den Menschen auf die Sprache und das Wort reduziere. Dem widerspricht jedoch, dass Freud sich in mehreren Situationen der Entwicklung seiner Metapsychologie auf Bilder bezieht, am deutlichsten in seinem Buch über Leonardo da Vinci von 1910. So dominant die sprachlichen und sprachtheoretischen Metaphern in Freuds Werk zu sein scheinen, vor allem in der »Traumdeutung« mit ihrer Analyse der flüchtigen Visualität der Traumbilder, der »Rücksicht auf die Darstellbarkeit« und sogar den (durch Roman Jacobson und Jacques Lacan viel zu ausschließlich linguistisch verstandenen) Begriffen Verdichtung und Verschiebung findet sich eine zentrale und vielfältige Reflexion über Visuelles.

Dabei ist ein sich schnell aufdrängendes Problem, dass der Begriff des Bildes nicht nur das Visuelle umfasst, dass es auch akustische, sprachliche und taktile Bilder gibt, sogar solche des Geschmacks. Bild ist also ein Begriff, der eher einen Status der Wahrnehmung meint, der Wahrnehmung innerer wie äußerer Vorgänge, als dass er ausschließlich auf den visuellen Sinn bezogen ist. Doch ist dieser visuelle Bezug dominant, er ist fast immer prägend, wenn es zum Beispiel um die Beschreibung von akustischen oder sprachlichen Bildern geht. Letztlich müsste man hier wohl auch das Problem der Synästhesie diskutieren, was aber den Rahmen meiner Ausführungen sprengen würde.

Die Geschichte der Psychoanalyse und die intensive Geschichte psychoanalytisch orientierter Kunst- und Filmtheorie gibt Hinweise sowohl dafür, dass es so etwas wie ein Drängen der Psychoanalyse zu einer sprachlichen Habhaftmachung des Bildes gibt, wie auch dafür, dass eine vom Bild her kommende Metapsychologie zu einer Akzentverschiebung psychoanalytischer Annahmen führen wird. Lacans Theorie der Spiegelphase ist sicher Teil einer solchen Akzentverschiebung. Es wäre aber zu fragen, ob Lacans Theorie, die ja vor allem auf die Filmwissenschaft einen beachtlichen Einfluss ausübte, eigentlich einen psychoanalytischen Begriff des Bildes hat? Oder ob nicht eine bestimmte bildliche Vorstellung zum Maßstab aller visuellen Wahrnehmung und des mit ihr verbundenen Triebgeschehens gemacht wird?

Welche Rolle spielt das Bild im Unbewussten? Und anders herum: Wenn es Bilder im Unbewussten gibt, was ist dann ein Bild? Ein Blick auf die Bildtheorien, die parallel zur Psychoanalyse entstanden sind oder mit ihr arbeiten, macht sehr schnell deutlich, dass das Bild gerade nicht etwas meint, das auf ein identifizierbares, in sich geschlossenes Objekt gerichtet ist. Die Ein-*bild*ungskraft oder die *Imag*ination ist ein Vermögen, Muster, Strukturen, Intensitäten, Bedeutungen herzustellen. Bilder sind keine Zeichen im strukturalistischen Sinne. Die Muster, die Wolken am Himmel bilden, die Strukturen, die ein Kristall unter einem Mikroskop aufweist, die Gefühle, die Farben hervorrufen, das Lächeln von Leonardos »Mona Lisa«, das Freud so beschäftigt hat, sind bedeutsam, ohne doch je gedeutet werden zu können. Sie sind keine Repräsentationen.

Henri Bergson benutzt in seinem 1896 erschienenen Werk »Materie und Gedächtnis« den Begriff des Bildes, um zu beschreiben, wie in der steten chaotischen Bewegung des Ganzen Konstellationen entstehen. Bilder existieren dabei für Bergson völlig unabhängig von der menschlichen Wahrnehmung. Walter Benjamins Begriff des dialektischen Bildes schuldet Bergson wahrscheinlich mehr, als in der Benjaminforschung bisher zugestanden wurde. »Bild ist dasjenige, worin das Gewesene mit dem Jetzt blitzhaft zu einer Konstellation zusammentritt« (Benjamin 1974, Bd. V, S. 576). Der Vorwurf, den Benjamin gegen Bergson erhebt, ist, dass sein Begriff der Dauer gegen den Tod und damit »gegen die geschichtliche (wie auch gegen eine vorgeschichtliche) Ordnung« abgedichtet sei, wie es in der Baudelaire-Arbeit heißt (ebd., Bd. I, S. 643). Benjamin übernimmt damit zwar in einer vielleicht doch etwas zu opportunen Weise eine schon von Max Horkheimer formulierte Kritik an Bergson, führt aber kurz darauf mit der Proustschen *mémoire involuntaire* Bergsons Gedanken wieder in seine Argumentation ein.

Nach dem Philosophen und dem Literaturwissenschaftler sei als Drittes auf einen Kunsthistoriker, oder vielleicht besser, Bildwissenschaftler verwiesen: Aby Warburg. Zentrale Begriffe Warburgs, wie der des »Nachlebens« und der der »Pathosformel«, führen wie bei Bergson und Benjamin einen nichtlinearen Zeitbegriff und die Dimension des Unbewussten oder zumindest des Nicht-Gewussten in die Reflexion über das Bild ein. Bilder sind Spannungen, das ist es, was ihnen die Energie gibt. Man kann die Spannung vielfach beschreiben, etwa als eine zwischen Chaos und Ordnung oder Überwältigung und Rationalität, wie es Warburg zum Beispiel in seiner Vorrede zum Mnemosyne-Atlas tut. Bilder sind Konstellationen des Zwischen, zwischen dem Wunsch zur Identifizierung oder Empathie und der Abgrenzung, (zwischen mir und dem anderen), zwischen Hybridisierung und Reinheit, zwischen Gegenwart und Erinnerung, zwischen evidenten Zügen und Ungedachtem, zwischen Darstellbarem und Sich-Entziehendem, zwischen Bewusstem und Unbewusstem.

Eine psychoanalytische Theorie des Bildes müsste sich in eben dieser Spannung halten.

III

Wenn Bilder ein Nachleben haben, wenn sie in sich eine Spannung von Geschichte und Gegenwart tragen, dann ist wohl auch Visualität zutiefst historisch. Es ist eine – nur selten problematisierte – Eigentümlichkeit der christlichen Kultur, ins Zentrum ihrer Bilder einen verwundeten, gepeinigten, leidenden, sterbenden, penetrierten menschlichen Körper zu stellen: die Passionsgeschichte Christi mit dem Höhepunkt der Kreuzigung, dann aber auch der Grablegung, dem Verschwinden des Körpers und der Auferstehung – des aber immer noch verwundeten, blutenden Körpers.

Es gibt eine Intimität mit diesem Körper des Schmerzensmannes, vor allem auch mit seinen Wunden, die sich in der Bildlichkeit, in der Sprache und in den Praktiken zeigt, also vor allem dann in dem, was man *imitatio christi* nennt.

Der ungläubige Thomas zum Beispiel. Johannesevangelium 20.24–29: Jesus erscheint seinen Jüngern, Johannes ist nicht dabei, und als sie ihm das erzählen, antwortet er (im Wortlaut der Lutherübersetzung und der lateinischen Vulgata):

> Da sagten die andern Jünger zu jm / Wir haben den Herrn gesehen.
> Er aber sprach zu jnen / Es sey denn / das ich in seinen Henden sehe die Negelmal / vnd lege meinen Finger in die Negelmal /
> vnd lege meine Hand in seine Seiten /
> wil ichs nicht gleuben.
> (et mittam digitum meum in locum clavorum
> et mittam manum meam in latus eius) (20:25)
> Und nach 8 Tagen kommt Jesus wieder zu seinen Jüngern und spricht zu Thomas:
> Reiche deinen Finger her / vnd sihe meine Hende /
> vnd reiche deine Hand her / vnd lege sie in meine Seiten /
> vnd sey nicht vngleubig / sondern gleubig.
> (infer digitum tuum huc et vide manus meas
> et adfer manum tuam et mitte in latus meum
> et noli esse incredulus sed fidelis) (20:27)

Eine merkwürdige Kette: der Finger, der zeigt, sehen und eindringen kann, das Nagelmal, die Wunde, die den Körper zeichnet und öffnet, und schließlich gar noch die Vorstellung, die Hand in die Seite zu legen, in die Wunde, die dem ans Kreuz genagelten Körper durch den Lanzenstich des Longinus beigefügt worden ist.

Das Sehen der Wunde wird hier eng verbunden mit dem Taktilen, dem Berühren, ja mit dem Eindringen in die Wunde. Es gibt einen Zweifel am erkenntnistheoretischen Status des Gesehenen, aber ebenso auch einen an der Existenz des Körpers selbst, ist Christus schließlich zu diesem Zeitpunkt nicht nur tot, sondern auch schon sein Leichnam aus dem Grabe verschwunden. Die Wunde also scheint ebenso Prüfobjekt für die Gegenwart des Körpers zu sein, wie sie zugleich als Symbol für seine Verwundbarkeit, für sein Verschwinden verstanden werden kann.

Mir ist keine Kultur bekannt, die in ihrem visuellen Zentrum nicht nur das Bild eines Schmerzenmannes hat, sondern darüber hinaus eine solch intime Beziehung zu dem Körper dieser Figur unterhält. Allenfalls wäre der griechische Dionysos zu nennen, dessen bildliche Tradition aber mit Sicherheit in die der Darstellung der Passion eingegangen ist. Es dürfte kaum zu bezweifeln sein, dass unser Verhältnis zum Körper, zum eigenen Körper und zum Körper des Nächsten, zutiefst dadurch geprägt ist. Und, wie ich glaube, auch unser Verständnis des Bildes.

Was geschieht in dieser intimen Beziehung? Was ist die Energie, die in diesem Bild steckt? Insbesondere, was hat es mit dieser Kette Wunde, Auge, Hand auf sich?

Eine deutliche Polyvalenz der Darstellung der Wunden Christi seit dem Mittelalter lässt sie als Wunde, Mund, Uterus, nährende Brust, Ursprung, Leid und Licht, Sichtbarkeit und Verschwinden verstehen. (Walker Bynum 1982, Didi-Huberman 2000). Eine Geschichte diese Pathosformel würde zeigen, dass die Wunde und das Stigma in der christlichen Kultur zum Ursprung der Sichtbarkeit werden.

Literatur

Benjamin, W. (1974 ff.): Gesammelte Schriften. Frankfurt am Main: Suhrkamp.

Didi-Huberman,G. (2000): Vor einem Bild, München (Hanser).

Goffman, E. (1970): Stigma. Über Techniken der Bewältigung beschädigter Identität. Frankfurt am Main (Suhrkamp).

Scarry, E. (1992): Der Körper im Schmerz. Die Chiffren der Verletzlichkeit und die Erfindung der Kultur. Frankfurt am Main (Fischer).

Walker Bynum, C. (1982): Jesus as Mother. Studies in the Spirituality of the High Middle Ages. Berkkely (Univ. of California Press).

Schmerz und Kontingenz

Rudolf Bluhm

Schmerz ist der Konduktor des Göttlichen hienieden
(Franz von Baader).

Schmerz als ein universelles, lebensweltliches Phänomen mit Prägnanzcharakter zieht seit der Antike einen Schweif von Philosophemen und Theologemen hinter sich her. Uns interessieren europäische Dokumente. Der außereuropäische Kulturkreis bleibt außer Betracht.

Die Alten thematisieren Schmerz im Rahmen ihres Konzepts vom glücklichen Leben. Nach klassischer Doxa resultiert Schmerz aus der Disharmonie der Säfte. Besteht physische Harmonie, kennen die Sterblichen weder Schmerz noch Lust. Der Vernünftige, Logosgeleitete bleibt an Schmerz gebunden, vermeidet aber die Internalisierung des Schmerzes, d. h. die Psyche bleibt unberührt. Epikurs Ataraxia (Unerschütterlichkeit der Seele) bringt Handeln und Erleben unter den Imperativ der Schmerzvermeidung. Schmerz soll vermieden werden, kann aber auch in Abwägung möglicher futurischer Lust in Kauf genommen werden. Die Stoiker radikalisieren die Ataraxia hin zu einer auf Dauer gestellten A-pathie, die letztlich Schmerz zum Verschwinden bringen will; und Cicero als Politiker setzt die Pointe oben drauf mit der Feststellung, nicht Schmerz, sondern Tugendverlust sei das größte Übel.

Wir wollen unsere kleine Collage (vgl. Ritter 1971) der δοξων fortsetzen, um später Differenzpunkte setzen zu können. Das Christentum, durch die Passion als essentieller Gottesgeschichte, verändert die Wahrnehmung von Schmerz. Gemäß dem Leiden Gottes wird menschliche Existenz in Analogie zur Geschichte Gottes gebracht und vorbildlich. Der Schmerz wird aufgewertet. Leibniz' Théodicée ist neben vielen anderen christlichen Werken die Plattform, die Schmerz in the long run als *Vehikel* eines letztlichen *summum bonum* bejaht – inkludiert in christliche Lebensführung – und damit bleibender Wertschätzung zuführt. Wendepunkt ist Descartes, der eindringlich die *Somatisierung* des Schmerzes einführt und damit andere Problem- und Fragestellungen favorisiert. Der »somatic turn« hat sich letztlich als verbindlicher Ansatz durchgesetzt und in der Neuzeit eine eigene Industrie hervorgebracht. Anthropologisch orientiert bleiben in der Mehrzahl der Fälle moderne Philosopheme.

Hier noch eine kleine Auswahl. In pragmatischer Hinsicht ist für Kant Schmerz »der Stachel der Thätigkeit«, ohne Schmerz bleibt nur Leblosigkeit. Der Antagonismus aus Schmerz und Lust macht die Lebendigkeit des Lebens aus. Schmerz beugt der Langeweile vor und lässt uns zum Besseren voranschreiten. Mit einem Wort, er, der Schmerz, schenkt uns »Zufriedenheit« zum »Beschluss des Lebens«. Ähnlich Fichte: »Alles Träge wird überwunden durch Thätigkeit«. Hier gibt es Genuss und Freude. Schmerz reizt uns zur Tätigkeit. Das ist sein Sinn. Bevor wir uns in der Tradition verlieren, wollen wir dennoch einige prominente Positionen präsentieren, bevor wir eigentlich »moderne Positionen«, was immer das sein mag, erreichen. Dennoch – es fällt jetzt schon auf, was uns als eigenes Problem beschäftigen wird. Eine Abbreviatur der Theoreme zeigt: Schmerz wird als autarkes Phänomen gesehen und sogleich in Kontexte gebracht, d. h. das Phänomen wird *funktionalisiert*. Funktionalisierung heißt hier: Nicht die *Eigengravitation* des Phänomens interessiert, sondern die *Vehikelfunktion* für ein Telos *ad quem*: für das gute Leben, für die Nachfolge Gottes, für Daseinzufriedenheit, für Tätigkeit überhaupt und so fort. Markant in dieser Perspektive: Hegel. Dasein überhaupt dekomponiert sich als Endliches in Gefühl, Bedürfnis und Trieb. Prinzipien von Übel und Schmerz sind Negativität, Subjektivität, Ich. Leben als Schmerz ist Werden der Natur des Geistes. Hier hat das Kunstwerk seine Bestimmung. Es bleibt: – für Hegel kennzeichnend – Schmerz ist Moment – notwendiges Moment – aber auch nicht mehr: der absoluten Idee. Die Romantik erfordert ein eigenes Kapitel: Hier erfahren wir eine Idolatrie des Schmerzes. In eigenen deutlichen Wendungen wurden äußerster Schmerz des Lebens und Leidens als Bedingung der Erlösung gefeiert. Typisch das Franz von Baader-Zitat.

Schopenhauer und Nietzsche sind die herausragenden Autoren des 19. Jahrhunderts. Als Element des Weltwillens ist Schmerz bei Schopenhauer unausweichlich dem Leben zugehörig. Schmerz ist »normal«, Wohlsein ist Ausnahme und negativ, da »nur« Abwesenheit von Schmerz. Nur Schmerz und Elend werden positiv erlebt. Schmerz ist der Läuterungsprozess. Erkenntnis allein schafft Schmerzfreiheit. Askese ist notwendig; die Stoa kehrt zurück: Apathie ist Telos eines freien Geistes.

Nietzsches Kehre heißt: Affirmation des Schmerzes. Der Schmerz wird multifunktional.

Leibgebundenes Denken heißt: Schmerz befreit unsere Gedanken. Schmerz kann als Geist aufgefasst werden, als kaskadierendes Moment für Zukunft ist Schmerz *chronisch* präsent. Schmerz ist »arterhaltend«. Schmerz plausibilisiert die christliche Moral, ist gemeinschaftsfördernd, als Askese

Vorbedingung für Vernunft, Herrschaft über die Affekte, als Strafe gedächtniserzeugend, Heroen sind die großen Schmerzerzeuger der Menschheit. Ihm folgend: Ernst Jünger. Selbst- und Welterkenntnis sind immer nur durch Schmerz möglich. »Nenne mir Dein Verhältnis zum Schmerz – und ich will Dir sagen, wer Du bist.« *Gefordert* ist Berührung mit dem Schmerz.

Das Tableau der Positionen kann in viele weitere Dimensionen hinein erweitert werden. Für Nicolai Hartmann und auch Scheler fördert Schmerz ethische Qualitäten. Erwähnt sei nur noch der *Dolorisme* von J. Teppé in Frankreich des 20. Jahrhunderts: »Je souffre, donc je suis.«

Ganz anders geartet und der Gegenwart immer näher kommend, die anthropologische Deutung ohne *Terminismus ad quem* ist Plessners Position: der Mensch – immer Körper – hat diesen Leib. Schmerz ist wehrloses und exponiertes Zurückgeworfensein auf den eigenen Leib, ohne ein Verhältnis zu ihm gewinnen zu können. Schmerz wirkt als Zerstörung, Desorientierung.

Der phänomenologische Ansatz

Analyse in diesem Sinne heißt: das Phänomen wird ausschließlich, ohne Kontextierung, ohne besondere Aufmerksamkeit für Vehikelintentionen wahrgenommen. Der den Schmerz-hinnehmen-Müssende, sein Körper, sein Schmerzbewusstsein, seine Doppelgängerschaft als Schmerz-Ich und Körper wird in getrennter und sich wieder auflösender, trennender Einheit wahrgenommen. Und wir unterstellen folgende Stipulation: Um der Problemkonstellation willen – so wie in der Vergangenheit Schmerz thematisiert wurde als Gefühl und/oder Empfinden – soll gelten, dass wir ausschließlich vom Erleben und Erlebten (vécu) sprechen. Ausgeblendet bleibt damit Handeln, sprich: wie auf Schmerzerleben reagiert wird, sei es vom Schmerzerlebenden selbst, sei es von anderen in therapeutischer Perspektive, was modern heißt, die gesamte Welt der physiologischen (somatischen) Implementierungen. Das Schmerz-Ich erfährt contingenter eine punktuelle Schmerzinduktion intrinsisch oder extrinsisch. Die Induktion stellt sich schleichend oder plötzlich ein. Das Schmerz-Ich wird dekomponiert in – Schmerzerleben –, Körper als außer dem Ich: Identität und Differenz, uno actu! (Epoché wird geübt gegenüber dem Phänomen psychischer Schmerzen. Die Komplizierung, die hier eintritt durch das integrierende Element ›Imagination‹, übersteigt noch unseren kategorialen Rahmen). Das Doppelgängertum Körper-Schmerz-Ich kann zwei Varianten auswerfen: Der Schmerz kann eine solche Intensität und Dauer annehmen, dass das Erleben sich nicht mehr gegenüber der Differenz Schmerz-Ich-Körper behaupten kann. Der Körper saugt das Erleben ein. Das Schmerz-Ich ist nur noch: mein Körper, mein Schmerz, eine Totalität, die in eine reine Opakizität und Intransparenz ausgleitet, dem Schmerz-Ich erfahrbar (und alter ego auch) durch Entsprachlichung. Dekomposition von Syntax, Dekomposition von Wörtern, Schwundstufe sind Laute. Wir können formulieren: Schmerz zerstört die Grammatik, hier nicht gemeint als Metapher, sondern als ein nicht mehr ›draußen‹, nicht mehr intentional im Präteritum und Futur sein können. Der Sprache und Handeln zersetzende Schmerz wird zu einem sich totalisierenden und totalisierten Präsens, ein nunc stans des Erlebens, dass dann, da mundane Zeit weiterläuft, ab extra als Leiden beschrieben wird. Leiden ist die, um die mundane Komponente Zeit amplifizierte, totale Präsenz des Schmerzes. Die gegenpolige Variante ist Restriktion des Schmerzes. Der Schmerz wird regionalisiert, wird gedämpft, ein mögliches futurisches Erleben ist horizontal absehbar, das Schmerz-Ich gewinnt Autonomie und saugt den Körper derart auf, dass Erleben wieder Autonomie gewinnt, die Differenz, das Doppelgängertum aufgehoben wird und Erleben und Körper wieder zu unterschiedsloser fungierender Einheit fusionieren. Erleben, Körper, Handeln werden mundan eingeschlossen und lösen sich in Transparenz auf. Sie gewinnen wieder mundane Weite. Schließen wir einige Kernpunkte an, die durch Kontrastierung uns weiterhelfen. Traumatisches Erleben verliert – anders als der Schmerz – seine Grammatik nicht. Das Präteritum ist – vor dem traumatischen Kernerlebnis – gelebte, lebendige Zeit. Das Ereignis in Intensität, Dauer, Höhe, Kompressionsdruck erzwingt die Zäsur, die Zeit nach dem Ereignis wird eigentümlich in statischer Dynamik erlebt. Wobei die modalen Dimensionen des Zeiterlebens in spezifischer Weise sich verschieben und swingen können, sei es, dass die ›gute Zeit‹ vor dem traumatischen Erleben wieder Kraft gewinnt und die opake Zeit nach dem Trauma verlebendigt (ich bin nicht nur mein Trauma), sei es, dass die opake, traumatische Zeit die Dimensionen sich buchstäblich einverleibt und sich zu einem excludierenden präsentischen Schmerz-Ich verdichtet.

Spalten wir die Dimensionen auf: sachlich ist das Schmerz-Ich als Körper: Sache, Inertheit, mundaner Zufälligkeit ausgesetzt bei ständiger Gefahr, dass das Erleben sich gegen die Sache ›Körper‹ nicht mehr konturieren kann. Zeitlich, so zeigt die Analyse, ist eine ständige Dekomposition im Gange mit einer Prozessfinalität – mal stockend, mal sich beschleunigend –, die in einer zirkulären präsentischen Gegenwart – dem nunc stans des Schmerzes – ihr Ende findet. Wir ergänzen: Schmerz heißt nicht: einen Algorithmus hinzusetzen. Weder heißt Schmerz: zwingendes

Ende gleich Tod noch heißt es zwingend Ohnmacht. Nietzsches Satz, die Natur sei gnädig und gewähre Ohnmacht, ist ein bon mot und falsch, die Folterknechte dieser Erde wären arbeitslos. Es gibt auf Dauer gestellte Schmerzen, bei denen die somatisch-physiologische Implementierung, sprich Medizin, offensichtlich bei allem Aufwand erstaunlich schnell an ihre Grenzen gerät. Die Exklusion von Schmerz bleibt vorerst ein Versprechen, unabhängig von den Optionen der Doloristen oder Brave-new-world- Anhängern. Bleibt die Dimension des Sozialen, Kommunikativen. Beobachtungen zeigen, dass das Erleben von Schmerz oft – nicht regelmäßig – die Beziehungen zu alter ego asymmetriert. Zwischen Autismus, Aggression, Rückzug, Instrumentalisierung der anderen sind viele Varianten möglich. So wie der Körper das Schmerz-Ich sich amplifiziert, das Erleben des Schmerzes total wird, so porös wird das Erleben von alter ego. Metaphorisch darf man vielleicht sagen, die Beziehungen zu alter ego werden vom Schmerz-Ich trichterförmig angeordnet, jederzeit in der Gefahr, vom Strudel des Schmerzerlebens verschluckt zu werden.

Wir müssen unsere Sonden noch tiefer anlegen. Vorausgesetzt, unsere Analyse weist Stimmigkeit, Evidenz auf – und um eine konstruktive Wahrheit, Theorie also, kann es sich nicht handeln – so lässt sich dennoch in begrifflicher Distanz und Abhebung ein Fazit ziehen: Schmerz ist eine genau spezifizierte Sorte von Erleben die wie wir – phänomenal genommen – beschreiben als ein Erleben von *chronischer Nicht-Transzendenz*. Wir sagen auch: das Schmerz-Ich kann in seinem Erleben seine *erlebte Nicht-Transzendenz nicht transzendieren*. Und genau hier liegt der Übergang zum psychischen Schmerz. Diesen Pfad werden wir hier nicht weiter verfolgen!

Konzentrieren wir uns auf das Erleben. Das Erleben erfährt sich als auf sich selbst zurückgeworfen: es ist nur, sonst nichts, ausschließlich sein Schmerz. Sein Erleben wird *zirkulär*, immer identisch nur das eine: mein Schmerz, ein mundanes, ein Erleben von Welt ist nicht mehr möglich. Der Schmerz presst dem Erleben das Problem vom *Sinn* auf. Sinn: das muss erklärt werden !

Husserls Wahrnehmungsanalysen folgend, transferieren wir aus diesen Analysen eine Einsicht, ein Resultat. Was für Wahrnehmung gilt, gilt für Erleben überhaupt. *Sinnvoll erleben* heißt: *kontinuieren* können. Durch die zirkuläre, tautologische Struktur von Schmerzerleben ist kontinuieren nicht möglich. Es kommt zu einer *leeren Repitition*. Schmerzerleben ist Repititionserlebnis. Gerade weil Sinn auch als Residualformel nicht mehr zu halten ist, presst sie sich sofort dem Erleben auf. ›Warum gerade ich?‹ ›So geht es nicht mehr weiter‹: das sind die Fragen, die dem Schmerz-Ich das *Kontinuum sinnvollen Erlebens entziehen.* Diese qualvollen Fragen steigern sich bis zur Schmerzhaftigkeit, so dass wir geradezu von einem Schmerzerleben zweiter Ordnung reden können. Da wir in strenger Epoché uns ausschließlich hier auf das Schmerz-Ich und sein Erleben beschränkt haben, werfen wir gleichwohl einen Blick auf das Großereignis, wo dieser Sinn- und der Kontinuitätsabbruch zu großen, schwerwiegenden Folgen geführt und die Weltgeschichte verändert hat. Ich meine den 1. Weltkrieg und seine Folgen. Nicht nur Ernst Jünger, sondern eine ganze Generation wurde von der Fragen umgetrieben: alles umsonst? Dieses Leid und die Abwesenheit von Sinn überhaupt? Die Reaktionsbildungen auf dieses Problem sind ein besonderes Forschungsfeld. Damit unausweichlich in einer Realdialektik zusammen gezwungen, erscheint – schockartig – das Problem der *Kontingenz.* Kontingenz hier im harmlosen Verstande meint: keine Notwendigkeit, Alternativen sind immer möglich.

Kehren wir zum Schmerzerleben zurück. Das Schmerz-Ich, zurückgeworfen auf sich selbst, zwangsweise Sinn-Epoché übend, erfährt ein nicht-transcendierbares Absolutum: den Schmerz. Und gleichwohl gilt – wenigstens für Christen – durch Nierensteine direkt zu Gott. Ein Absolutum wird konfrontiert mit Kontingentem, Banalem, Trivialem: diese Welt der Physis, funktionaler Analyse, eben dem somatischen Turn. Auf unsere Illustration zurückgreifend: Keine Einsicht stellt Intellegibilität bereit für das *factum brutum*: die Gewehrkugel, die nicht trifft, hätte auch wenige Zentimeter weiter rechts oder links einschlagen können, oder gleich banal, das Auto hätte auch früher bremsen können. Der Leib des Schmerz-Ichs ist in objektiver Perspektive gleichzeitig auch mundanes Stück unter mundanen Stücken, Körper unter Körpern. Und diese nicht still zu stellende Realdialektik von Absolutum und Kontingentem eröffnet einen neuen Pfad der Einsicht. Uns werden die Kontextierungen und Funktionalisierungen, die »Vehikelintentionen« durchsichtig. Philosopheme, soweit wir sie in Europa kennen, suchen einen nicht hintergehbaren Startpunkt zur Erzeugung von Rationalität, wie auch immer gefasst. Ob im inneren Zeitbewusstsein, in einer transcendentalen Synthesis, im Ich, in der absoluten Idee, immer soll eine translucide Position gefunden werden. Und werden konfrontiert mit einem kontingenten Absolutum mit nicht erfüllbarem Sinnbedürfnis, einem *Onticum purum.* Und da Philosopheme ohnehin mit selbsterzeugter Inflation von Sinn kämpfen, wird jetzt plausibel, warum das *Onticum* nicht stehen bleiben kann. Es wird in eine Leerstelle eingerückt, wird theoretisch verflüssigt, wird *theorietechnisch* platziert, wird sogar, wie bei Leibniz, auf ein Kontinuum des Guten eingestellt. Wir nehmen hier die Unerträglichkeit und Aufdringlichkeit und Unaushaltbarkeit des Schmerzes wahr, um so mehr, als in der Neuzeit der Schmerz emanzipiert wird. Im mythischen Schema zwingt der Schmerz sogar zur Aufgabe der eigenen Unsterblichkeit (vgl. dazu Rudolf Heinz in diesem Buch in seiner Analyse von Schmerz). Die religiöse Kontextierung gelingt in Europa immer weniger Menschen. »Der Konduktor des Göttlichen« hat an Strahlkraft verloren. Der tote Christus blickt stumm vom Weltgebäude.

Einen kleinen Hügel haben wir erklommen und erblicken ein Meer von Leid. In strenger phänomenorientierter Selbstbeschränkung haben wir Schmerzerleben thematisiert und beschrieben. Nicht thematisiert wurde die quälendste aller Fragen. Die Frage nach dem vermeidbaren, überflüssigen, von Menschen, nicht von der Physis, erzeugtem Schmerz. Ich meine die Sphäre der *Macht*, die Sphäre, in der Fanatisierte, Folterknechte, Oberförster ihr Unwesen – mit und ohne Auftrag – ihr Schinderwesen treiben; die dämonische Sphäre, in der Menschen gegen Menschen zu jeder Stunde ein Absolutum erzeugen können. Dazu gehört das Phänomen der Schmerz-Lust-Verschränkung, der Sadismus. Auch nicht thematisiert wurde das Problem des psychischen Schmerzes mit der komplexen Sinnaufhellung, was denn Imagination meint.

Die Analyse ist wie der Schmerz: unendlich.

Annotatio Wittgenstein

Im radikalen Gegensatz – und darum interessant – steht zu der hier vorgetragenen Position die Sprachäußerungsphilosophie von Ludwig Wittgenstein. Er will zeigen, dass durch eine Analyse der Empfindungswörter sich aufzeigen lässt, dass es keinen ›privaten‹ Zugang zum Schmerzempfinden geben kann. »Was wesentlich privat ist, oder scheint, hat keinen Besitzer. Es geht ausschließlich um die sprachliche Zergliederung des Satzes und seiner Varianten; was heißt ›Schmerz haben‹?« In einer Kasuistik wird versucht nachzuweisen, dass es keine Möglichkeit gibt für ein Kriterium der ›Richtigkeit‹ von Schmerz. »Angenommen, ich hätte stechende Schmerzen im rechten Knie und bei jedem Stich zuckt mein rechtes Bein. Zugleich sehe ich einen anderen Menschen, dessen Bein in gleicher Weise zuckt und der über stechende Schmerzen klagt; und zu gleicher Zeit fängt mein linkes Bein ebenso an zu zucken, obwohl ich im linken Knie keine Schmerzen fühle. Nun sage ich: mein Gegenüber hat offenbar in seinem Knie dieselben Schmerzen, wie ich in meinem rechten Knie. Wie ist es aber mit meinem linken Knie, ist es nicht in genau dem gleichen Fall, wie das Knie des anderen?« oder »Ich sammle gleichsam sinnvolle Sätze über Zahnschmerzen, das ist der charakteristische Vorgang einer grammatischen Untersuchung. Ich sammle nicht wahre, sondern sinnvolle Sätze und darum ist diese Betrachtung keine psychologische. (Man könnte sie oft eine Metapsychologie nennen).« oder »Die Erfahrung des Zahnschmerzgefühls ist nicht die, dass eine Person Ich etwas hat« genauso »Soll ich mir auch die Schmerzen eines auf dem Tisch liegenden Zahnes denken können, oder die Schmerzen eines Teetopfs? Soll man etwa sagen: es ist nur nicht wahr, dass der Teetopf Schmerzen hat, aber ich kann es mir denken?!« Und schlussfolgernd »Wenn man sagt, die Sinnesdaten seien »privat«, niemand anderer könne meine Sinnesdaten sehen, hören, fühlen, und meint damit nicht eine Tatsache unserer Erfahrung, so müsste das ein philosophischer Satz sein; und was gemeint ist, drückt sich darin aus, dass eine Person in die Beschreibung von Sinnesdaten nicht eintritt« oder noch concludenter »Wie wären etwa Schmerzen, die gerade niemand hat? Schmerzen, die gerade niemandem gehören?«

Zugestanden, dass ›Ich‹ in der Grammatik ein Wort neben vielen anderen ist und nicht privilegiert, so wäre das Schmerz-Ich doch überrascht zu erfahren, dass es keine Schmerzen haben *kann*, weil es kein zugehöriges Ich gibt. Schmerz ist genau so wie viele andere *ein* Sprachbeispiel, das sowohl das *Schmerzverhalten* einer Person wie die Reaktion der Umwelt charakterisiert »und von denen wir wissen, dass sie auf Lebensformen aufruhen«. Wenn nur gewisse normale Lebensäußerungen Schmerzäußerungen sind und die Grammatik zum obersten Richter für das wird, was das Schmerz-Ich erleben darf, dann ist das Fazit so zu formulieren: ein grammatikalisch gestützter Behaviourismus, der dem Ich den je eigenen Zugang zum Schmerz verwehrt, wird durch seinen *Reduktionismus* zum Opfer seines eigenen Verfahrens. Er verliert das Phänomen, das er zu analysieren vorgibt. Gegen den Satz: die Grammatik entscheidet, muss die Einsicht in die *Intentionalität des Erlebens* gesetzt werden. Ich bin draußen in der Welt und im Schmerz ›draußen in mir‹. Ich *bin mein* Schmerz, was immer die Skepsis von *alter ego* betrifft, ob ich denn Schmerzen habe.

Machen wir zum Schluss ein Experiment.
Imaginieren wir: Ein Dachdecker fällt vom 6. Stockwerk eines Hauses auf die Straße. Stellen wir uns vor, Wissenschaftler in einem in gleicher Geschwindigkeit hinuntergleitenden Fahrstuhl ›begleiten‹ den Stürzenden. Positivistisch ist alles unproblematisch. Alle Messwerte können erfasst werden. Bildgebende Verfahren zeigen neurologische Veränderungen, Blutdruck, Adrenalinausstoß usw., alles kann erfasst werden. Und in dem Fahrstuhl sitzt Wittgenstein und fragt den Stürzenden: »Sage mir, wie Du *jetzt* Deine sprachlichen Äußerungen *gebrauchst*!«

Was mag der zu Tode Stürzende, außer dem Sturz, in diesem Augenblick bei dieser *Frage erleben*, außer der Einsicht: hier findet Syntaxanalyse statt.

Literatur

Ritter, J., Gründel, K., Gabriel, G. G. (Hg.) (1971): Historisches Wörterbuch der Philosophie. Basel (Schwabe).

Der Strafkolonist am Reck. Über den Zusammenhang von Ding, Krankheit, Folter und Artistik

Ein Beitrag zur Schmerzphilosophie

Rudolf Heinz

Exposee zur Tagung

Mit der Engführung auf Schmerz soll die Diskussion des übergeordneten Traumaproblems ihre wiederum interdisziplinäre Fortsetzung finden – konsequenterweise nicht zuletzt im Rekurs nämlich auf die etymologisch ursprüngliche medizinisch tradierte Bedeutung von Trauma: »Verletzung«, »Wunde«, mit ihrem sensuellen Effekt: körperlicher Schmerz, dieser skandalösen Realie menschlicher Existenz, der sich derzeit nahezu eine Konjunktur an einschlägigen Angängen – Schmerzambulanzen, -kliniken, -therapeuten – verschuldet.

Klassifikatorisch unterscheidet sich der endogene vom exogenen Schmerz; und dieser differenziert sich in zufällig (zum Beispiel Unfall) oder fremdbewirkt planmäßig (zum Beispiel Folter) widerfahrenen versus eigenverursachten Schmerz (zum Beispiel Artefakt). Jener, der endogene Schmerz, betrifft die Schmerzsyndrome (zum Beispiel Entzündungs-, Nerven-, Fehlregulationsschmerz) einhergehend mit diversen Erkrankungen.

Gleich welcher Schmerztypus auch immer thematisch wird, als aller allgemeine – transphysiologische – Prämisse gilt die unabweisliche Fantasmatik der Verdinglichung des Körpers: dessen hart bestrafte apotheotische Anmaßung, zugleich vitaler Körper und mortales körperüberbietendes Ding selbst zu sein. Schmerz signalisiert, verdammend und rettend zugleich, die mögliche Unmöglichkeit dieser, von sich aus nicht unter subjektive Verantwortung fallende, Anmaßung, die sich, wider Pathologie und äußere Gewalteinwirkung, dinglich in i.w.S. Technik und körperlich in Artistik quasi anästhesierend ablöst und veräußert.

Selbstverständlich wird ebenso der metaphorische Gebrauch von Schmerz (zum Beispiel seelischer Schmerz, »Schmerz der Endlichkeit«) in der Tagung Platz nehmen, nicht aber ohne die komplizierten Probleme des Übertragenerweise mitbedenken zu sollen. Und überhaupt versteht es sich, dass Schmerz, rein körperlich künstlich nur isolierbar, ein exquisites psychosomatisches Problem ausmacht.

Von einer »transphysiologischen Prämisse« für alle Schmerztypen war die Rede – wenngleich der körperliche Schmerz zum zentralen Sujet gewählt wurde, so sind doch außermedizinische Zugangsarten dazu – aus Gründen der Wahrung von Interdisziplinarität mit dem Akzent auf der Wehr gegen szientistische Vereinseitigung – gefällig.

Schmerz – die mythologische Hauptspur führt zum von den Titanen abstammenden weisesten Oberkentaurn Cheiron / Chiron, der mit das Opfer der kultivierenden Ausrottung der Vorwelt durch Heros Herakles wurde: durch dessen mit Hydra-Blut getränkten Giftpfeil, durch einen Zufallstreffer allerdings innerhalb eines Kampfszenariums. Der göttliche, der Heilkunst kundige Cheiron konnte zwar an der unheilbaren Wunde nicht sterben, handelte sich aber unerträgliche Dauerschmerzen ein, die ihn dazu veranlassten, die eigene Unsterblichkeit als Erlösung des Titanen-Bruders Prometheus dranzugeben.

Schmerz kann demnach einen solchen Stärkegrad erreichen, dass nur noch der Tod als letzte, endgültige Befreiung davon wünschenswert ist. Die grundlegende Botschaft an Sie, die Heilkundigen unter uns, lautete demnach in etwa: der Arztberuf hat etwas vom Hybriden einer Gottmenschlichkeit an sich und muss deshalb damit rechnen, dass die Gottesanmaßung darin sich an der menschlichen Seite durch Schmerzexzesse rächt; wovon auch die Mythe über Asklepios, den Schüler des Cheiron, zeugt.

»Eritis sicut Deus« – und prompt erfolgt zur Strafe der Sündenfall, nämlich Dauerschmerz als Sanktion dieser letzten Anmaßung der Sterblichen, unsterblich zu sein, in letzter Konsequenz als Todesstrafe.

Im Sinne strikter »Rücksicht auf Darstellbarkeit« zeigt sich das Zwitterwesen des Arztes an Cheirons Gestalt. Animalisches Untergestell, menschlicher Oberkörper – jenes, der Pferdeunterleib, ist tierischer und somit göttlicher, funktional Mensch-überbietender (vor)maschineller Art. Der mit dem Tierleib verwachsene Menschaufsatz sublimiert die (scheinbar) animalisch-dinglich-göttliche Mindergestalt zur menschlichen Sondergabe ungewöhnlicher Kulturfertigkeiten – Gegensatz also von unterem PS und oberer statuarischer – chirurgischer – Handfertigkeit, Hand und Auge. Vexierbild auch: welcher Teil ist göttlich, welcher menschlich?

Das tierische Untergestell erklärt sich recht einfach, wenn immer man bedenkt, dass der Arzt zum lebensgefährlich Erkrankten wie mit Pferdegeschwindigkeit eilen muss. Pferde sind ja die ersten Gefährte, die zu ihrer Schnelligkeit Hindernisse, springend, auch schwimmend, überwinden können. Kentaur Cheiron, das ist der Arzt mit seinem Auto, weiland (wie in Kafkas »Landarzt«) mit seinem Pferd. Auch mag einiges vom animalischen Unterkörper in Cheirons Kopf ausstrahlen: Instinktsicherheit (hätte man früher gesagt), vielleicht auch tierisches Verstehen, das sich mit der apostrophierten handwerklichen Habilität, vor allem des Chirurgen, verbinden mag.

Es knirscht im Gebälk dieser Zusammenfügung: die Übergangsörter, Bruchstellen, Fugen müssten besonders schmerzanfällig sein. Droht so nicht auch die Karikatur des »bébé trotté« (mobiles Laufställchen) und des Rollstuhls? Nicht von ungefähr demnach, dass (nach Kerényi) Herakles ungewollt des Cheiron Knie verletzte, am Gelenkort, der Ansatzstelle für Unterschenkelprothesen, die sich eben hier mit den körperlich verbliebenen Oberschenkeln schmerzlich reiben können.

Vom Schmerz sollte die Rede sein – dieses war ein knapper mythologischer Vorspann, aus dem sich Elemente eines transphysiologischen Schmerzkonzepts zusammenstellen ließen. Um mit der Tür ins Haus zu fallen: Hauptelement ist die Göttlichkeitsanmaßung der Sterblichen, die Leiche bei lebendigem Leib, die Dingwerdung des Körpers, frei indessen von Körper-, Fühlbarkeits- und Bewusstseinsverlust (das »en soi« – »pour soi«); der vermittlungszerstörende Kurzschluss von Körper und Ding, der durch den paradoxerweise rettenden Schmerz bestraft, ja mit dem Tode bestraft wird. Schmerz (»Schmerz der Endlichkeit« – Hegel), das ist der leib-haftige: spürbare/fühlbare Sündenfall der kreatürlichen Gottesanmaßung, das im Extrem tötende Tabu über diesen erstletzten Inzest.

Die Rückeinschneidung der Dingprothetik ins Fleisch retour, außerdem nach dem Modell der Ernährung, wirkt sich nicht eo ipso schmerzerzeugend aus, erweist sich vielmehr mit auch als verfängliches Eros-Werk der Lust, das indessen vom Tode schmerzlich wiederum kassiert werden kann, unter Umständen dann aber dergestalt, dass Thanatos seinen Scheinwiderpart Eros im Sinne der »Triebmischung« Algolagnie / Masochismus einräumt. Abermals wird so deutlich, dass die Dinge als »Sterbehilfen« zum todgeweihten Leben hin fungieren. Wie aber steht es um die Indolenz? Sie besteht im Extrem der Vorwegnahme der Fühllosigkeit des Leichenzustands. Demnach wäre alle Anästhesie die Demokratisierung dieses heroischen Status.

Sogleich zu den Spielarten schmerzbestrafter Verdinglichung des Körpers. Dazu ein scheinbar simples Beispiel, und zwar das Sitzen auf dem Stuhl, dinglich der Sitz / die Sitzgelegenheit. (Sitzen, eine für den Menschen typische multifunktionale Körperposition zwischen Stehen / Gehen und Liegen, hat es in sich, bedürfte einer hier nicht zu leistenden gesonderten Phänomenologie.) Also: Stuhl als Sitzprothetik, das ist das Sitzen sozusagen an sich selbst, dessen herabgekommene »Idee«, provoziert im Sinne einer *felix culpa* das Begehren der Stuhlwerdung des sitzenden Körpers. A part:

Mit dem Ansich der Dinge, deren exemplarisch verdinglichten Idee – als göttliche Selbstprothetisierung ist sie ja immer auch lebensgefährlich – zu Rande zu kommen, umfasst freilich auch die gesamte Sphäre der ästhetischen Anschauung mitsamt deren künstlerischen Veräußerungen (der Stuhl in der Kunst). Ästhetische Anschauung, das ist zugleich immer auch eine Sache von Frömmigkeit, idealisierender Devotion, Reverenzabstattung, die, wenn pathologisch, zur fetischistischen Überverehrung degeneriert.

Wenn nun das Ding Stuhl und das körperliche Sitzen darauf sich nicht gegeneinander freigeben, vielmehr verwachsen, wörtlich Sitz-Fleisch würden; wenn also die besagte Gottesanmaßung, körperlich fühlbar verbleibend, gleichwohl ganz Ding zu sein, fortbesteht, eben dann setzt sich der missachtete Unterschied von Körper und Ding, letztlich Leben und Tod, pathogen symptomatisch, sprich: schmerzend, durch.

Wie des Einzelnen nun stellt sich der Vermittlungs-vernichtende Kurzschluss von Körper und Ding, sensitiv als Schmerz, dar?

Jenseits noch der körperlichen Fühlbarkeit, des Schmerzens, kommen im Sinne von Schmerzvermeidung, ja magischer Schmerzprophylaxe, insbesondere Phobien auf, und das sind Vorwarnungen des Martyriums der körperlichen Dingwerdung, letztlich mit dem Tode bestraft (unserem Beispiel gemäß: des Elektrischen Stuhls).

Stuhl-Phobien, im Sinne eines definiten psychoneurotischen Krankheitsbilds, sind mir noch nicht begegnet; was an der mangelnden Erhabenheit des Stuhls als eines phobischen Objekts liegt. (Zur Probe stelle man einen einzelnen Stuhl auf eine Brücke, einen Turm, einen freien Platz – auch in ein Verließ?: hier fraktalisiert der Stuhl die klaustrophobe Situation.) Sitzen erweist sich in diesem Kontext eher als eine Spezies ängstigender Fixation, die, wenn sie sich zur Dämonisierung speziell des Stuhls steigerte, mindest Psychosen-nahe geriete, also auf das Einswerden mit demselben perhorresziert absähe.

Außerdem: dass Sie längst schon vom Doppelsinn von »Stuhl« erfasst sind, das liegt nicht außerhalb der Absicht, ausgerechnet den Stuhl als Demonstrationsobjekt zu nutzen. Nicht nur, dass die hilflose Fixation so kulminiert, hier passiert nicht zuletzt auch ein in sich höchst heikler Akt, in dem sich die Körperentsprechung zu den Dingen, das Exkrement, anmahnt – kurzum: alle Dinge sind als exkrementale Sublimate erschissen…

Die immer zu wenig beachtete Geschlechtsdifferentialität dieser Verhältnisse lasse ich hier außer Acht.

Anders die tätige Schmerzvermeidung, unphobisch nicht-flüchtig, die Sitzenskörper-Stuhlfusion verwegen abfangend: einschlägige Artistik / Akrobatik: hier das stuhllose Sitzen je in der Luft, womit wir uns in der Sphäre der Götter-parodierenden und deshalb abseitigen Gaukler befinden.

Im Bildwesen entspricht der Artistik / Akrobatik im weiten Sinne der Bezeichnung die Karikatur, die ja, der Imaginarität zufolge, der Artistik überbietenden surrealen Übertreibungen befähigt ist; so wie sie, bewegt, im dafür nachgerade ausersehenen Genre Film *en masse* begegnen.

Jetzt aber zur schmerzenden, im Schmerz noch aufgehaltenen Körper-Ding-Fusion. Quasi endogen kämen hier orthopädische / neurologische / rheumatische Erkrankungen in Frage, und zwar auf eine Psychosomatik hin, in der die solchen Pathologien entsprechenden Sitzensanmaßungen recherchiert werden müssten. (Ob sich das rechnete?)

Anders die konträre Disposition des Schmerzes als dessen Anderen-Zufügung, im Extrem als Folter, vorgeblich in Eigenregie genommen die Selbstfolterung, Kasteiung – Torturaktivitäten, die Krankheit aus der Welt zu schaffen suchen. – Die Stuhlfolter, mehr als die Lachnummer, jemandem den Stuhl unter dem Hintern wegzuziehen, nämlich jemanden dazu zu zwingen, ohne Sitzgelegenheit in sitzender Position zu verharren, unter Verbot, in die Hocke zu gehen oder sich aufzurichten, welche rettenden Lageveränderungen freilich ebenso nicht sehr lange vorhalten. Diese Folterart ist gewiss nicht die ärgste, mag uns hier aber als einfacheres Modell dafür dienen, die Funktion der Folter überhaupt namhaft zu machen.

In unserem Beispiel besteht die Folter in der Erzwingung rein körperlichen Sitzens ohne Stuhl, als Strafe verhängt aufgrund der Unterstellung, dass das Folteropfer vorausgehend sich der Anmaßung schuldig machte, als sitzender Körper selbst schon ganz die Sitzgelegenheit Stuhl zu sein. Prämissen dazu:

– Die menschliche Urleidenschaft der Dingwerdung des Körpers, seiner Absolutheit, steht außer Zweifel; ohne diese Leidenschaft gäbe es letztendlich nichts, indessen nicht nichts wiederum bloß durch die gegenteilige Entmischung von Körper und Ding, ungetrennt zwar, doch unvereint in differenter Indifferenz.
– Zweifelsohne ebenso die Anmahnung dieses grundlegenden Prozesses in Pathologie, dem befangenen Fingerzeig nahezu auf diesen.
– Was die paranoische Rechtfertigung der Folter angeht: infernalischerweise trifft sie immer zu, als Realunterstellung kreatürlicher Urschuld sozusagen.

Worin also besteht die Funktion der Folter? Sie ist die ausgeführte »paranoische Dingwache« Sankt Michaels, des martialischen Erzengels vor dem leeren Throne des Gottes, dräuende Frage: »Wer ist wie Gott?« Denn: die Folter zwingt zur Hergabe der anmaßend einbehaltenen dinglichen Körperprothese im / am Körper, der Hergabe des Stuhls fürs Sitzen, und stellt so beider vermittelnde Differenz wieder her. Gebührend verrückt gesprochen, eignet dem Ding selbst schon als solchem die strafende Vollmacht über den räuberisch Dinge inkorporierenden Körper, als Schizophrenie; ermäßigt intersubjektiv ausgeführt als paranoische Verfolgung dann, die den schizophrenen Kollaps letztaufhält.

Wie aber steht es um den besonderen Fall, wenn diese Strafgewalt – Strafgewalt? – direkt darin besteht, dass der Stuhl, weil er defekt wurde – etwa unter der Last eines adipösen Körpers zusammenbrach –, seine Gebrauchsfunktion einbüßt? Paradoxerweise bleibt die strafende Vollmacht des Dings in solchen Fällen des Dingtods sozusagen nicht nur erhalten, sie steigert sich vielmehr, insofern die Ding(selbst)zerstörung, als suizidale Höchstpotenz angesehen, im Mitriss des Körpers dessen letztmögliche Bestrafung mit dem Tode im martialischen Tod der Dinge ausmacht. Allemal aber fällt die Schuld auf die Körperanmaßung des Dings zurück, sei es, weil Körper / Subjekt den gebührenden Wartungsdienst, diesen säkularen Gottesdienst, versäumte, was nichts anderes heißt, als dass er verruchte Konkurrenz mit dem Ding, dem Dinggott im Ganzen, aufnahm. Allein, »Maschinen sind sterblich wie Leute«?

Wo aber etabliert sich diese meine Rede? Heiter gesagt, setzt sie voraus, dass ich mich sitzend auf dem Stuhl hochstemme, also einen Zwischenraum zwischen Körper und Ding, Stuhl und Hintern ausbilde – Pneumatik! Schade, dass ich kein Pantomime bin! Fehlt empfindlich noch die Einbeziehung des Klangs, der sich in deviante sichtdominierte Szenarien hinein darstellt.

Zur Befriedigung der anwesenden Psychoanalytiker (mindest) noch einige Andeutungen zu einer generationssexuellen Transkription der bislang todestrieblich-philosophisch skizzierten Aufmachungen. Auf also zur Ödipalisierung des Sitzens mit seinen pathologischen und / oder kriminellen Katastrophen, einschließlich wiederum deren Verhinderungen, seien sie pathologisch oder kunstfertig. Um es kurz zu machen: Sitzen (vormachen!), das ist der im Stuhl und im unbehelligten Sitzen darauf untergegangene Ödipuskomplex, die ins Körper-Ding-Verhältnis konsumtiv verschobene und nur in dieser Verschiebung erfolgreiche Vatertötung und ebenso tötende Mutterehelichung: *Ödipus rex* an des Vaters Statt auf dem Thronsessel, dem erschossenen, der Mutterleibleiche. Und ausschließlich in diesem Verhältnis im Toten bleibt für den Normalfall intern das Inzesttabu – Körper-Ding, ungetrennt, doch unvereint – gewahrt; das Mysterium des Gebrauchs besteht in dieser Doppelung, nämlich dass der Inzest im Toten sich selbst sein freilich immer labiles Inzesttabu ist; so dass die Devianzkatastrophen einzig nur sich der Aufhebung dieses Mortalitäts-immanenten Inzesttabus verschulden.

Zur allgemeinen Charakteristik dieser Katastrophen werde erneut Mythologie spruchreif: die Sache mit Peirithoos, dem Überschnellen, dem Voreiligen. Allen Ernstes beschloss er zusammen mit seinem Spießgesellen Perseus, Persephone, die Gemahlin des Hades, aus der Unterwelt zu rauben. Beide stiegen hinab, wurden von Hades hypokritisch freundlich empfangen, nur dass er beide auf die »Stühle des Vergessens« setzte, mit denen sie unter gänzlichem Gedächtnisverlust verwuchsen. Peirithoos' Los war damit besiegelt, denn der Retter Herakles vermochte nicht ihn, vielmehr Perseus nur, von dieser Psychose zu erlösen. Interpretation für Psychoanalytiker überflüssig.

Resumee

Signalschmerz = Avis drohender letzter Wunscherfüllung als Tod:
Körper – Ding – Fusion / »Inzest«
(Sitzen) (Stuhl)

	Erleiden		Verhinderung
kriminell	Folter	produktiv	Artistik (Produktion) Ästhetisierung / Kunst (Karikatur) Theorie
pathologisch	Erkrankungen des Bewegungs-apparats	pathologisch	Phobien (Schizophrenie)

Ergänzungen

Zur Peirithoos-Mythe siehe u.a.: Frühe Sinnigkeiten zur späten Psycho-Somatik. Die Peirithoos-Mythe. U.a. in: Sinnverlust und Sinnfindung in Gesundheit und Krankheit. Gedenkschrift zu Ehren von Dieter Wyss. Hg. H. Csef. Würzburg. Königshausen & Neumann. 1998. 373–385.

Beispiellose Bezeugung des Thanatos-Eros-Nichtdualismus, der »Triebmischung und -ent-mischung«, der Fusion/Diskrimination und der existierbaren Vermittlung von Körper und Ding:

> *»Wir tragen in uns Keime aller Götter,*
> *das Gen des Todes und das Gen der Lust –*
> *wer trennte sie: die Worte und die Dinge*
> *wer mischte sie: die Qualen und die Statt,*
> *auf der sie enden, Holz mit Tränenbächen,*
> *für kurze Stunden ein erbärmlich Heim.«*
>
> (Aus Gottfried Benns letztem Gedicht »Kann keine Trauer sein«)

Nur im Resumee (Schema) erscheint die »Produktion«, die Herstellung von Stühlen, als Modus der Verhinderung der Körper-Ding-Inzestkatastrophen, nicht im Vortragstext. Diese Ergänzung liegt sicherlich nahe – Produktion als rettende Veräußerung von Einbehaltungen –, sollte jedoch nicht zu einer Produktionsemphatik führen, die, im manischen Rausch der Gottesherstellung, das tiefste Schuldigwerden darin übersieht, verkennt, verleugnet – Inkulpation, die einzig im Sühneopfer der Arbeitskraft sich in aller notorischen Labilität (re)exkulpiert.

Rückeinschneidung des Dings ins Fleisch retour auch als Lust-, nicht nur als Schmerz-generisch? Das kann freilich so nicht stehen bleiben, fällig würde hier die genaue Verhältnisbestimmung zwischen beiden, und zwar vor beider angeführten Vermischung. Nachzutragen wäre des nähern die Verhinderungsvalenzen in moderner Kunst: Bannung der Destruktivität des Fetischs?

Klangprovenienz der verrucht-erhabenen Folterszenarien – nur dass die Folteropfer bei unverstopftem Munde schreien (reproduzierte Geburtsschreie, womöglich in den Tod). Herkunft, die als solche unverwandelt erscheint, der erscheinende Kurzschluss von Körper und Ding, dieses Gesamtkunstwerk an der Vermittlung Statt. (Von der Geburt der Musik, der Oper, aus dem Hexenmartyrium.)

Schmerz und Schmerzschicksal – Funktionswandel des primären Schmerzes der traumatisierenden Situation

Bernd Klose

In einer klassischen psychologischen Dreiteilung bezeichnet Trauer eine Affektkonstellation im Ich, die auf den Verlust einer ehemals innerlich erfüllenden Vergangenheit gerichtet ist, Angst entwirft die drohende Zukunft in katastrophalen Bezügen, Schmerz zeigt Unerträgliches in der Gegenwart an. Alle Anteile mischen sich in einer Art Uraffekt, der keine qualitativen und zeitlichen Differenzierungsmöglichkeiten bietet (Krystal, Raskin 1983). Schmerz ist demnach Teil einer somatopsychischen Urempfindung, die, wenn sie sich zur überschwemmenden Qualität gesteigert hat, mit allen zur Verfügung stehenden psychischen, physischen und chemischen Mitteln wie z.B. Suchtstoffen oder maximal aktivierter Endorphinausschüttung bekämpft wird. Ärztliche Schmerztherapeuten in ihrer primär pathophysiologisch-pathobiochemischen Wahrnehmungsausrichtung kennen sehr wohl die primär untrennbare Einheit aus körperlich festgelegten Abläufen und seelischen Qualitäten wie Affekt, Stimmung, die in der Erlebensintensität des Schmerzerlebens untrennbar verbunden sind, sich im Teufelskreis eines positiven Feed-back-Mechanismus wechselseitig verstärken können – Depressivität intensiviert das Schmerzerleben – vermehrt erlebter Schmerz verschattet zusätzlich den Affekt – alles beginnt umso heftiger noch einmal von vorn...

Über Benennungen wird nach Entwicklung der Sprachfähigkeit eines Kindes die Verortung einer Schmerzentstehung im Körperlichen allmählich erlernt.

Was wohl jeder Mensch irgendwann einmal erleben muss: Bleibt plötzlich einsetzender heftiger Schmerz ursächlich ungewiss, unterlegt sich Todesangst mit allen Panikqualitäten, bis der Entstehungsort oder -mechanismus benannt werden kann, ein Beispiel dafür wäre etwa eine erstmalige, überfallsartig einsetzende Nierenkolik.

Wir nehmen im Schmerz ein Gesamtgeschehen wahr, das wir mühsam über die Teilung in einen somatischen und einen Affektanteil beschreiben und damit anscheinend fassbar abbilden, was aber nicht der gesamten gelebten und erlebten Realität entsprechen kann. So ist es im Prinzip auch nicht möglich, Schmerz in einem rein verstehend-psychologischen Hintergrundkonzept erklärend zu lösen, das entspräche einem Negieren der körperlichen Grundlage.

Dennoch wird, gerade in der psychologischen Traumatologie, von psychischem Schmerz gesprochen, um ein perakut als vernichtend erlebtes seelisches Geschehen in Worte zu fassen.

Die Unerträglichkeit der Gegenwart einer traumatisierenden Situation, der ihr eigene Schmerz, hinterlässt psychische Spuren, bildhaft schilderbar als dauerhafte Imprägnationen in entworfene Systeme, die uns als Funktionsmodelle für Repräsentationen des Seelischen dienen, Verbalisierung und logische Konstruktionen gestatten.

Diese in der persönlichen Lebensgeschichte intrusiv erlittene, der sonstigen Struktur meist zutiefst widersprechende Erfahrung wirkt fortan weiter, muss, wenn Überleben gesichert werden soll, im Falle destruktiver Wirkung über vielfältige Mechanismen vor erkennenden Bereichen des Seelischen verborgen, oder, wenn dies nicht gelingen kann, mit Funktionswandlung vom Bedrohlichen ins Konstruktive konvertiert werden. Konstruktiv ist in diesem Sinne eine Verarbeitung auch dann, wenn sie in der Anforderungssituation gegenwärtiger seelischer Regulationsnotwendigkeit unerträgliche Spannung mildert, überhaupt noch Selbstliebe ermöglicht und vielleicht sogar den personalen Tod verhindert. Suizidologen z. B. sehen in Spaltungsoperationen, die allgemein in der dynamischen psychoanalytischen Krankheitslehre als automatisch einsetzende, regressive Abwehrformationen gelten, eher eine kreative synthetische Ichleistung, deren Vollzug aktuell Schlimmeres verhütet, wenn auch um den hohen Preis weiterer Ichschwächung (Kind 1992).

Die originäre psychoanalytische Erkenntnisfrage ist die nach dem dynamischen Sinn, früher überwiegend auch nach der energetisch-ökonomischen Bilanz einer Symptomatik, weit gehend unabhängig vom Ausmaß des damit verbundenen subjektiven Leidens, was unserer Methode mitunter den Vorwurf der Unmenschlichkeit eingetragen hat. Eine analytische Psychotherapie kann sich wohl auch in Richtung Inhumanität entwickeln, wenn diese Erkenntnisarbeit nicht in eine Beziehung eingebettet, die gegenwärtige Seinsweise des Untersuchten nicht repräsentiert und damit auch nicht respektiert wird.

Nie vergessen konnte ich den Roman *Der Fall Glasenapp* von S. Heym, in dem er beschreibt, wie ein Analytiker, als Geisel mit anderen inhaftiert und des eigenen Todes gewiss, sein gesamtes Interesse darauf richtet, die psychischen Reaktionen der mitbetroffenen »Durchschnittsmenschen« zu erkennen und für die Nachwelt schriftlich festzuhalten (Heym 2002). Dieses 1942 im Exil verfasste Buch, unter dem Titel *Hostages* erstveröffentlicht, widmete Heym seinem Vater, der selbst als Geisel inhaftiert worden war.

Die Dynamik in der traumatisierenden Situation

Trauma meint in diesem Zusammenhang ein wie auch immer geartetes, von außerhalb des betroffenen psychischen Systems verursachtes und / oder zugefügtes Ereignis, das unvorhersehbar überraschend und plötzlich einsetzt sowie in seinen Auswirkungen sofort die vorhandenen Regulationsmöglichkeiten des Ichs überrennt, ab diesem Moment gibt es von jetzt auf gleich zunächst keine psychische Bewältigungsstruktur mehr. Die Folgen sind Überwältigung, absolute Verohnmächtigung und ein Zustand völliger Hilflosigkeit des betroffenen Individuums.

Alle nachfolgenden Überlegungen gelten nur für Ereignisse, die geeignet sind, diese umfassende Ichregression hervorzurufen, was den heute inflationären Gebrauch des Begriffes »Trauma« erheblich eingrenzt. Das indirekte Miterleben von Gewalttaten im Fernsehen, wie z.B. bei den Terroranschlägen des 11. September 2001, ist zwar zutiefst erschütternd, zieht überwältigendes Erleben nach sich, doch dadurch wird so schnell niemand derart umfänglich regredieren können, dass der Kern der ichfunktionalen Bewältigungsstrukturen zerbricht, es entsteht keine Traumatisierung im engeren psychologischen Sinne. Ähnliches gilt für eine Fülle von psychischen Verletzungen, Kränkungen, Demütigungen, die zwar furchtbare Affekte wecken, aber nicht jene umfängliche, besonders die Abwehrfunktionen affizierende Hilflosigkeit im Ich auslösen. Mitunter kann man sich des Eindrucks nicht erwehren, dass inzwischen in weiten, auch psychotherapeutischen Kreisen die Deklaration einer selbst erlittenen Traumatisierung Abwehrfunktion gewonnen hat und Agieren legitimieren soll.

Bereits 1988 haben Ehlert und Lorke versucht, die für diese spezielle regressive Situation denkbaren dynamischen Hypothesen zusammenzutragen und einen konsistenten Ablauf modellhaft zu entwerfen, an dessen Ende eine in zentralen Anteilen veränderte seelische Struktur steht (Ehlert, Lorke 1988). Diese Umsetzungen erfordern im weiteren individuellen Entwicklungsgang regelmäßig bewältigende Adaptationen. Dabei gilt, je unfertiger oder undifferenzierter die Ausgangsstruktur, desto umfangreicher spätere Folgen. Ein Erwachsener mit einigermaßen gut ausgebildeter Struktur erleidet eine traumatogene Neurose oder eine PTBS, u.U. auch eine dem Borderlinesyndrom ähnliche, dauerhafte Strukturpathologie. Die kindliche Entwicklung verläuft im Anschluss an vereinzelte oder gar repetitive Traumata entsprechend verzerrt und oft hoch pathologisch (Ermann 2004).

Mir war und ist dieser Beitrag von Ehlert u. Lorke sehr wichtig, weil zwar in einer Vielzahl von Arbeiten, Berichten, Vorträgen aus diesem seit ca. zwei

Jahrzehnten so zentral gewordenen Fachbereich entweder etwas über die traumatisierende Situation hinweg rationalisierend konzeptionalisiert wird, oder aber, wenn Sprachsymbolik sich dem Realgeschehen nähert, eine kaum erträgliche affektive Erschütterung greift, die auch die aktuelle Mentalisierungsfähigkeit der Zuhörer oder Leser massiv einschränkt, meist zu identifikatorischen Abwehrhaltungen führt. Psychische Folgen eines Traumas fügen sich in einem Erlebensraum, der primär unbenennbar ist, für den jedes Wort fehlt, geprägt durch eine buchstäblich namenlose, in tiefstem Sinne existentiell bedrohliche und schmerzliche Affektivität.

Die Autoren versuchten, Schritt für Schritt so detailgenau wie möglich das Geschehen abzubilden, ich hoffe, dass in meiner zusammenfassenden Darstellung ein erträgliches *affect attunement* gelingt.

Hilflosigkeit als Ichzustand ist lebensbedrohlich, um ihn zu vermeiden, gelingt unter Umständen zunächst noch eine Affektisolierung, quasi als eine Art emotionaler Anästhesie, wenn ein Vergewaltiger brutal handelt oder ein Folterer die Werkzeuge anlegt – »Ich fühlte nichts mehr!«. Dieses relativ reife Abwehrmanöver der Isolierung erscheint als Versuch, einen letzten Damm gegen die Überflutung zu richten, die von außen und sehr rasch zusätzlich *von innen* droht. Von innen, weil die Handlung der Täter primäre Angstmodelle aktiviert, bis hin zur Angst im Geburtstrauma oder auch einem anderen primären, atmosphärisch spürbaren Modell vernichtender Verlustängste, Angstüberflutungen, durch die jede Realitätskontrolle weit gehend außer Kraft gesetzt wird. Unter diesen Umständen ist ein hoch energetischer, massive Gegenbesetzung erfordernder Abwehrvorgang wie eine Affektisolierung nicht mehr möglich und muss aufgegeben werden. Alle weiteren Abläufe sind dann für ein Opfer so wenig steuerbar wie für einen Säugling, formal gesehen ist die hilflose Abhängigkeit ebenso umfänglich, wenn auch inhaltlich nicht identisch.

Dennoch werden Opfer psychisch höchst aktiv, entsprechend einem Versuch, die Situation wieder erträglich zu gestalten.

Hilflosigkeit generiert immer sofortige Objektsuche, um basale narzisstische, d.h. Überlebensbedürfnisse zu sichern, wir können in unserer Angewiesenheit auf andere gar nicht anders. Auch an dieser Stelle wird die Begrenzung menschlicher Autonomie im Sinne postulierter Objektunabhängigkeit deutlich, in unserer Kultur eigentlich eine sehr hohe, aber genauso unerreichbare Idealnorm.

Das einzige verwendungsfähige Objekt im Moment der traumatisierenden Situation ist der Täter, die Täterin. D.h. das Objekt, das maximalen Schmerz zufügt, erlangt existentielle Bedeutung und muss für das betroffene Individuum gesichert werden. Wie Ehlert u. Lorke beschreiben, wird das Kind oder das Opfer in der infantilen Position den Täter oder die Täterin zum Liebesobjekt erheben, libidinös besetzen, sich deren Zuneigung vergewissern, koste es, was es wolle. Die erzwungene Reinfantilisierung mobilisiert Verschmelzungswünsche mit allmächtigen Elternfiguren, die Hilfsichfunktionen wahrnehmen, im engsten Sinne das Leben wieder lebbar machen.

In diesem Moment beginnen die Anpassungsstrategien des Opfers an den oder die Täter, ein bekanntes Faktum, das aber immer wieder zunächst verwundert. Schon Edith Jacobson beschrieb in einer für sie typischen Distanziertheit ihre teilnehmenden Beobachtungen aus der eigenen Gestapohaft, allerdings eher die Angleichungsprozesse mitinhaftierter Frauen an Nazischergen als die eigenen seelischen Reaktionen (Jacobson 1983). In den 1970er Jahren wurde z.B. das »Stockholm-Syndrom« als derartige Bindungsparadoxie benannt, viele erinnern sich an die mit den Terroristen z.T. identifizierten Passagiere der entführten Lufthansamaschine »Landshut«, Beispiele ließen sich umfänglich aneinander reihen.

Die Internalisierung der traumatisierenden Situation

Ist die Psychoanalyse schon von vornherein nicht gerade eine Disziplin, die sich durch präzise Definitonen ihrer verwendeten Begrifflichkeit auszeichnet, was vor allem die Verständigung mit anderen Fachbereichen erheblich erschwert, so wird die Verwirrung beim Begriffskomplex der Identifikation fast vollständig. Wir Analytiker erzählen viel lieber, gebrauchen Begriffe oft sinnbildlich-illustrierend in unseren Narrationen. Immer wieder wird die von Anna Freud 1936 eingeführte Begrifflichkeit der »Identifikation mit dem Aggressor« verwendet (Freud 1936). Das ist in diesem Zusammenhang regelrecht falsch, Identifikation mit dem Aggressor als hochkomplexe Ichidentifizierung, die nur im äußeren Handlungsfeld wie eine Imitation aussieht, bedarf der Aktivität einiger differenziert entwickelter Ichfunktionen, genau diese Möglichkeiten sind aber eben im Moment der traumatisierenden Situation gelöscht.

Schon einige Jahre früher hatte Sandór Ferenczi 1932 eine »Introjektion des Angreifers« beschrieben, mit der insbesondere normative seelische Anteile des Täters ins Überich des kindlichen Opfers eingepflanzt würden (Ferenczi 1932). Im Teilobjektcharakter des internalisierten Materials, in der Unausweichlichkeit dieser Mechanismen spiegelt sich der definitorische Bedeutungsgehalt dessen, was wir heute Introjektion nennen (Kernberg 1988), einer sehr frühen Abwehrmethode, die dann wie zwangsläufig im oralen Modus einverleibend eingesetzt wird, wenn es gilt, libidinöse und narzisstische Besetzung eines Objektes aus lebensrettenden Gründen aufrecht zu erhalten, die Panik eines vollständigen Liebes- und narzisstischen Zufuhrverlustes zu kompensieren.

Die Introjektion folge dem Muster der Reaktion auf die Urszene des ersten Liebesverlustes, so Ehlert u. Lorke. In seiner spontanen Reaktion auf nicht aushaltbare Einsamkeit habe jedes Kind erlernt, die tragfähige Verbindung zu den Eltern wieder zu errichten, indem es ihnen quasi Recht gebe, wenn sie sich missbilligend abwenden. Es introjiziert dann deren Sichtweise, gesteht, so zu sein, wie es im Moment der Verlassenheit oder auch der Bestrafung von den Tätern gesehen wird, es erlebt sich als böse oder schlecht, erreicht so wieder die ersehnte und unbedingt notwendige Bindung.

Dieses Selbstbild steht in krassem Gegensatz zur gesamten seelischen Struktur, insbesondere zu den weiter wirksamen normativen Seiten des Überichs, dem Bereich der internalisierten Verbote, in denen genau das als verpönt gilt, was nun im Selbst zum Zweck der Rettung sein *muss*.

Introjekte dieser Art verketten Opfer und Täter auf Dauer – in der seelischen Struktur des Opfers. Es wird in Zukunft einen Wirkbereich der Psyche geben, in dem das weiter wirksame Introjekt besagt, die Liebe des erhaltenden primären Objektes setze dann ein, wenn das Opfer eben so sei, wie der Täter es für seine Rechtfertigung braucht – in gewissem Umfang wird das Opferbild des Täters zur Idealnorm und durchtränkt schließlich das Ichideal des Opfers.

Auf dem Umweg über das Selbst stehen sich dann strafender und idealer Überichanteil gegenüber, als polarisiertes Spannungsfeld eines zwangsläufigen intrasystemischen Dauerkonfliktes. Dabei gewinnt der ins Ichideal diffundierte Anteil unbedingten Impulscharakter, wie eine imperative Forderung, deren Abkömmling sich in Fantasien repräsentiert und in Affekten vollzieht. Diese Umgestaltung des Ichs allerdings zieht den Einspruch normativer Überichanteile nach sich. Das Introjekt verhält sich wie ein triebhafter Anspruch des Es, der nie erlischt. Dauernd wird so eine Ich- und Selbstmodifikation wiederholt, die dem Individuum schadet, weil es das introjizierte Opferbild des Täters, z. B. eine verführerische Hure, ein Verräter, ein schädliches, rassisch minderwertiges Subjekt etc. zu sein, nicht ungestraft hinnehmen kann.

In diesem klinischen Zusammenhang ist die Annahme eines Todestriebes, auf den jedes Wiederholungsagieren zurückgeführt würde, nicht nur höchst überflüssig, sondern auch hinderlich. Die Unterlegung einer innewohnenden Triebkraft ist eine Erklärung *ex cathedra*, in dieser dogmatischen Annahme ginge die erklärende Durchdringung weiterer dynamischer Geschehnisse der

Traumafolgen verloren. Es ist eine bekannte Erfahrung, dass etliche kulturanalytische Entwürfe sehr wohl im Konstrukt des Todestriebes aufgehen und plausibel werden, nicht aber die klinisch-dynamischen Modelle.

Introjekte unterliegen mit ihrem Fremdkörpercharakter und ausgelöst durch derartige drohende Spannungseskalationen in der Regel einer Abwehr durch das Ich. Verdrängung setzt nicht ein, sowohl Inhalt als auch Affekt eines Flashbacks bleiben in der Regel rasch bewusst verfügbar. Über Spaltungstendenzen wird versucht, einen introjektiv kontaminierten von einem introjektfreien seelischen Raum zu trennen. So entstehen klinische Phänomene wie massive Entfremdungserlebnisse und alternierende Ichzustände bis hin zu den Konstrukten multipler Persönlichkeiten, um den Preis jeweils einsetzender weiterer Ichschwächung.

Introjekte der beschriebenen Art sind aber niemals stumm, Y. Gampel beschrieb metaphorisch deren »Radioaktivität« (Gampel 2000), mit der sie unmerklich, doch unablässig strahlen und die gesamte seelische Struktur derart infiltrieren, dass der introjektive Inhalt in den Handlungen erkennbar ist, dem Betroffenen aber nicht oder kaum bewusst wird. Unbearbeitet beträgt die Halbwertszeit dieses Strahlungskörpers *lebenslänglich.*

Unmerkliche Selbsteinstellungen, die exekutive Funktionen des Ichs in Dienst nehmen, sind im sozialen Feld die gefährdendsten Wirkungen isolierter Introjekte, nicht nur der direkt traumatisch verursachten, sondern z.B. auch transgenerationeller und anderweitig identifikatorischer. 33 Tage nach dem Einmarsch der Amerikaner in Kaufbeuren, am 29.05.1945, wurde der letzte seelisch-geistig Erkrankte in der dortigen Heilanstalt ermordet, über das Kriegsende hinaus war die Euthanasie fortgesetzt worden (Klee 1985).

Das Schicksal des Schmerzes

Das psychophysische Phänomen »Schmerz« mit seinem Uraffektcharakter ist ein ursächliches wie begleitendes Phänomen vieler symptomatischer Folgen einer Traumatisierung, bietet sich allerdings auch für Funktionswandlungen an, die in der regulativen Erhaltungsdynamik eines erträglichen, zumindest nicht tödlichen Gleichgewichts eine wichtige Rolle übernehmen können.

Dazu nur einige Modelle:
Stellen sie sich einen hilflos gewordenen Menschen vor, der dieses introjektive Material erlitt und auf Dauer dessen Strahlkraft bannen muss. Hilflos sei er aktuell geworden wegen einer seelisch nicht zu puffernden Trennung oder einer anderen destruierenden Kränkung, die er nicht assimilieren kann. Im

regressiven Zustand der ohnmächtigen Auslieferung wird er sich entwurzelt einsam erleben, vom Schutz durch stabilisierende innere wie äußere Objekte klaffend getrennt. Es besteht die Möglichkeit, diesen Schutz und Hoffnung zu reaktivieren, wenn mit Hilfe des Ichidealintrojektes das in der traumatisierenden Situation schädigende, in der Not schützend fantasierte Objekt belebt und ein entsprechender Selbstzustand eingesetzt wird. So suchen Opfer unbewusst eine ursprünglich schädigende Situation wieder auf, wie z. B. eine vergewaltigte Frau die spezifische Gefährdung. Die durch einen alkoholkranken gewalttätigen Vater missbrauchte Tochter heiratet ausgerechnet einen Trinker, ein Gefolterter fühlt sich »falsch«, unwert, zerstört sein soziales Leben...

Direkter lässt sich, wie in einer Abkürzung der dynamischen Wegstrecke, das Schmerzerleben selbst zur Restitution nutzen. Wenn das in der traumatisierenden Situation schützende und gleichzeitig zerstörerische Objekt Schmerz verursacht, kann die Erzeugung von Schmerz die Anwesenheit dieses Objektes ersatzweise illusionieren, weniger durch Symbolisierung als durch Umkehrung einer nicht verbalisationsfähigen, protosymbolischen Erlebenskette.

Der Schnitt in den Unterarm beendet die quälende Dissoziation, durch die das Introjekt spaltend fern gehalten werden musste, das selbstquälerische Moment eines sadomasochistischen Beziehungsagierens, auf den ersten Blick wie pervers wirkend, garantiert die fantasmatische Anwesenheit des schützenden Objektes und stillt gleichzeitig die durch den normativen Anteil des Überichs geforderten Bestrafungswünsche. Der selbst zugefügte Schmerz erspart den Umweg über das ausgehandelte Ichidealintrojekt im Selbstsystem, repräsentiert schließlich gänzlich die rettende Anwesenheit des ersehnten Gegenübers – insgesamt eine drastische Verbiegung, die allerdings auch eine neue, an Selbstwert-Gleichgewichtsmodellen orientierte, nicht auf partialtriebhafter libidinöser Fixierung oder auf dem stillen Wirken des Todestriebes beruhende Einschätzung masochistischer Phänomene ermöglicht (Wöller 1994). Die Funktion masochistischer Dynamiken ist dann vor allem eine erhaltende, jenseits der Lust-Unlustökonomie.

Begleitphänomene wie das Bluten nach einem »Schnitt ins eigene Fleisch« können dabei eine zusätzliche Bedeutung gewinnen. »Wenn das Blut fließt, bin ich frei!«, sagte mir einmal eine schwer geschädigte Patientin. Hier dient die Verletzung nicht nur der Reintegration zuvor dissoziierter Selbstanteile, sondern wird begleitet von Reinigungsfantasien, als ob unter Gebrauch des Körpers mit dem Blut das introjektive Gift aus der Seele geschwemmt werden könnte. Das Jahrhunderte währende Zeitalter weiter Indikationen von Aderlässen in der Medizin ist noch nicht so lange vorüber, beruhte auf ähnlichen Reinigungsfantasien, diesen furor sanandi überlebten viele nicht.

Wenn die Kur das Leben bedroht

Theoretische Modelle zu entwerfen, die psychodynamische Abläufe illustrieren und unbegreiflich Widersprüchliches scheinbar klären, das ist eins – deren Umsetzung in anwendbare Behandlungstechnologien etwas anderes, ein oft sehr schwieriges Unterfangen.

Einige Jahre nach der Veröffentlichung des psychodynamischen Entwurfes nahm Ehlert das Thema noch einmal auf, beschrieb aus seiner, zugespitzt wirkenden Sicht Besonderheiten der Analyse traumatisierter Patienten (Ehlert-Balzer 1996). Er nahm an, dass die traumatisierende Situation in der Übertragungs-Gegenübertragungsbeziehung eingestellt und ohne Ausweichen beider Beteiligten möglichst vollständig durchgearbeitet werden müsse, nur dann könnten Introjekte durch Integration in die vorhandene Struktur ihrer destruierenden Wirkung beraubt werden. Seine zugespitzten Formulierungen dienten und dienen erklärten Traumatherapeuten zur Illustration der retraumatisierenden Wirkung einer analytischen Behandlung (Reddemann, Sachse 1998). Der Kernvorwurf besagt, die um jeden Preis erzwungene Übertragung und Regression in der Analyse wiederhole auf unmenschliche Art die ursprüngliche Verletzung, fördere unbemerkt die Aktivierung, aber keineswegs die Bannung der Wirkung schädigender Introjekte, verschlimmere insgesamt den Gesamtzustand. Stephan Heyms 1942 erhobener Vorwurf der Inhumanität entstand wieder, diesmal erhoben von Fachkollegen. Selbstverständlich blieb er nicht unerwidert (Ehlert-Balzer 1999), die Diskussion ist längst nicht beendet.

Analytischer *furor sanandi*, das Erzwingen negativer Übertragung zum Zwecke der heilenden Durcharbeitung, kann Patienten tatsächlich sehr gefährden. Vielen, die unter akuten symptomatischen Traumafolgen leiden, z. B. an einer PTBS, hilft ein analytisches Vorgehen im klassischen Sinne zunächst nicht, aber auch andere, direkt traumakonfrontierende Verfahren wie das EMDR sind ebenso kontraindiziert, wenn das Ich sehr zerbrechlich ist und weitaus eher protektive Techniken notwendig werden.

Therapieprämissen

Die Tragik traumatisierter Menschen liegt in der beschriebenen inneren Wiederholungsdynamik, aber sie sind und bleiben Opfer unmenschlicher Verbrechen. Diese Taten sind die Causa der Erkrankung, dennoch verursachen überlebensnotwendige dynamische Umsetzungen immer wieder Schmerz in vielfältiger symptomatischer Gestalt, dabei handelt das Opfer selbst und fügt sich aktiv Leiden zu, um sich zu retten.

Die psychoanalytische Methode zielt auf Integration des bisher Abgespaltenen durch Erkennen, sprachliche Benennung und persönliche Konzeptualisierung, dazu gehört auch, sich selbst in diesem regulativen Sinne als intentional handelnd zu erleben (Körner 1985).

Ich habe den Eindruck, dass momentan die Traumatherapie zu einer neuen Heilslehre werden könnte, die alle möglichen seelischen Symptome als traumaverursacht erklärt, die Betroffenen nicht nur entschuldet, sondern auch der Verantwortung für ihr aktuelles Leben enthebt und die in mechanisierten Therapieverfahren (eine »EMDR-Apparatur« wird geplant) umfassende Reinigung ermöglicht. Für beide Beteiligten gilt dann: »Wasch' mich, aber mach' mich nicht nass!«, auch ein Behandler bleibt so eben nur ein *guter* Helfer, wird nicht mit negativen Übertragungen in Kontakt kommen.

Psychoanalyse kann sinnvoll werden, wenn strukturelle Verwerfungen zur dauerhaften Symptombildung führen, die Indikation muss aus den genannten Gefährdungsgründen sehr sorgfältig gestellt werden.

Eine analytische Therapie derart verwickelter persönlicher Traumafolgedynamiken ist schwierig und belastend, nicht als reiner und zugespitzt durchgearbeiteter Übertragungs-Gegenübertragungsprozess denkbar. Dennoch muss ein Therapeut auch die negative Übertragung annehmen, der »Teufel« sein und zum Nutzen von Prozess und Therapie damit umgehen können.

Manches kann gelingen, wenn es möglich wird, einen intersubjektiven Raum zwischen beiden Beteiligten als konstituierendes Drittes zu errichten und zu erhalten, in dem gemeinsames Aushandeln, Erleben, Benennen und Entwerfen möglich wird, als identifikatorische Vorlage für feste Repräsentationen des bisher unbenennbar wirksamen Introjektes und damit dessen gewandelter, dauerhafter mentalisierter Inbesitznahme (Dornes 2002). So könnte dem allgegenwärtigen Schmerz letztlich einiges an Grundlage entzogen werden.

Literatur

Dornes, M. (2002): Der virtuelle Andere. Aspekte vorsprachlicher Intersubjektivität. Forum Psychoanal. 18, 303–331.

Ermann, M. (2004): Psychosomatische Medizin und Psychotherapie. Stuttgart (Kohlhammer).

Ehlert, M., Lorke, B. (1988): Zur Psychodynamik der traumatischen Reaktion. Psyche 42, 503–532.

Ehlert-Balzer, M. (1996): Das Trauma als Objektbeziehung. Forum Psychoanal. 12, 291–314.

Ehlert-Balzer, M. (1998): Ist die Psychoanalyse Gift für Traumaopfer? Eine Erwiderung auf Luise Reddemann und Ulrich Sachsse: Welche Analyse ist für Opfer geeignet? Forum Psychoanal. 15, 81–84.

Ferenczi, S. (1932): Sprachverwirrung zwischen den Erwachsenen und dem Kinde. Bausteine zur Psychoanalyse III, Bern (Huber 1939), S. 511–525.

Freud, A, (1936): Das Ich und die Abwehrmechanismen. Frankfurt am Main (Fischer Tb. 1984).

Gampel, Y. (2000): Gedächtnis – Vergessen und Erinnern: Ein Akt des Mutes, der Identität und des Glaubens. In: Opher-Cohn et al. (Hg.): Das Ende der Sprachlosigkeit? Auswirkungen traumatischer Holocaustfolgen über mehrere Generationen. Gießen (Psychosozial-Verlag), S. 247–264.

Heym, S. (2002): Der Fall Glasenapp. Frankfurt am Main (Fischer Tb.) Erstveröffentlichung 1942.

Jacobson, E. (1983): Depression. Frankfurt am Main (Suhrkamp).

Kernberg, O.F. (1988): Objektbeziehungen und Praxis der Psychoanalyse. 3. Aufl. Stuttgart (Klett-Cotta).

Kind, J, (1992): Suizidal – Psychoökonomie einer Suche. Göttingen (Vandenhoeck & Ruprecht).

Klee, E. (1985): »Euthanasie« im NS-Staat. Die »Vernichtung lebensunwerten Lebens«. Frankfurt am Main (Fischer TB), S. 452.

Körner, J. (1985): Vom Erklären zum Verstehen in der Psychoanalyse. Göttingen (Vandenhoeck & Ruprecht).

Krystal, H., Raskin, H.A. (1983): Drogensucht – Aspekte der Ich-Funktion. Göttingen (Vandenhoeck & Ruprecht).

Reddemann, L., Sachsse, U. (1998): Welche Psychoanalyse ist für Opfer geeignet? Forum Psychoanal. 14, 289–294.

Wöller, W. (1994): Neuere Auffassungen zur Funktion masochistischer Phänomene. Eine Übersicht. Forum Psychoanal. 10, 162–174.

Genozid und seelischer Schmerz

Psychoanalytische Überlegungen zum Völkermord in Ruanda

Hans-Jürgen Wirth

Der Völkermord in Ruanda

Am 6. April 1994, unmittelbar nach dem Flugzeugabsturz, bei dem Ruandas Präsident Habyarimana ums Leben kam, begann in Ruanda der Völkermord, bei dem innerhalb von 13 Wochen etwa 800.000 Menschen mit Macheten, Speeren und Knüppeln niedergemetzelt wurden, etwa Dreiviertel der Tutsi-Bevölkerung. Es handelte sich nicht um einen Ausbruch spontanen Hasses, sondern um eine von langer Hand geplante Strategie einer kleinen Gruppe von Machthabern. Ihr Ziel war die vollständige Ausrottung der Tutsi-Bevölkerung. Ihre Mittel waren die systematische Verhetzung der Hutu-Bevölkerung mit Hilfe der staatlich gelenkten Radio-Sender, der Aufbau einer para-militärischen Hutu-Miliz und die Rekrutierung der männlichen Hutu-Bevölkerung, die mit Macheten bewaffnet dazu angehalten wurde, ihre Nachbarn zu ermorden, zu vergewaltigen, zu foltern und auszurauben. Behördenvertreter und sogar Geistliche stachelten zu den Morden auf. Auch Tausende Hutu verloren ihr Leben, weil sie sich dem Völkermord entgegenstellten oder Tutsi Schutz gewährten. Die Vereinten Nationen waren zu jeder Zeit über den Genozid informiert, weigerten sich aber, die kleine Blauhelmtruppe in Ruanda zu verstärken, um so den Massakern Einhalt zu gebieten (vgl. Des Forges 1999).

Meine folgenden Ausführungen beziehen sich auf die beiden Bücher, die der französische Journalist Jean Hatzfeld geschrieben hat. Das erste heißt: »Nur das nackte Leben« (Hatzfeld 2003) und berichtet von den Opfern des Völkermords«. Das zweite heißt »Zeit der Macheten« (Hatzfeld 2004) und basiert auf Gesprächen mit den Tätern. Ich werde mich vor allem mit dem Täter-Buch beschäftigen, das einzigartig ist: Noch nie haben die Täter, die Mörder, die Schlächter eines Genozids nur wenige Jahre nach ihren Verbrechen über das, was sie angerichtet haben gesprochen. Und sie tun dies mit einer frappierenden Unverfrorenheit, Uneinsichtigkeit, kann man auch sagen, Naivität? Schockierend ist die emotionale Distanziertheit, die Sachlichkeit, mit der die Täter über ihre Untaten berichten. Scheinbar objektiv schildern sie die von ihnen begangenen Morde, ihre Menschenjagd in den Sümpfen, ihre sadistischen Quälereien und ihre Plünderungen. Allerdings spielen sich ihre Schilderungen häufig in der dritten Person ab. Aber ich bin auch überrascht, dass sie überhaupt von ihren eigenen Taten sprechen, beispielsweise davon, wie es war, als sie das erste Mal einen Menschen mit der Machete niedergemetzelt haben. Diese Schilderungen wirken auf mich schockierend, in ihrem Konkretismus jedoch zugleich merkwürdig nüchtern, sachlich distanziert, abgespalten vom emotionalen Erleben. Völlig ausgespart bleibt, was die mörderischen Handlungen in den Tätern selbst ausgelöst haben, was die Mörder dabei empfunden haben, ihre Nachbarn und Bekannten mit der Machete zu zerstückeln. Ihr eigenes emotionales Erleben spielt kaum eine Rolle.

Ist der Völkermord in Ruanda Ausdruck des Todestriebes?

Jean Hatzfelds Buch über den Völkermord in Ruanda – so könnte man mit Freud (1930, S. 506) formulieren – führt uns wieder einmal vor Augen, wie schwer es »der Menschenart« fällt, des »menschlichen Aggressions- und Selbstvernichtungstriebs Herr zu werden«. Freuds Hypothese vom Aggressions-, Selbstvernichtungs- und/oder Todestrieb darf allerdings nicht verkürzt als monokausale Interpretation destruktiven Handelns verstanden werden, so als wäre der Genozid in Ruanda mit dem Hinweis auf die aggressiv-destruktive Triebnatur des Menschen schon »auf den Begriff gebracht«, erklärt oder verstanden.

Vielmehr besteht die theoretische Leistung von Freuds Todestrieb-Hypothese allein darin, darauf zu insistieren, dass die Möglichkeit zur Destruktivität in jedem von uns vorhanden ist. Der Völkermord in Ruanda ist keineswegs von »unvorstellbarer« Grausamkeit. Wie wir spätestens seit dem Holocaust wissen, ist das destruktive Potenzial des Menschen ubiquitär: Grundsätzlich ist der Mensch zu jeder Grausamkeit fähig, die sich die menschliche Fantasie ausmalen kann. Wie weit der Einzelne oder auch Kollektive solche destruktiven Fantasien in die Tat umsetzen oder im Reich der Fantasie belassen, hängt allerdings von vielen weiteren, komplex miteinander verwobenen Bedingungen ab, die unter anderem mit den Begriffen maligner Narzissmus, Größenfantasien, Ohnmachtsgefühle, individuelle und kollektive Traumatisierungen, Fanatismus, Fundamentalismus und paranoide Weltbilder angesprochen sind.

Ereignisse wie der Völkermord in Ruanda sind auch nicht »bestialisch« im ursprünglichen Sinn des Wortes »Bestie« (= wildes Tier, Unmensch), sondern kennzeichnen im Gegenteil das Gattungswesen Mensch. Tiere verfügen über eine instinktgesteuerte Tötungshemmung gegenüber Artgenossen – von wenigen Ausnahmen, die der Arterhaltung dienen, abgesehen. Tiere sind deshalb gar nicht in der Lage, unter ihren Artgenossen ein Massaker anzurichten. Dies bleibt dem Menschen vorbehalten. Die Möglichkeit zum monströsen Verbrechen stellt einen fundamentalen Bestandteil der Conditio humana dar. Die relative Freiheit von instinktgesteuertem Verhalten bringt auf der einen Seite die Möglichkeit zur Freiheit, Kreativität und freien Willensentscheidung hervor, während die andere Seite der Medaille in der Freiheit besteht, sich auch für das Böse entscheiden zu können. Wenn diese Freiheit zum Bösen nicht bestünde, wäre der Mensch nicht frei. Wir können das eine nicht haben, ohne das andere in Kauf zu nehmen. »Das Böse ist darum das Risiko und der Preis der Freiheit« (Safranski 1997, S. 193).

Darf man einen Völkermord zum Gegenstand wissenschaftlicher, journalistischer, literarischer Untersuchungen machen? Darf man den Genozid in Ruanda mit dem Genozid an den europäischen Juden vergleichen? Darf man Völkermorde miteinander vergleichen? Erkenntnistheoretisch sind solche Vergleiche legitim, ja unabdingbar. Auch die Einzigartigkeit des Holocaust lässt sich nur belegen, wenn man ihn mit anderen Völkermorden vergleicht. Wir haben kein absolutes Wissen über die Welt, sondern nur eines, das durch den Vergleich verschiedener Ereignisse entsteht.

Allerdings birgt solches Vergleichen auch manche Gefahren. Vergleiche können tendenziös sein und die Absicht verfolgen, ein bestimmtes Ereignis zu relativieren, zu beschönigen und in seiner moralischen, politischen oder auch persönlichen Bedeutung zu verkleinern. Als die Historiker Martin Broszat und Ernst Nolte Anfang der achtziger Jahre für eine »Historisierung des Nationalsozialismus« plädierten, den Holocaust mit dem Gulag verglichen und die These aufstellten, die Verbrechen Stalins hätten die Verbrechen Hitlers erst möglich gemacht, gar verursacht, lag dem die Tendenz zugrunde, den von Deutschen begangenen Völkermord an den Juden in seiner historischen Bedeutung zu relativieren und »aus der Schusslinie« der moralischen Anklage zu nehmen. Der anschließende »Historikerstreit« machte zweierlei deutlich: Einerseits ist es legitim, den Holocaust mit historischen, soziologischen, psychologischen und sonstigen wissenschaftlichen Methoden zu untersuchen – und das heißt immer auch zu vergleichen und damit zu relativieren –, andererseits muss man ideologiekritisch auf der Hut sein, ob sich nicht Beschönigungen und Entschuldigungen in die Vergleiche einschleichen.

Grundsätzlich hat jede historische Betrachtung eine relativierende Funktion. Vergleichen bedeutet relativieren im Sinne von »in Beziehung setzen«. Das gilt sowohl für den Holocaust, der mit dem Fortschreiten der Zeit, mit dem Sterben der Zeitzeugen, die das Verbrechen noch selbst miterlebt haben, zum historischen Ereignis wird, als auch für den Völkermord in Ruanda, der erst ein Jahrzehnt zurückliegt. Sowohl die individuelle als auch die kollektive Verarbeitung eines Traumas setzen voraus, dass man sich von dem Trauma distanziert, es vergleicht, einordnet, von verschiedenen Blickwinkeln aus betrachtet usw. Insofern ist die Relativierung des Genozids ein notwendiger Bestandteil des konstruktiven Prozesses der Auseinandersetzung. Es gehört zu den Charakteristika eines Traumas, dass es die Zeitstruktur zerstört. Im Trauma kommt es zu einer Verschmelzung von Vergangenheit, Gegenwart und Zukunft, in der alle Bezugspunkte verloren gehen, das traumatische Ereignis alles andere überschattet und keine Außenperspektive mehr eingenommen werden kann (Seidler 2003, 106). Es ist für den Traumatisierten so, als hätte das traumatische Ereignis gerade stattgefunden, auch wenn es schon Jahrzehnte zurück liegt. Die konstruktive Auseinandersetzung mit dem Trauma vollzieht sich in einem paradoxen Prozess: Einerseits muss die Einzigartigkeit des traumatischen Geschehens anerkannt werden, um es in seiner vollen Bedeutung, seinem ganzen Ausmaß, seiner alles überschattenden Dimension erfassen zu können, andererseits muss es sowohl historisch als auch biografisch eingeordnet werden in größere Zusammenhänge. Das Leben geht auch nach dem Völkermord weiter, doch kann die Zukunft nur dann frei von Wiederholungszwängen gestaltet werden, wenn sie sich reflektierend auf die Vergangenheit bezieht. Das gilt sowohl für das Individuum als auch für die Gesellschaft.

Narzissmus und Macht

Vielleicht führt ein Blick in die eigene Geschichte weiter, um Ansätze für ein besseres Verständnis des Völkermords in Ruanda zu entwickeln.

Der Historiker Ludwig Quidde (1858–1941) veröffentlichte 1894 eine kleine Schrift, Caligula. Eine Studie über römischen Cäsarenwahnsinn, die im kaiserlichen Deutschland zu einer politischen Sensation. Quidde zeichnete ein Bild der Macht, das tiefe Einblicke in die Psychologie des Machtrausches erlaubt: »Größenwahn, gesteigert bis zur Selbstvergötterung, Missachtung jeder gesetzlichen Schranke und aller Rechte fremder Individualitäten, ziel- und sinnlose Grausamkeit« (ebd., S. 67) nennt er als die auffälligsten Symptome. Des Weiteren registriert er die »unangemessene Prunk- und Verschwendungssucht, ein Charakterzug fast aller Fürsten, die das gesunde Urteil über die Grenzen ihrer eigenen Stellung verlieren« (ebd., S. 68), was sich »bei Festen, Mahlzeiten, und Geschenken, in Kleidung und Wohnung, (…) der Einrichtung seiner Paläste und Villen und der mit unsinnigem Luxus ausgestatteten Jachten, (...) in riesenhaften Bauten und Bauprojekten« (ebd., S. 69) zeige. Quidde sieht aber auch die Wechselwirkung zwischen der individuellen Pathologie des Herrschers, seiner »Ruhmessucht«, seiner »Zerstörungssucht« (ebd.), seinem »Heißhunger nach militärischen Triumphen« (ebd., S. 71) einerseits und dem Entgegenkommen der sozialen Situation andererseits, die in der Position der Macht und der Unterwürfigkeit der Untertanen begründet sei.

Im Ruanda des Jahres 1994 war eine ganze Volksgruppe – sowie ihre Anführer auf allen Ebenen – einem schier grenzenlosen Machtrausch verfallen, wie wir ihn bislang nur von absolutistischen Herrschern kannten. Das zynische Machtkalkül der Hintermänner, die oppositionellen Strömungen im Land, zu denen durchaus auch rivalisierende Hutu-Gruppen gehörten, zum Schweigen zu bringen, indem man die Tutsi zum Sündenbock machte, schlug um in den Vernichtungswahn, dessen Ziel die vollständige Ausrottung der Tutsi-Bevölkerung war. Der bis zur Selbstvergötterung gesteigerte Narzissmus, die Vorstellung, Herrscher über Leben und Tod zu sein, lieferte die psychische Grundlage für die »Missachtung jeder gesetzlichen Schranke und aller Rechte fremder Individualitäten«. Der Eindruck, mit den Morden Macht über Leben und Tod auszuüben, ließ bei den Mördern die Vorstellung entstehen, »ein über alle Menschen durch die Natur selbst erhobenes Wesen zu sein«, eine Allmachtsfantasie, die Richter (1979) als »Gotteskomplex« beschrieben hat.

Auch die von Quidde beschriebene »unangemessene Prunk- und Verschwendungssucht«, die »Ruhmessucht«, die »Zerstörungssucht«, der »Heißhunger nach militärischen Triumphen« findet sich bei den Mördern in Ruanda und drückt sich bei ihnen darin aus, dass sie damit prahlen, wie viele Tutsi sie abgeschlachtet haben, wie grausam sie sie gequält haben, aber auch in der Gier, mit der das Eigentum der Opfer geplündert und zerstört wurde. Auch die Besäufnisse, die Fressgelage und die »Volksfeste«, bei denen ausgesuchte Opfer gedemütigt und sadistisch zu Tode gequält wurden, gehören in diesen Zusammenhang.

Menschen, die unter einem gestörten Selbstwertgefühl leiden, entwickeln häufig als Bewältigungsstrategie ein übersteigertes Selbstbild, das durch die Ausübung von Macht eine Stärkung erfährt. Sie suchen gesellschaftliche Macht, um innere Gefühle von Ohnmacht, Hilflosigkeit und Minderwertigkeit zu kompensieren. Macht übt deshalb gerade auf solche Personen eine unwiderstehliche Anziehungskraft aus, die an einer narzisstischen Persönlichkeitsstörung leiden (vgl. Wirth 2002).

Hatzfeld schildert den Rädelsführer Joseph-Désiré Bitero als eine Persönlichkeit, die vor Selbstbewusstsein nur so strotzt: »Er beeindruckt bei den

Versammlungen durch seine mächtige Gestalt, in den Kneipen durch seine gute Laune« (S. 182). Auch im Gefängnis pflegt er noch seinen leutseligen Umgangsstil und erheischt von allen Seiten Anerkennung und Aufmerksamkeit. Wenn er im Gefängnis früheren Mitstreitern begegnet, »fällt er ihnen um den Hals. Er richtet hier ein paar scherzende Worte an jemanden, dort ein vielsagendes Augenzwinkern, erkundigt sich nach dem einen oder anderen. Er testet, wie beliebt er noch ist, und versucht zugleich, freundschaftliche Bande wieder aufleben zu lassen. Er bemüht sich sogar um Versöhnung mit Innocent, als ob nichts gewesen wäre« (S. 188).

Was auf den ersten Blick als Zeichen eines gesunden Selbstbewusstseins imponieren mag, erscheint bei genauerer Betrachtung als Ausdruck eines unsicheren Selbstwertgefühls, das ständig auf der Suche nach äußerer Bestätigung ist. Joseph-Désiré Bitero sucht Machtpositionen, weil sie ihm öffentliche Aufmerksamkeit versprechen und seine Eitelkeit befriedigen. Er entspricht dem Typus des Narzissten, der »die Wahrnehmung des Glanzes der eigenen Stellung in den Reaktionen der anderen« (Hösle 1997, S. 461) braucht, um sein latentes Minderwertigkeitsgefühl zu kompensieren. Über die Gründe der anderen, ihn zum örtlichen Vorsitzenden der Parteijugend zu wählen, sagt er: »Ich weiß nicht, warum mich die Leute zum Vorsitzenden gewählt haben. Ich weiß nicht, was sie in mir sahen. Ich glaube, sie schenkten mir Vertrauen, weil ich gebildet war, und äußerst gutmütig. Sie wussten, dass ich mich nicht verweigern würde« (S. 183). Die Gutmütigkeit und die Anpassungswilligkeit, die sich Joseph-Désiré Bitero selbst attestiert, scheinen so gar nicht in das Bild eines herrschsüchtigen Machtmenschen zu passen. Er beschreibt sich eher als Typus des Mitläufers, des Untertanen, des Gutmütigen und Gutgläubigen, der von bösen Machthabern ausgenutzt und verführt worden ist. Dieses Selbstbild ist eine geschickte Selbstdarstellung, die der Schuldentlastung dienen soll. Jedoch ist es nicht erst nach dem Völkermord kreiert worden, sondern kennzeichnet generell Joseph-Désiré Biteros Persönlichkeit. Er ist im Grunde so abhängig von der Meinung, die andere von ihm haben, dass er bereit ist, auf die Entwicklung eines eigenen inhaltlichen Standpunktes zu verzichten, solange er sein einziges Ziel, Macht auszuüben und Anerkennung zu ergattern, erreicht.

Er ist – wie das so häufig bei Machtmenschen der Fall ist – Machtmensch und Untertan in einer Person. Als gewitzter Manipulator lässt er sich selbst von noch Mächtigeren verführen und umgibt sich zugleich mit kritiklosen Bewunderern, er unterwirft sich den Mächtigen und macht sich Schwächere untertan, er ist Verführer und Verführter in einer Person. Was ihm hingegen fehlt, ist die Fähigkeit zur Selbstkritik, Takt im Umgang mit anderen (beispielsweise mit dem Genozid-Überlebenden Innocent) und die Fähigkeit, Schuldgefühle zu entwickeln.

Von seinen eigenen Motiven, den Führungsposten anzunehmen, sagt er: »Es war eine mitreißende Tätigkeit, bei der zudem noch kleine Vorteile abfallen konnten. Bei den feierlichen Veranstaltungen war es ein erhebendes Gefühl. Man spürte und begehrte die Überlegenheit der Macht und alle Befriedigungen, die damit zusammenhingen« (S. 182).

Als sich die politische Situation in Ruanda zuspitzt, treten Joseph-Désiré Biteros Machtgelüste unverhohlen hervor. Er zeigt, dass er nicht nur Untertan, sondern auch Machtmensch ist. Hinter seiner Leutseligkeit, seiner Kumpelhaftigkeit, guten Laune und Gutmütigkeit verbirgt er seine Verachtung für diejenigen, von deren Anerkennung er sich abhängig fühlt. »Zwei Monate davor beginnt er, die Macheten zu überprüfen« (S. 184). Der Überlebende Innocent sagt über Joseph-Désiré Bitero: »Ab Januar, drei Monate vor dem Völkermord, war sein Charakter wie umgewandelt. Wenn ich in meine Stammkneipe ging, wo ich ihm gewöhnlich begegnete, verstummte er, bis ich wieder draußen war. Kein beleidigendes Wort hatte uns gegeneinander aufgebracht, doch schon strich er mich aus dem Kreis seiner Bekannten. Er wusste gut drei Monate im Voraus, dass er mich und meine Frau und mein Kind, zu denen er bisher ein herzliches Verhältnis hatte, töten würde. Er war in das Geheimnis des Völkermords eingeweiht, ohne die genaue Ausführungsanweisung zu kennen« (S. 193).

Ungezügelte Selbstbezogenheit, Rücksichtslosigkeit, Sieger-Mentalität, Karriere-Besessenheit und Größenfantasien sind Eigenschaften, die der narzisstisch gestörten Persönlichkeit den Weg in die Schaltzentralen der Macht ebnen. »Wir wollten auf ganzer Linie als Sieger herauskommen. So etwas ist irgendwie Routine bei denen, die Politik machen«, heißt das bei Joseph-Désiré Bitero. Indem sich der narzisstisch gestörte Führer vorzugsweise mit kritiklosen Bewunderern umgibt, verschafft er sich eine Bestätigung seines Selbstbildes, untergräbt jedoch zugleich seine realistische Selbstwahrnehmung und verfestigt seinen illusionären und von Feindbildern geprägten Weltbezug. Fremdenhass und Gewalt gegen Sündenböcke zu schüren, gehört zu den bevorzugten Herrschaftstechniken narzisstisch gestörter Führerpersönlichkeiten. Sie lenken auf diese Weise die gegen sie selbst gerichteten Aggressionen ihrer Untertanen auf außenstehende Feinde um und entlasten sich zugleich von ihrem eigenen inneren Konfliktdruck. Geblendet von seinen eigenen Größen- und Allmachtsfantasien und von der Bewunderung, die ihm seine Anhänger entgegenbringen, verliert der Narzisst partiell den Kontakt zur gesellschaftlichen Realität und stellt die Bestätigung der eigenen Grandiosität über alle anderen gesellschaftlichen Interessen und Werte. Eng verknüpft mit dem Realitätsverlust ist die Abkehr von den Normen, Werten und Idealen, denen die Führungsperson sich ursprünglich verpflichtet fühlte. Machtbesessenheit, Skrupellosigkeit und Zynismus führen beim narzisstischen Machtmenschen häufig bis zur brutalen Menschenverachtung. Über seine Beteiligung an den Morden sagt Joseph-Désiré Bitero: »Ich hatte das Privileg ein Anführer zu sein, ich musste mit gutem Beispiel vorangehen. Ich wollte, dass man mir hinterher gratulierte« (S. 185). Die Vorstellung, dass man ihm für seinen unermüdlichen Einsatz »gratulieren«, d.h. ihm eine narzisstische Gratifikation zukommen lassen könnte, ist für ihn ein Motiv, die Ermordung unzähliger Menschen zu organisieren und selbst mit der Machete eigenhändig zu vollziehen.

Gehorsamsbereitschaft

Eines der bekanntesten, aber auch ethisch umstrittensten Experimente der Psychologie ist das so genannte »Milgram-Experiment«. Der Sozialpsychologe Stanley Milgram konnte in seiner Versuchsreihe in den sechziger Jahren zeigen, dass man zufällig ausgewählte Menschen sehr leicht dazu bringen kann, ihre moralischen und humanitären Bedenken hintan zu stellen und andere Menschen systematisch zu quälen oder gar ihren Tod billigend in Kauf zu nehmen, wenn sie von einer Person, die sie als legitime Autorität (Versuchsleiter im weißen Kittel) ansehen, dazu aufgefordert werden.

Milgram (1970) brachte jeweils zwei Versuchspersonen zusammen und bestimmte mit einem angeblichen Losentscheid, wer »Lehrer« und wer »Schüler« sein sollte. Offiziell ging es um ein Lernexperiment. Bei jedem Fehler musste der Lehrer (die eigentliche Versuchsperson) seinen Schüler (der in Wahrheit in den Versuch eingeweiht war) mit (fingierten) Stromstößen zunehmender Stärke bestrafen. Der Schüler reagierte bei Stromstößen von 75 Volt mit Stöhnen, bei 150 Volt mit der dringenden Bitte, das Experiment abzubrechen, bei 180 Volt mit Schreien und schließlich ab 300 Volt mit Verstummen. Das Schweigen wurde weiter bestraft mit Stromstößen bis zu 450 Volt. Zwar wurden alle Versuchspersonen von Zweifeln beschlichen, doch konnte der Versuchsleiter die meisten mit dem Argument »Das Experiment verlangt, dass Sie weitermachen«, dazu bewegen, ihre Bedenken zu überwinden und noch weitere und stärkere Stromstöße zu verteilen. Tatsächlich waren 62 % der Versuchspersonen bereit, Stromstöße bis zu einer maximalen Stärke von 450 Volt zu verabreichen. Nach dem Versuch befragt, äußerten mehrere Lehrer die Vermutung, dass die Schüler schwer verletzt worden oder gar tot seien.

In der darauf folgenden Konfrontation der beiden »Versuchspersonen« konnten die Lehrer ihren Schülern nicht mehr in die Augen schauen.

1971 setzte der amerikanische Sozialpsychologe Philip Zimbardo in seinem berühmt gewordenen »Stanford-Gefängnis-Experiment«, das als Vorlagefür den Kinofilm *Das Experiment* (2001) diente, das »Milgram-Experiment« unter komplexeren lebensnäheren Bedingungen fort (Haney, Banks, Zimbardo 1973). Er ließ 24 Studenten, die man vor Versuchsbeginn auf ihre körperliche und seelische Gesundheit untersucht und für »normal« befunden hatte, nach dem Zufallsprinzip in die Rolle von »Gefangenen« und »Wärtern« aufteilen und sie in einen Keller der Universität sperren. Dort hatte man ein simuliertes Gefängnis aufgebaut. Es dauerte nur wenige Tage, bis sich ein Terrorsystem etabliert hatte, in dem die Wärter die Gefangenen quälten und folterten. Nachdem bei fünf der Gefangenen beunruhigende Symptome psychischen Stresses auftraten, wurde das ursprünglich auf zwei Wochen angelegte Experiment nach sechs Tagen abgebrochen, bevor die Situation völlig außer Kontrolle geriet.

Wie diese beiden Studien zeigen, sind die meisten Menschen – nicht nur eine Minderheit psychisch Gestörter – durch die unvorbereitete Übernahme von Machtpositionen dazu verführbar, diese Macht zu missbrauchen. Die Unterwerfung unter eine Autorität verbunden mit der Übernahme einer sozialen Rolle, die mit Macht ausgestattet ist, setzt das individuelle Gewissen außer Kraft und ersetzt es durch den Gehorsam gegenüber der Autorität und durch ein narzisstisch aufgeblähtes Größen-Selbst. Das Gewissen als die seelische Instanz, die die Moral vertritt, verliert seine unabhängige steuernde Funktion und wird in den Dienst der Machthaber und der Ideologie, die diese Macht untermauert, gestellt. In der Identifikation mit der Macht und ihrer Ausübung befriedigt das gehorsame Individuum seine narzisstischen Größenfantasien. Auch beim Genozid in Ruanda dürfte diesen Mechanismen eine entscheidende Rolle zuzurechnen sein.

Das Fanatismus-Syndrom

Der Völkermord in Ruanda kam nicht über Nacht, sondern hat eine lange Vorgeschichte. Er wurde von den Hutu-Machthabern in Kigali lange Jahre militärisch vorbereitet und die Hutu-Bevölkerung wurde psychologisch darauf eingestimmt. Wie Joseph-Désiré Bitero beschreibt, wuchs er »mit Geschichtsdarstellungen und Radioprogrammen im Ohr auf« (S. 181), in denen täglich gegen die Minderheit der Tutsi gehetzt wurde. Nicht nur fanatische Außenseiter predigten den Hass auf die Tutsi, sondern auch offizielle Vertreter der staatlichen Gewalt. In der Bevölkerung waren zwei Gruppen von Fanatikern zu unterscheiden: die verbissenen Fanatiker, die mit ihren Hetztiraden auch in Anwesenheit von benachbarten Tutsi nicht hinter dem Berg hielten und die gewiefteren Taktiker, wie Joseph-Désiré Bitero, der einen freundschaftlichen kumpelhaften Umgang mit den Tutsi seiner Gemeinde pflegte und doch gleichzeitig in seiner Funktion als Chef der Parteijugend den Mord an den Tutsi vorbereitete.

Günter Hole (2004) hebt die »Leidenschaftlichkeit« und den »blinden Eifer« des Fanatikers hervor, mithilfe derer jener kompromisslos und starr seine »überwertige Idee« (vgl. ebd., S. 42) vertritt: Fanatismus ist eine durch die Persönlichkeitsstruktur mitbedingte, auf einengende Inhalte und Werte bezogene persönliche Überzeugung von hohem Identifizierungsgrad, die mit stärkster Intensität, Nachhaltigkeit und Konsequenz festgehalten oder verfolgt wird, wobei Dialog- und Kompromißunfähigkeit mit anderen Systemen und Menschen besteht, die als Außenfeinde (vgl. ebd., S. 44).

Nach Leon Wurmser (1989, S. 167) zeichnet sich der Fanatiker durch »ein Übermaß an Eifer«, die Vorstellung von »automatischer Reinheit«, eine »völlige, bis zum Selbstmord und Verbrechen getriebene Involvierung« in eine überwertige Ideologie aus.

Erich Fromm (1961, S. 61) betont, der Fanatiker habe alle Gefühle für andere Menschen in sich abgetötet und auf die Partei oder die Gruppe, deren Ideologie ihm nahe steht, projiziert. Er vergöttert das Kollektiv und die gemeinsame Ideologie, denen er selbst sich als Sklave ausgeliefert hat. Die völlige Unterwerfung unter diesen Götzen lässt in ihm eine Leidenschaft entstehen, deren emotionale Qualität Fromm als »kaltes Feuer«, als »brennendes Eis«, als »Leidenschaftlichkeit, die ohne Wärme ist« (ebd.) charakterisiert.

Typische Fanatiker »lieben Ideen mehr als Menschen, die Hingabe an Ideen ist abnorm stark, die Hingabe an Menschen jedoch eigenartig blockiert oder gebrochen« (ebd., S. 93). Dem Fanatiker fehlt »die Fähigkeit zur Empathie«, zur »Einfühlung«, zur »Sympathie«, die »prinzipiell Liebesfähigkeit, Offenheit, ein An-Sich-Heranlassen anderer Menschen« (ebd., S. 94) voraussetzt.

Diese Ausführungen beschreiben die Psychodynamik des »essentiellen Fanatikers«, bei dem häufig eine individuelle, biografisch begründete Psychopathologie gefunden werden kann. Der Verursachungszusammenhang ist bei diesem Typus folgender: Weil er primär liebesunfähig ist, bedient er sich der gesellschaftlich angebotenen fanatischen Ideologie, um seine individuelle Pathologie im Sinne einer »psychosozialen Abwehr« (Mentzos 1977) in der Realität zu verankern. Arbeitslose Jugendliche, die sich in einer Entwicklungskrise befinden und sich den Interahamwe-Milizen angeschlossen haben, sind somit für den essentiellen Fanatismus besonders empfänglich.

Die meisten Interviewten entsprechen einem anderen Typus, den Hole als »induzierten Fanatismus« bezeichnet. Bei ihm verläuft der Verursachungszusammenhang eher in umgekehrter Richtung: Weil sie sich – dem Konformitätsdruck Milgrams folgend – mit der Stimmung ihrer sozialen Bezugsgruppe und mit den Autoritäten einig wissen wollen, schließen sie sich dem gesellschaftlich vorgegebenen Fanatismus an und werden selbst mehr oder weniger überzeugte Fanatiker und Tutsi-Hasser. Als Folge ihres Fanatismus entwickeln sie sekundär Symptome einer narzisstischen Störung. Man kann hier von einem abgeleiteten oder induzierten Fanatismus und einer daraus resultierenden abgeleiteten oder induzierten narzisstischen Störung sprechen.

Beide Typen weisen zwar phänomenologisch große Ähnlichkeit auf, haben jedoch eine andere Entstehungsgeschichte und auch eine andere Prognose.

Individuelle Pathologie, materielle Interessen und Streben nach Macht, Fanatismus und Gehorsamsbereitschaft ergänzen einander. Die individuelle Pathologie der Täter, ihre Perversion, ihre Mordlust, ihre persönlichen Feindschaften und Rachegelüste, aber auch ihre ganz profane Habgier, sich am Eigentum der ermordeten Mitmenschen zu bereichern, kann im Rahmen des kollektiven fanatischen Wahns ungehindert ausgelebt werden. Umgekehrt werden diese individuellen perversen Impulse durch den ausgeübten Konformitätsdruck des Kollektivs hervorgerufen, gefördert, gar erzwungen. Schließlich setzt die Gehorsamsbereitschaft des Einzelnen gegenüber der Autorität das persönliche Gewissen auch dann außer Kraft, wenn es durch die fanatische Ideologie noch nicht hinreichend korrumpiert und auf Kurs gebracht sein sollte.

Sind auch die Täter traumatisiert?

Im Rahmen der Holocaust-Forschung wird in den letzten Jahren die Frage diskutiert, ob auch die Täter traumatisiert sind. Zu Recht wird in dieser Diskussion immer wieder auf die Notwendigkeit verwiesen, den fundamentalen Unterschied zwischen Täter und Opfer nicht zu verwischen. Gleichwohl gibt es auch Anhaltspunkte dafür, dass die Täter eines Völkermords traumatisiert sein können. Ein extremes Beispiel stellt der Hutu-Mann dar, der gezwungen wurde, seine Tutsi-Ehefrau zu töten. Er ist Täter, aber zugleich auch Opfer; und es ist gerade seine Täterschaft, die besonders traumatisierend wirkt. Auch in den nationalsozialistischen Konzentrationslagern wurden

Funktionshäftlinge gezwungen, ihre Mithäftlinge zu misshandeln, zu foltern, zu töten, und diese erzwungene Täterschaft brachte diese Menschen, die Opfer und Täter zugleich waren, in schier unlösbare Moraldilemata (vgl. Ludewig-Kedmi 2001).

Ein anderes Beispiel sind die Kinder. Sie werden auch dann zu traumatisierten Opfern, wenn sie Angehörige der Täter sind. Im Genozid in Ruanda wurde allen Kinder gewahr, was passierte. Wie Hatzfeld schildert, kam es vor, dass ausgewählte Tutsi öffentlich auf dem Dorfplatz als eine Art von Volksschauspiel verstümmelt und hingerichtet wurden. Kinder kamen dazu, beobachteten das Schauspiel, beteiligten sich gar. Überall im Land lagen Leichen herum. Die Kinder wussten, dass ihre Väter morgens mit der Machete loszogen, um Nachbarn, Spielkameraden, Menschen – ob Männer, Frauen oder Kinder – zu ermorden. Diese Erfahrung extremer Gewalt muss auf die Kinder traumatisierend wirken. Tatsächlich berichtet Hatzfeld, dass bei den Kindern psychische Symptome auftreten. Sie fallen in ein starres, angstvolles Schweigen, das man als Ausdruck der Angst, des Entsetzens, des traumatischen Geschocktseins interpretieren kann, sobald das Gespräch auf den Völkermord kommt.

In diesen Fällen sind die Traumatisierten jedoch nicht in einer reinen Täterrolle, sondern offensichtlich auch in einer Opferrolle. Wie verhält es sich jedoch bei den willigen Tätern, die begeistert ihre »Arbeit« des Mordens ausgeübt haben? Die Psychoanalyse kennt das Phänomen der »Nachträglichkeit«. Damit ist gemeint, dass ein Ereignis im Nachhinein in seiner eigentlichen Bedeutung erkannt wird und erst dann seine traumatisierende Wirkung entfaltet. Könnte es sein, dass die Mörder Jahre später erkennen, was sie angerichtet haben und dann durch ihre eigene Tat traumatisiert werden?

Zum Trauma gehört das Erlebnis von Todesangst und ohnmächtigem Ausgeliefertsein an eine tödliche Gefahr. Bei den Tätern des Genozids war beides nicht der Fall: Sie waren weder einer Todesgefahr ausgesetzt, denn sie hatten von den Opfern keine Gegenwehr zu befürchten. Ihre Opfer waren völlig wehrlos. Das unterscheidet ihre Situation von der, der Soldaten in einem Krieg normalerweise ausgesetzt sind. Noch hatten die Täter je eine Situation der Ohnmacht auszuhalten. Im Gegenteil: Alle möglicherweise aufkommenden Gefühle von Angst und Ohnmacht konnten sie abwehren durch das grandiose Gefühl gottähnlicher Allmacht, indem sie Herr über Leben und Tod waren.

Einer der grundlegenden interpersonellen Abwehrmechanismen der menschlichen Psyche ist die Wendung von der Passivität in die Aktivität.

Anderen das anzutun, was man selbst am meisten zu erleiden fürchtet, ist eine sehr wirksame Abwehrstrategie, um mit unerträglichen Ängsten fertig zu werden. Sie erlaubt in einem ersten Schritt die Projektion der eigenen Ängste, Schwächen, Hilflosigkeitsempfindungen und Ohnmachtsgefühle auf den Anderen – ein Prozess, der sich zunächst nur in der Fantasie abspielt – und in einem zweiten Schritt die »Verankerung dieser Projektion in der Realität« (Mentzos 1977) – ein Prozess, der in der Realität stattfindet, indem der Andere tatsächlich in diese Position gebracht wird. Die Mörder haben – indem sie anderen Menschen das Leben genommen haben – eine endgültige, unumkehrbare Realität geschaffen und damit eine Abwehr ihrer eigenen Todesängste dauerhaft in ihrer eigenen Psyche verankert. Dies könnte erklären, warum viele Mörder ihren eigenen drohenden Tod und auch ihre Haft, die sie zur Passivität verdammt, so klaglos und scheinbar gelassen hinnehmen.

Wie verhält es sich mit dem Gedanken: Jeder Mörder tötet nicht nur sein Opfer, sondern ermordet auch einen Teil des eigenen Selbst?

Psychoanalytisch betrachtet tötet der Mörder den Teil seines eigenen Selbst, der ihn mit seinen Mitmenschen einfühlend verbindet. Wie der Philosoph Max Scheler (1973) angenommen hat und wie die Säuglingsforschung aus der Beobachtung der frühen Mutter-Kind-Beziehung ableiten konnte, verfügen alle Menschen über ein anthropologisch angelegtes Bedürfnis, sich mit anderen Menschen einfühlend, identifizierend, Kontakt aufnehmend, Anteil nehmend in Beziehung zu setzen. Beim entwicklungspsychologisch gestörten Einzeltäter ist die Fähigkeit, dauerhafte mitmenschliche Beziehungen einzugehen, so gestört, dass er zum Mörder wird. Seine Tat ist Ausdruck seiner Beziehungsstörung. Beim Kollektivtäter, der unter entwicklungspsychologischen Gesichtspunkten als »gesund« betrachtet werden muss, kann es als Folge der Tat zu einer Störung seiner Beziehungsfähigkeit und seines Selbstbezuges kommen. Dieses Täter-Syndrom zeichnet sich u.a. durch die Neigung aus, die eigene Schuld zu rationalisieren oder auf andere zu projizieren, die Einfühlung in die Opfer zu verweigern, Über-Ich-Forderungen abzuspalten, an den alten Ressentiments heimlich festzuhalten und sich illusionären Selbsttäuschungen hinzugeben. Doch nach allem, was wir über die Holocaust-Täter wissen und was Hatzfeld über die Täter in Ruanda berichtet, leiden diese zwar an einer gewissen Einschränkung ihrer Einfühlung und ihrer Fähigkeit zur Selbstreflexion, die man als charakterneurotische Ich-Einschränkung bezeichnen könnte, sie weisen jedoch keinerlei schwerwiegende psychische oder psychosomatische Symptome auf, wie sie für Trauma-Opfer charakteristisch sind. Möglicherweise sind Mörder gegen eine traumatisierende Verarbeitung der von ihnen begangenen Verbrechen dadurch geschützt, dass sie sich durch die Wendung von der Passivität in die Aktivität vor der Erfahrung von Ohnmacht, Todesangst und Hilflosigkeit bewahren. Nur unter der Voraussetzung, dass sie Symptome der Traumatisierung zuließen, indem sie sich mit den Opfern identifizierten, würde sich ihnen die Chance eröffnen, ihre ich-einschränkende Charakter-Abwehr zu überwinden.

Literatur

Des Forges, A. (1999): Kein Zeuge darf überleben. Der Genozid in Ruanda. Amerikanische Originalausgabe 1999 (Human Rights Watch), deutsche Ausgabe Hamburg 2002 (Hamburger Edition).

Freud, S. (1930): Das Unbehagen in der Kultur. In: GW, Bd. XIV, S. 419–506.

Fromm, E. (1961): Den Vorrang hat der Mensch! Ein sozialistisches Manifest und Programm. In: Erich Fromm Gesamtausgabe (GA), herausgegeben von Rainer Funk. München 1999 (dtv), Bd. V, S. 19–197.

Haney, C., Banks, C., Zimbardo, P. (1973): Interpersonal Dynamics in a Simulated Prison. International Journal of Criminology and Penology 1973 (1), 69–97.

Hatzfeld, J. (2003): Nur das nackte Leben. Berichte aus den Sümpfen Ruandas. Gießen (Haland & Wirth im Psychosozial-Verlag).

Hatzfeld, J. (2004): Zeit der Macheten. Gießen (Haland & Wirth).

Hole, G. (2004): Fanatismus. Der Drang zum Extrem und seine psychischen Wurzeln. Gießen (Psychosozial-Verlag).

Hösle, V. (1997): Moral und Politik. Grundlagen einer politischen Ethik für das 21. Jahrhundert. München (Beck).

Ludewig-Kedmi, R. (2001): Opfer und Täter zugleich? Moraldilemmata jüdischer Funktionshäftlinge in der Shoah. Gießen (Psychosozial-Verlag).

Mentzos, S. (1977): Interpersonale und institutionalisierte Abwehr. Frankfurt a. M. (Suhrkamp).

Milgram, S. (1970): Das Milgram-Experiment. Reinbek (Rowohlt).

Quidde, L. (1894): Caligula. Schriften über Militarismus und Pazifismus. Frankfurt a. M. 1977 (Syndikat).

Richter, H.-E. (1979): Der Gotteskomplex. Die Geburt und die Krise des Glaubens an die Allmacht des Menschen. Reinbek (Rowohlt).

Safranski, R. (1997): Das Böse oder Das Drama der Freiheit. München (Hanser).

Scheler, M. (1973): Wesen und Formen der Sympathie. In: Gesammelte Schriften, Bd. 7, Bonn (Bouvier).

Seidler, G. (2003): Terror und Trauma. Gedanken zum 11. September aus der Sicht eines Psychotraumatologen. In: Der 11. September – Ursachen und Folgen. Sammelband der Vorträge des Studium Generale der Ruprechts-Karls-Universität Heidelberg. Heidelberg (Universitätsverlag Winter), S. 102–124.

Wirth, H.-J. (2002): Narzissmus und Macht. Zur Psychoanalyse seelischer Störungen in der Politik. Gießen (Psychosozial-Verlag).

Wurmser, L. (1989): Die zerbrochene Wirklichkeit. Psychoanalyse als das Studium von Konflikt und Komplementarität. Berlin (Springer).

Anhang

Zum Bildmotiv »Cheiron/Chiron«

Als göttlicher Urheber der Heilkunst aber steht in der Ilias die halb tierische, halb menschliche Gestalt einer sehr altertümlichen Gottheit, des Kentauren Chiron (…).

In der Geburtsgeschichte des Asklepios vertritt die Beherrscherin des Boibeis-Sees eine dunkle Sphäre, jene nächtliche Welt der Erfahrungen um Geburt und Tod, in der sich die Keime und Kräfte zu einer geistigen Geburt sammeln. Die Träger solcher Keime und Kräfte erscheinen in der Urwelt der Mythologie als ganz oder halb tierische, widerspruchsvolle Gestalten, die mit Asklepios für immer verbunden bleiben. »Der Starke« [Vater des Asklepios], der in seiner ursprünglichen Beziehung zum Mondweib nur das männliche Prinzip war, erweist sich auch als ein dunkler Doppelgänger des Apollon. Als Sohn des Elatos gehört er zum Geschlecht der Kentauren. Elatos, »die Fichte«, ist ein Baumwesen und ein Kentaur zugleich, Chiron, der an seiner Stelle als ein verwundeter göttlicher Arzt stirbt, scheint überhaupt die widerspruchsvollste Schöpfung der griechischen Mythologie zu sein. Obwohl ein griechischer Gott, trägt er eine unheilbare Wunde. Ja mehr noch, er vereinigt mit dem Tierischen das Apollinische, indem er trotz seines Pferdeleibes, des Kennzeichens zeugender und zerstörender Naturwesen, als die Kentauren sonst bekannt sind, ein Lehrer der Helden in der Heilkunst und der Musik ist …

Eine seltsame Nähe und Verwandtschaft zwischen Chiron und Apollon! Sie betont wiederum nur jene dunkle und dennoch nicht ungeistige Sphäre, welcher nach der griechischen Mythologie die Heilkunst entspringt. (…)

In der Welthälfte des Chiron lag der Boibeis-See am Fuß des Pelion und unterhalb seiner Höhle das Pelethronion-Tal, welches wegen seines Reichtums an Heilkäutern berühmt war. In diesem Tal befreundete sich Asklepios, als er dem Chiron anvertraut war, mit den Pflanzen und ihren geheimen Kräften – und mit der Schlange. Hier wuchs auch die Pflanze Kentaureion oder Chironion, die jeden Schlangenbiss, sogar die giftige Pfeilwunde, an der Chiron selbst litt, angeblich heilte. Dagegen stand die tragische Auffassung: Chirons Leiden war unheilbar. Und so muss die Welt des Chirons mit ihren unerschöpflichen Heilungsmöglichkeiten zugleich eine Welt des ewigen Hinsiechens bleiben. Seine Höhle, ein chthonischer, unterirdischer Kultort, war auch ohne dieses Leiden der Eingang zur Unterwelt. Das Bild, das aus allen diesen Elementen – aus religiösem und dichterischem Stoff – entsteht, ist einzigartig. Der nur halb menschengestaltige, halb theriomorphe Gott leidet an seiner Wunde ewig, er trägt sie nach der Unterwelt, als wäre die Urwissenschaft, die dieser mythologische Ur-Arzt, die Vorstufe und der Vorgänger dieses hellen göttlichen Arztes, für die Nachzeit verkörpert, nichts anderes als das Wissen um eine Wunde, an der das Heilende ewig mitleidet.

Aus: Karl Kerényi, *Der göttliche Arzt*, Zürich, 1948

Auszüge aus Franz Kafka *In der Strafkolonie*

Die Egge fängt zu schreiben an; ist sie mit der ersten Anlage der Schrift auf dem Rücken des Mannes fertig, rollt die Watteschicht und wälzt den Körper langsam auf die Seite, um der Egge neuen Raum zu bieten. Inzwischen legen sich die wundbeschriebenen Stellen auf die Watte, welche infolge der besonderen Präparierung sofort die Blutung stillt und zu neuer Vertiefung der Schrift vorbereitet. Hier die Zacken am Rande der Egge reißen dann beim weiteren Umwälzen des Körpers die Watte von den Wunden, schleudern sie in die Grube, und die Egge hat wieder Arbeit. So schreibt sie immer tiefer die zwölf Stunden lang. Die ersten sechs Stunden lebt der Verurteilte fast wie früher, er leidet nur Schmerzen. Nach zwei Stunden wird der Filz entfernt, denn der Mann hat keine Kraft zum Schreien mehr. Hier in diesen elektrisch geheizten Napf am Kopfende wird warmer Reisbrei gelegt, aus dem der Mann, wenn er Lust hat, nehmen kann, was er mit der Zunge erhascht. Keiner versäumt die Gelegenheit. Ich weiß keinen, und meine Erfahrung ist groß. Erst um die sechste Stunde verliert er das Vergnügen am Essen. Ich knie dann gewöhnlich hier nieder und beobachte diese Erscheinung. Der Mann schluckt den letzten Bissen selten, er dreht ihn nur im Mund und speit ihn in die Grube. Ich muss mich dann bücken, sonst fährt er mir ins Gesicht. Wie still wird dann aber der Mann um die sechste Stunde! Verstand geht dem Blödesten auf. Um die Augen beginnt es. Von hier aus verbreitet es sich. Ein Anblick, der einen verführen könnte, sich mit unter die Egge zu legen. Es geschieht ja weiter nichts, der Mann fängt bloß an, die Schrift zu entziffern, er spitzt den Mund, als horche er. Sie haben gesehen, es ist nicht leicht, die Schrift mit den Augen zu entziffern; unser Mann entziffert sie aber mit seinen Wunden. Es ist allerdings viel Arbeit; er braucht sechs Stunden zu ihrer Vollendung. Dann aber spießt ihn die Egge vollständig auf und wirft ihn in die Grube, wo er auf das Blutwasser und die Watte nieder klatscht. Dann ist das Gericht zu Ende, und wir, ich und der Soldat, scharren ihn ein.

Der Reisende dagegen war sehr beunruhigt; die Maschine ging offenbar in Trümmer; ihr ruhiger Gang war eine Täuschung; er hatte das Gefühl, als müsse er sich jetzt des Offiziers annehmen, da dieser nicht mehr für sich selbst sorgen konnte. Aber während der Fall der Zahnräder seine ganze Aufmerksamkeit beanspruchte, hatte er versäumt, die übrige Maschine zu beaufsichtigen; als er jedoch jetzt, nachdem das letzte Zahnrad den Zeichner verlassen hatte, sich über die Egge beugte, hatte er eine neue, noch ärgere Überraschung. Die Egge schrieb nicht, sie stach nur, und das Bett wälzte den

Körper nicht, sondern hob ihn nur zitternd in die Nadeln hinein. Der Reisende wollte eingreifen, möglicherweise das Ganze zum Stehen bringen, das war ja keine Folter, wie sie der Offizier erreichen wollte, das war unmittelbarer Mord. Er streckte die Hände aus. Da hob sich aber schon die Egge mit dem aufgespießten Körper zur Seite, wie sie es sonst erst in der zwölften Stunde tat. Das Blut floss in hundert Strömen, nicht mit Wasser vermischt, auch die Wasserröhrchen hatten diesmal versagt. Und nun versagte noch das Letzte, der Körper löste sich von den Nadeln nicht, strömte sein Blut aus, hing aber über der Grube, ohne zu fallen. Die Egge wollte schon in ihre alte Lage zurückkehren, aber als merke sie selbst, dass sie von ihrer Last noch nicht befreit sei, blieb sie doch über der Grube. »Helft doch!« schrie der Reisende zum Soldaten und zum Verurteilten hinüber und fasste selbst die Füße des Offiziers. Er wollte sich hier gegen die Füße drücken, die zwei sollten auf der anderen Seite den Kopf des Offiziers fassen, und so sollte er langsam von den Nadeln gehoben werden. Aber nun konnten sich die zwei nicht entschließen zu kommen; der Verurteilte drehte sich geradezu um; der Reisende musste zu ihnen hinübergehen und sie mit Gewalt zu dem Kopf des Offiziers drängen. Hierbei sah er fast gegen Willen das Gesicht der Leiche. Es war, wie es im Leben gewesen war; kein Zeichen der versprochenen Erlösung war zu entdecken; was alle anderen in der Maschine gefunden hatten, der Offizier fand es nicht; die Lippen waren fest zusammengedrückt, die Augen waren offen, hatten den Ausdruck des Lebens, der Blick war ruhig und überzeugt, durch die Stirn ging die Spitze des großen eisernen Stachels.

Aus: Franz Kafka, *In der Strafkolonie,* 1919

Teil II

Exkurs zur »Urverdrängung«

Rudolf Heinz

Der Freudsche Lehrbestand zur »Urverdrängung« (Laplanche, Pontalis 1972, S. 578f) mutet – doch entgegen seiner Anathematisierung und seines Rufs der Dunkelheit – recht harmlos folgerichtig und durchaus verständlich an, wenn immer man seine eher psychosentheoretische Aufschlussrelevanz hervorholt. Denn: im Falle einer besonders heftigen Traumatik (»wie die überaus große Stärke der Erregung und der Durchbruch des Reizschutzes« als »die nächsten Anlässe der Urverdrängung«) rekassiert der »Trieb« seine »Vorstellungsrepräsentanz« und einbehält sie bleibend. Der dazu erforderliche Aufwand heißt »Gegenbesetzung«, und der entsprechende Urverdrängtheitszustand »Fixierung«. Also bedeutet »Urverdrängung« nichts anderes als Steigerung der Verdrängung anlässlich gravierender Psychopathologie.

Allein, es mag sich darüber hinaus aufdrängen, dass Freud die »Urverdrängung« nicht bloß als Intensivierung der »eigentlichen Verdrängung« / des »Nachdrängens«, vielmehr als deren Substrat geltend zu machen sucht. Dabei werde das sekundär Verdrängte vom primär Verdrängten im Verein mit jenes Abstoßung vom »Überich« angezogen (wie wohl diese Repulsion und Attraktion zusammenspielen?). Also fungiert die »Urverdrängung« als Grundlage der durch sie pedalisierten »eigentlichen Verdrängung«.

Spätestens hier stellen sich einige Unstimmigkeiten ein, zunächst betreffend den besagten Substratcharakter der »Urverdrängung«. Als Substrat aufgefasst, muss das Urverdrängte *eo ipso* persistieren. Handelt es sich um ein Andauern schlechterdings oder um ein solches nur im Falle schwerwiegender Psychopathologie? Doch um Letzteres wohl, denn im Ersteren wäre eine ubiquitäre schwere Dauererkrankung mitbehauptet, ja an ihrem Grunde wäre Menschheit als solche unheilbar krank. Also gibt es keine andere Wahl, als zu der ersten »harmlosen« Lesart der »Urverdrängung« zurückzukehren, welche die zweite in Hinsicht des Zusammenspiels zwischen »Urverdrängung« und »eigentlicher Verdrängung« mit enthalten mag: Diese, das Nachdrängen, gerät in jener, der grundlegenden, Sog sowie in die – zusätzliche? – Dynamik des Wegdrängens durch das »Überich«?

Eine weitere Schwierigkeit ergibt sich aus der Persistenz der »Urverdrängung« (»Gegenbesetzung«, »Fixierung«). Gäbe es nicht mindest ebenso eine Wiederkehr des »Urverdrängten« in der Form schwerer Psychopathologie, wovon bei Freud keine Rede ist, so liefe die »Urverdrängung« auf den Count-down zum Tode hinaus. Also müsste chronifizierte psychiatrische Krankheit in der »Urverdrängung« angängig sein?

Aber sollte Freud nicht doch ein anderes mit diesen Allusionen gemeint haben können, und zwar im Sinne szientistischer gefesselter metaphysischer Optionen (»wissenschaftliche Metaphysik«)? Jedenfalls provoziert das Urverdrängungstheorem die Frage nach einer quasi apriorischen Traumatik jenseits wie auch immer gravierender, nachgeordneter. Wie stände es zudem mit der doch lebenserhaltenden »Wiederkehr« nicht zuletzt auch des »Urverdrängten«, der Entsperrung der permanenten (!) »Gegenbesetzung«, der Aufhebung der »Fixierung« nichtsdestotrotz?

Hier ist die Stelle der Anschließbarkeit der »Urverdrängung« an den »Todestrieb«, der in diesen Angelegenheiten Fraktur redet.

In Überschlag:
Die gesuchte apriorische Traumatik ist die Erfahrung der Sterblichkeit (die Erfahrung dieses basalen Widerspruchs: Der Unausdenkbarkeit des Nichts des Selbstbewusstseins, in sich kontrareisiert in der Ansicht des Todes des Gattungsgenossen). Das Urverdrängte ist der gewusste Tod; die »Urverdrängung«, die »Gegenbesetzung«, des »Todestriebs« erotischer Aktivposten: das fundamentale Gegenhalten wider den Tod als Lebensprozess aus erborgter Todesgewalt; die »Fixierung« die Festsetzung des Todes im Inneren.

Also resultierte ein wohl doch entropisches Patt in diesem Antagonismus der »Urverdrängung«/ des »Todestriebs«? Ja, wenn es nicht zur notwendigen Entäußerung, der ursprünglichen »Projektion« des Gesamtbestands der »Urverdrängung« käme, wenn nicht die rettendverderbende »Wiederkehr des Urverdrängten« nicht minder vorfiele, *grosso modo* freilich dann symptomatisch als Dinglichkeit insgesamt. Die kulturale Erstgeburt der Menschheit sind die Dinge – als »Urverdrängungs«- / »Todestriebrepräsentanzen«, allzeit überlastet mit dem fantasmatischen Ansinnen, dispositionelle Todesrepräsentanzen selbst zu sein. Was zwingend heißt, dass Kultur im Ganzen nichts anderes sein kann als ein differierendes Makrosymptom, das den dinglichen Inbegriff Waffe in seinem Innersten, unabdingbar kriegsabgedingt, beibehält. Die apostrophierte bleibende Bindung des »Triebs« an seine »Repräsentanz« im Falle der »Urverdrängung« definiert somit die primäre Pathologiebedingung: Externalisierungs- / »Projektions«blockade, auflösbar in martialische Destruktion. So eine grobe Umschriftskizze des »Urverdrängungs«konzepts, deren Dekonstruktion in die metaphysische, ja existentialontologische Sphäre hinein, die Freud zwar verfehlte, doch mitzuerfassen beabsichtigte. Wenn es erlaubt sein sollte, die »Urverdrängung«, wie ausgeführt, weiterzudenken, so firmierte sie mindest als Vorbote des »Todestriebs«.

Literatur

Laplanche, J., Pontalis, J.-P. (1972): Das Vokabular der Psychoanalyse, Bd. 2. Frankfurt am Main (Suhrkamp).

Verletzung versus Krankheit[1]

Rudolf Heinz

Die folgende Textminiatur entstammt, als eine Art verdichteter Nachbearbeitung auf Theoriekurs, Diskussionszusammenhängen aus einer interdisziplinären Arbeitsgruppe der Neunzehnhundertachtziger Jahre, die sich die Subversion der herkömmlichen Psychoanalyse unter dem Absetzungstitel »Pathognostik« zum Ziel gesetzt hatte. Vielleicht ist die Miniatur bis jetzt leidlich exotisch genug geblieben, um sich dem Problemkompex »Trauma und Schmerz« anschließen zu lassen und gar weiterführende Gedanken dazu anzuregen.

Als ebenso einschlägig erweist sich der – allerdings in keinem meiner Schriften näher explizierte – Topos »Rückeinschneidung des Dings ins Fleisch retour«, undramatischer gesagt: der Reintrojektion des mortal-dinglich Projiziierten aus dem Körper in die körperliche Fühlbarkeit zurück, und zwar als symptomgenerierender Grundprozess.

Es gibt keine letztliche Unterscheidungsmöglichkeit zwischen beiden. Was indessen nicht heißt, dass beide auf entsprechend hohem Abstraktionsniveau übereinkommen; ebenso nicht den widersinnigen Irrealismus derart: wenn Du nicht verwundet worden wärest, so hättest Du die korrespondierende Krankheit bekommen. Die Indifferenz beider besteht also weder in sich verflüchtigender logischer Identität noch in der Homogenität ihrer Austauschbarkeit. Worin denn? Darin, dass die Verletzung die Reinheitserfüllung von Krankheit ausmacht, sofern beide Pole, Mortalität und Fühlbarkeit, im Extrem reine Gewalt und reine Opferhaftigkeit werden. Verletzung als Krankheitsklimax im Sinne radikaler Entsubjektivierung und als solcher des Scheins radikaler Exkulpation.

Am Beispiel der Brückenphobie: Das Kriegsopfer einer Brückensprengung wäre demnach die ultimative Version der Brückenphobie, sofern diese ja, wie alle Krankheit, die opferinverse Aneignung dieser letzten Ratio-Souveränität, die Destruktionsabsolutheit der Rationalitätsdinge, betreibt; neurotisch außenvor zwar, doch darin (re-präsentativ) nicht weniger ausschließlich. Ohne Weiteres einsehbar auch, dass beider letztliche Indifferenz sich nicht im Abstraktum »Beeinträchtigung« erschöpft und zumal nicht in der besagten

1 Zuerst veröffentlicht in *Logik und Inzest.* Revue der Pathognostik Vol. III. Wien (Passagen), 1997, S. 39–40.

Austauschbarkeit (Brückenphobiker im Frieden werden im Krieg Brückensprengungsopfer, und umgekehrt).

Was aber bedeutet dann Verletzung im Friedensfall und Krankheit im Kriegsfall? Gewiss die immanent partialisierte Tendenz der Rationalitätsultimatisierung (als Selbsterlösungsspitze, Pseudo-Initiationsbegriff), in der die berühmte »unbewusste« Herbeiführung des Unfalls aber bloß einen hochbedingten Sonderfall ausmacht, der seinerseits mitnichten auf das gesamte Verletzungswesen extrapolierbar sein kann; Sonderfall als Krankheitsregression der Verletzung (und als solcher hoch »dialektisch«). Und umgekehrt – eben die letztere in dieser Umkehrung ebenso (inklusive der »Dialektik«, durch Regression den Prozess aufzuhalten und zugleich eine prekäre Progresshyperform hervorzubringen). Dabei gilt es insbesondere zu bedenken, dass die naturwissenschaftliche Medizin überhaupt den Verletzungsfall (als Trauma) konsequent zu generalisieren versucht.

Eben der Neurotiker, Phobiker, vermag durch den Kriegsfall, einstürzende Brücken, geheilt zu werden. Der Grund liegt auf der Hand: »Reprojektion« des »Introjekts«. Man muss nun aber keineswegs die Psychotherapie zum Zwecke ihrer Effizienzsteigerung derart militarisieren; das hat sie, etwa die Psychoanalyse, selbst längst schon besorgt, jedenfalls im/für den Friedensfall; durch Subjektivierung nämlich, Herstellung von Ich-Autonomie, Stumpfsinn – alles Kriegsreklame- und Rüstungsphänomene. (Des Nachts entsteigen der schlafenden Ich-Autonomie die Kriegsgötter, um für das nächste Kriegsgeschäft vorzusorgen.)

Und das Verbrechen? Es ist die Antizipation des Kriegs im Friedensfall auf der Tuensseite. Sabotage an Brücken etwa? Was aber müsste pathognostisch mit Brücken zum Beispiel als phobischem Objekt geschehen? Abwendung der beiden letzten Krankheitsdimensionen, aber in diesen immanent. Aber wie? Weder wäre der Kriegsfall abzuwarten noch Friedensunfälle, noch zu Sabotageakten anzustiften. Und also bleibt es bei einer prinzipiell konventionellen Art von Therapie: die heilende Giftgabe der virtuell einstürzenden Brücke möge die kranke Opferanmaßung auflösen; so dass Brücken, wieder begehbar, selbst ungeschoren bleiben. Was macht dann aber prinzipiell den Unterschied zur herkömmlichen Psychoanalyse aus?

Was muss also darüber hinaus geschehen, und zwar mit den Brücken selber?

Verletzlichkeit, Trauma und Schmerz – Götter, Dinge und Menschkörper

Christoph Weismüller

I. Expositionen und initiale Verdichtungen: Der Begriff Verletzlichkeit

Nachgefragt werden soll im Folgenden, in welchem Verhältnis Verletzlichkeit, Trauma und Schmerz zueinander stehen. Das Trauma lässt sich erfassen als das seine Herstellung erinnerungsprovokativ verschließende Gedächtnis eines Schmerzes. Die Verletzlichkeit fasse ich als Opfergedächtnis im Zustand bloßer Möglichkeit auf, als Möglichkeit der Aktualisierung drohender Sterblichkeit. Das Trauma imponiert als das Gedächtnis der Differenz, der Schmerzzufügung, als die fixierte Verdichtung memorialer Wiederholung derselben zu deren Bannung und Aufhebung, Initium des Todestriebs, dessen immer wieder wie neues Motiv; Motiv mithin auch zur – die Sphäre des Schmerzes provozierenden – Verdinglichung, insofern das ›subjektive‹ Trauma die korporal haften gebliebene Verdinglichung ist; insofern erweist sich das Trauma als die Basis der Rationalität und deren technischer Ausgestaltung; so wird sich schließlich alle Technik als objektives Trauma erweisen, dinglich und maschinell verschlossen und stetig konvertierbar in konkrete Verletzungen.

Die Diskussion der Verletzlichkeit soll folgend orientierend im Vordergrund stehen, und zwar insbesondere deswegen, da diese wie eine Spanne oder Klemme das hier unausweichlich sich diskutabel machende fundamentale Problemfeld von Körper, Gedächtnis, Ding und Erinnerung umfasst und somit von zumindest zwiespältiger Bedeutung ist, welche das (Metonymie- und Metaphern-) Wesen der Bedeutung selbst darstellt, entsprechend zum Vater-Sohn-Selbstverhältnis des christlichen Gottes. Zum einen imponiert die Verletzlichkeit als die Inszenierung leichter Kränkbarkeit, als eine gewisse Überempfindlichkeit, Hypersensibilität mit womöglich sogar mehr oder weniger leichten hypochondrischen und paranoischen Einschlägen, so dass die Verletzlichkeit im Sinne einer narzisstischen Problematik aufzufassen sinnvoll erscheint; zum anderen kann von solcher subjektiv anhaftenden narzisstischen Problematik her bereits eine die Menschheit insgesamt betreffende strukturelle beziehungsweise fundamentale narzisstische Problematik erkannt werden, nämlich 1. die – fantasmatisch im Gott-Vater gebannte –

Not zur projektiven Verausgabung und Objizierung des Todeskörpers im Sinne des Todestriebs, 2. die – fantasmatisch im Gott-Menschen gebannte – Not zur – quasi inzestuösen – Rückverinnerung des im Außen dinglich isolierten Todestriebs zur Ermöglichung korporaler Existenz, sowie 3. die – als Modi der Kirche gebannte – Not der (Abwehr-) Organisation gegenüber den – kastrativen – (Körper-) Forderungen vonseiten der Dinge.

Deutlich tritt also ein bereits initialer ödipaler Komplex der Verletzlichkeit zutage und darin die Not zur Realisierung einer – mit dem Tod identifizierten – Todesabwehr, des nach außen gerichteten, kulturbildenden, den Tod fantasmatisch und zugleich sehr konkret organisierenden und verteilenden Todestriebs, die Not zur Ausbildung einer gesicherten Permanenz des Nachdrängens. Damit wird ebenfalls besonders deutlich, dass die Institutionalisierung des in diesem weiteren Sinne aufgefassten Todestriebs die Selbstdarstellung des fundamentalen humanen Rationalitätsverhältnisses ausmacht. Diese sogleich an den Anfang gestellte Pointe, die funktionale Identität von Todestrieb und Rationalität inklusive ihrer technischen Auslegung, wird für die weitere Diskussion der Verletzlichkeit und ihres Verhältnisses zu Trauma und Schmerz richtungsweisend sein.

Zum einen lässt sich die Verletzlichkeit mehr auf der Ebene der Konsumtion – am Trauma, am Gedächtnis, am Ding –, zum anderen eher auf der Ebene des Ausgangs zur Produktion – von Schmerz und Schmerzvermeidung, von Körper und Ding – verorten, mithin als Wechselstelle respektive Wendepunkt vom Konsum an den Gedächtnisphänomenen zur Produktion von Memorialität in praktischer, dinglicher und womöglich auch künstlerischer und intellektueller Rücksicht; zum einen will sie die Sicherheit eines geschaffenen Körpergedächtnisses, das Trauma als Humankultur, durch – nicht zuletzt auch Herrschaft und Macht zuteil werden lassende – Warnung vor der schmerzlichen Zerreißung bewahren, zum anderen ist sie der – ebenfalls hierarchische Macht herstellende und konsolidierende – Ausgang zur Möglichkeit der veräußernden, objektivierenden Zerreißung, Trennung, Spaltung.

Es ist das *Doppelverhältnis des Kriegers*, das als Paradigma der (männlichen respektive phallischen) Körpererhaltung und Inbegriff aller Diätetik aufgefasst werden kann; der *Krieger*[1] ist dieser Spanne der Verletzlichkeit, Körper-Ding, ihre Zurüstung respektive ihr Bild. Friedrich Nietzsche hat solches auf eine Pointe damit gebracht – nicht zuletzt im Hinblick auf die therapeutische Diät zur Wahrung des männlichen, das heißt des urverletzten, da radikal

1 Die begehrtesten Frauen sind wohl die militaristischen Töchter: Athene, die Walküren, die Amazonen etc.

kausalunfähigen, nicht auf seine Herkunft zurückbeziehbaren und insofern der spartanischen *schwarzen Suppe* würdigen Körpers –, dem männlichen »Genie« die »Verletzlichkeit« als Ausgang für Gesundheit – im Sinne von Überbrückung respektive Negation der Verletzlichkeit – spendende Abwehrorganisationen zuzurechnen und als Exempel dafür einen der größten Krieger aller Zeiten vorzustellen, einen weltgeschichtlichen Vollstrecker der Verletzlichkeit und Sterblichkeit am Anderen und somit ein kulturkonstitutives objektives und subjektives Therapieverfahren; die eigene Verletzlichkeit – gleichsam die Intoxikation durch die nicht ausreichend zu entsorgende Nachgeburt – am Ort des anderen Menschen respektive des Anderen vollstrecken zu wollen, das meint, als immer wieder einzuführendes, zu wiederholendes Initial zum rationalitätsbasierten Kulturprogress, die eigene Defizienz aufheben und die auf den Anderen hin sanktionierend nach außen gewendete Macht des Todestriebs stabilisieren zu wollen, und zwar vermittels der fantasmatisch souveränen Konstitution des Grundes der Verletzlichkeit. Die Erlösung scheint sich darin zu versprechen, selbst zum *Grund seiner Unbegründbarkeit und Verletzlichkeit*, zum *eigenen Trauma* zu werden und darin der Schmerz selbst als dessen Überwindung zu sein; so zumindest lässt sich das Fantasma buchstabieren. Begehrt ist in diesem Sinne der Wandel der Verletzlichkeit vom todesbedrohlichen Kastrationsschrecken zur Bestätigung – weibliche Jubelrufe (die phallische Vermittlung affirmativ besetzende Opferkörperschreie) beim Auszug der durch diese ermannten Krieger – der eigenen – angemaßten männlich-filialen, ödipalen – Souveränität und absoluten Potenz, welche fantasmatisch darin kulminiert, der phallische Erzeuger maternaler Weiblichkeit zu sein.[2]

Solches männliches Diätproblem skizziert Nietzsche in den folgenden Worten:

> »Noch ein Problem der Diät. – Die Mittel, mit denen Julius Cäsar sich gegen Kränklichkeit und Kopfschmerz verteidigte: ungeheure Märsche, einfachste Lebensweise, ununterbrochner Aufenthalt im Freien, beständige Strapazen – das sind, ins Große gerechnet, die Erhaltungs- und Schutz-Maßregeln über-

2 Daran knüpft sich modernerweise der Drang zur Diät beim weiblichen Geschlecht im Sinne der ästhetisierenden Aushungerung, des Verschwindenmachens des weiblichen Körpers an diesem selbst; das ist eine leidenschaftliche Einschreibung des männlichen (Kriegspotenz-) Körpers zwischen Hohn (Abort), Häme (Missratenlassen der Diät: es dominiert doch immer wieder der – mächtige – weibliche Körper [1]) und Verzweiflung (missratene Diät: es dominiert doch immer wieder der – sanktionierte – weibliche Körper [2]) diesem phallischen Begehren gegenüber.

> haupt gegen die extreme Verletzlichkeit jener subtilen und unter höchstem Druck arbeitenden Maschine, welche Genie heißt –«
>
> (Nietzsche 1908, S. 1007).

Was aber meint »Genie«? Nietzsche selbst, dem *Cäsar* als Synonym für *Genie (vgl. drs. 1969, S. 741f) wie für Friedrich Nietzsche gilt – der sich mit denselben* Mitteln gegen dieselben Leiden und dieselbe Verletzlichkeit verteidigt –, stellt im »so genannten Genie« (drs. 1881, S. 1179 [263]) einen »physiologischen Widerspruch« fest; es besitze »einmal viele wilde, unordentliche, unwillkürliche Bewegung und sodann wiederum viele höchste Zwecktätigkeit der Bewegung«; des Weiteren bestimmt er es als bedingt durch »rapiden Stoffwechsel, durch die Möglichkeit, große, selbst ungeheure Mengen Kraft sich immer wieder zuzuführen« (drs. 1908, S. 1085); vor allem denkt Nietzsche das Genie auf Verdinglichung hin, insbesondere auf die Maschine als Ort der Möglichkeit des Aushaltens der Synthesis des besagten Widerspruchs, als den besonderen Ort der Verletzlichkeit; das Genie ist ihm insoweit Antizipation des Übermenschen und als solche Vorläufigkeit »die sublimste Maschine, die es gibt – folglich die zerbrechlichste« (drs. 1969, S. 742). Die Verletzlichkeit ist in diesem Sinne als der Weg zur humanen Übernahme des Gottesverhältnisses, konkret als *der Weg zur Maschine* zu begreifen.

Das Genie ist mithin als die Vorstufe zum technischen Ding aufzufassen, so dass an diesem die Verletzlichkeit noch in der Fühlbarkeit des Körpers verankert sich erweist, zugleich diese Fühlbarkeit aber schon in Transsubstantiationsposition zur Dinglichkeit gewendet ist. Somit ist das Genie zu begreifen als die in der Reflexion ausgedehnteste Körper-Ding-Spannung, als letzter Aufenthaltsort vor der Zerreißung oder Zersprengung, vor der Pathologie oder der Technifizierung, geradezu als das denkend konzipierende Aushalten der Gewalt, das im Nietzscheschen Sinne unweigerlich zur Selbstdarstellung in maschinelle Veräußerung leitet, gemäß einer in Emanationsnotwendigkeit stehenden korporalisierten Idee der Gewalt, deren Inbegriff die Folter ist: dem Prokrustes abgeschaut. In diesem letzteren Sinne lässt sich das »Genie« als dasjenige fassen, das seine Verletzlichkeit rationalitätsprogressiv und kulturkonstitutiv auszudrücken vermag, in Schmerznähe respektive als die Bewegung des Schmerzes selbst die Bedingungen der Traumatisierung reproduzierend, Abständigkeit von Trauma und Schmerz innerhalb der Ordnung der Verletzlichkeit herstellend.

Dieses mitaufgeworfene Problem der Abständigkeit wird des Weitern, vor allem zum Abschluss dieser hier eingeleiteten Überlegungen hin, zentral mitzubedenken sein entlang der Ausführungen dazu, was die Verletzlichkeit charakterisiert. Inwiefern gibt es Möglichkeiten einer produktiven, Gewalt im Vorfeld ihrer Exekution verbrauchenden, Wendung der Verletzlichkeit, Möglichkeiten einer Wendung, die Einbehalt, aber nicht Vollstreckung derselben am eigenen Körper, die Abstandsherstellung, aber nicht Vollstreckung der Gewalt am Anderen sind, Möglichkeiten, die sich nicht sogleich in einer bloßen Außenverteilung von Verletzungen respektive in der blinden Reproduktion der Verletzlichkeit auf verschobenem, entstelltem, alteriertem, dinglich-technischem Terrain erschöpfen. Denn gerade als eine Wehr wider solche Erschöpfung in der Serialisierung der Objektivation erweist sich auch jede Reklamation von Verletzlichkeit. Die – über diesen Text hinaus weiterzuführende – Aufgabe besteht mithin darin, eine Antwort auf die Frage zu finden, wie von der Verletzlichkeit möglicherweise zu einer angemessenen Krisis- und Kritikfähigkeit – im Sinne einer Verantwortung – gelangt werden kann.

Judith Butler führt in Ihrer *Kritik der ethischen Gewalt* (2003) den Begriff der »Verletzbarkeit« ein, und zwar auch in der Hinsicht auf einen angemessenen Begriff der Verantwortung (vgl. Weismüller 2004, insbesondere S. 120ff. sowie 310ff.). In Abgrenzung zum Begriff der »Verletzbarkeit« bei Butler erscheint mir eine Präzisierung des von mir verwendeten Begriffs der Verletzlichkeit bestens möglich.

> »Gewalt ist weder eine gerechte Strafe, die wir erleiden, noch eine gerechte Vergeltung für das, was wir erleiden. Sie beschreibt eine physische Verletzbarkeit, der wir nicht entrinnen können; diese Verletzbarkeit kann uns jedoch begreifen helfen, inwieweit wir alle nicht genau umgrenzt, nicht genau abgetrennt sind, sondern einander körperlich auf Gedeih und Verderb ausgeliefert sind, einer in der Hand des anderen. Das ist eine Situation, die wir uns nicht aussuchen, die den Horizont der Wahl darstellt, und in dieser Situation gründet unsere Verantwortung. In diesem Sinne sind wir dafür nicht verantwortlich und sind wir dafür eben gerade verantwortlich« (Butler 2003, S. 101).

Butlers Konzeption von Ethik, Verantwortung und Verletzbarkeit verfolgt den schönen Gedanken einer Offenheit, und kann mit diesem eine weit reichende Kritik traditioneller Ethikbestände formulieren; doch bleibt auch Butlers Entwurf letztlich gänzlich haltlos, denn dieser vergisst die Dinge. Meine knappe Gegenthese lautet: Es gibt weder Verletzlichkeit noch Verletzbarkeit ohne die Vermittlung durch die Dinge.

Butlers These, dass Gewalt eine physische Verletzbarkeit beschreibe, scheint mir allerdings buchstäblich genommen werden zu müssen: Gewalt trägt sich als traumatisierende Überdeckung des Todes respektive der Sterblichkeit über die Körperfühlbarkeit als Schriftgewalt ein, und zwar zur Beschreibung und Einschreibung fantasmatisch verfügter Verletzlichkeit und nicht unverfügten Todes. Gewalt schreibt sich mithin von der physischen Verletzbarkeit als Abwehr zu dieser her, macht den Versuch aus, diese – wie transzendentallogisch – zu überschreiben, und zwar als funktionales Phänomen der Schriftkonstitution selbst; sie fügt sich dergestalt buchstäblich als ein *Aussagen über* physische Verletzbarkeit, die Sterblichkeit, den Tod ein. Kurz: Gewalt ist Todesabwehr, Vollstreckung des nicht gestorbenen Todes am Anderen, Eintragung des objizierten Todes in den verletzlichen Körper des Anderen, Einschreibung des Todes am verschobenen Ort und Einrichtung einer Schrift-Instanz zur Sicherung der Beschreibbarkeit von physischer Verletzbarkeit im Sinne einer Instanz fantasmatischer Todesdisposition, die als Todesabwehr die paranoische Todesordnung zur Unsterblichkeitsproduktion produziert.

Die These, dass wir »einander körperlich auf Gedeih und Verderb ausgeliefert sind, einer in der Hand des anderen«, gilt es aus der subjektivistischen respektive intersubjektivistischen Restriktion freizusetzen, indem an Butlers These die Worte angeschlossen werden: »unter der Bestimmung der Dinge und Institutionen«. Die These, dass wir uns diese Situation nicht aussuchen, ist ebenfalls zu ergänzen: Auch wenn wir uns die Situation im Besonderen, subjektiv, individuell, nicht aussuchen können, so ist diese jedoch von der menschlichen Rationalität – wenn man so möchte: im Allgemeinen – schon menschlich ausgesucht, vorbereitet, aufbereitet; und erst in dieser Rücksicht sind wir verantwortlich für das, was wir uns nicht aussuchen können, stehen wir in der vollen Verantwortung: Die Verantwortung gründet im Bezug zu den Dingen, im Körper-Dingverhältnis.

Die auf subjektiver Ebene sich aufwerfende Verletzlichkeit lässt sich also zunächst bestimmen als das narzisstische Problem, das daran aufkommt, noch nicht lebendigen Leibes unsterblich, fleischlich lebendigen Leibes noch nicht überwundener Tod, noch nicht Gott, noch nicht Ding zu sein. Verletzlichkeit besetzt mithin den Ort des Noch-nicht- oder Nicht-mehr-Seins, des Noch-nicht- oder Nicht-mehr-absolut-Seins, mithin auch des Noch- oder Wieder-Fühlbarkeit-generieren-Könnens, den Ort einer Öffnung des Herkunftsgedächtnisses; sie nimmt Platz als ein Dazwischensetzen, keineswegs ist sie eine absolute Vermittlung, vielmehr markiert sie die Atopie der Möglichkeit und imponiert in solcher geburtstraumatischen Rücksicht als Ausgangsort aller Angstbildung: im Sinne des Festhaltens des Veräußerungsübergangs in demselben; Verletzlichkeit lässt sich mithin nicht zuletzt charakterisieren als das Einhalten der Andersheit, Veräußerungswiderstand im Differenzierungsprozess; so imponiert sie als die Problematisierung des Gedächtnisses, das die absolute Vermittlung der Differenz für sich beansprucht. In diesem Sinne der Insistenz auf die Möglichkeit des Körpers, der weder Tod noch Ding ist, als Versuch des Aushaltens des Todestriebs, ist die Verletzlichkeit weder identisch mit Trauma und Schmerz, noch ist sie different von diesen; auch ist sie nicht nur korporal verschlossenes Körpergedächtnis, nicht korporal memoriertes Körperschwinden als Widerstand zum Progress des Körperschwindens. Sie ist Festhalten des Todes respektive der Todesanmahnung als Drohung; so ist sie fundamental betrachtet bereits Schmerzbewältigungsstrategie und Vermeidung; subjektiv verhaftet ist sie der wesentliche Modus der Entindividualisierung, Traumawiederholung und Schmerzantizipation, Schmerzbereitschaft; zusammengenommen heißt das: Verletzlichkeit als subjektive Schmerzbereitschaft ist Ausdruck der Opferbereitschaft im Sinne der *Imitatio Christi*, und zwar zum Zweck der Abwehr des Aufrisses der Fundamentalverletzung.

Die Verletzlichkeit ist das basale humane Phänomen der Zerrissenheit im Repräsentationsverhältnis; die Spannung des Körper-Dingverhältnisses; der Versuch des Dazwischensetzens, des Ein- und Aushaltens der Gedächtnisbildung.

Die Verletzlichkeit ist das *Ding* – aber nicht das abgeschlossene oder vollendete; sie ist der in Zerrissenheit zusammengehaltene Widerspruch des Selbstbemächtigungsunterfangens: Verletzlichkeit ist der im Ding verdoppelte, supplementierte, aufgehobene, in externes, isoliertes Gedächtnis überführte, der nach seiner aufgehobenen Fühlbarkeit rückblickend gierig gewordene, am fühlbaren Teil Verletzungen zu seiner Vollkommenheit begehrende, aber unzugänglich gewordene *Körper*. Wird Verletzlichkeit als eine subjektive Eigenschaft respektive als ein subjektives oder intersubjektives Phänomen oder Symptom aufgefasst, während sie nur in Bezug zum Ding möglich, so ist damit das narzisstische Begehren skizziert, Ding sein zu wollen im Sinne des überwundenen sterblichen Körpers. Dementsprechend imponiert die Verletzlichkeit als Einfallort für Krankheit und Schmerzen aller Art, aber auch als Produktionsmovens ökonomischer, politischer, sozialer, wissenschaftlicher und vor allem technischer Rationalität, intellektueller Antizipation sowie selbst rationalitätsgenealogischer Entbergung.

Die Verletzlichkeit rückt in diesem Sinne bis zum Begriff der Gattung auf; der Schmerz erweist sich in solchem Bezug als dessen wieder aufgenommene reale Bewegung und das Trauma als der pathogene Modus der Einbehaltung von dessen Gedächtnis. So ließe sich womöglich *Menschheit* entdecken als der feige verwendete Deckbegriff für *Verletztheit* und *Verletzlichkeit*?

Verletzlichkeit	*Trauma*	*Schmerz*
Sterblichkeits-Möglichkeit	Sterblichkeits-Gedächtnis	Sterblichkeits-Erinnerung
Produktions-Motiv	Produktions-Gedächtnis	Produktions-Reklamation
dinglich potentiell	korporal verschlossen	korporal öffnend
Gedächtnis des Gedächtnisses	Gedächtnis	Erinnerung
♂-(Vater)	♂-(Sohn)	♀-(Mutter)

II. Durchführungen und Zerstreuungen: Gottesschmerzen

II. a. Die Unverletzlichkeit

Um weiterer Präzisierungen zum Begriff der Verletzlichkeit willen, und auch um die allemal vorhandene Nähe zum Schmerz stärker noch hervorzuheben, soll die Diskussion fortgesetzt werden anhand der negativen Fragestellung: Wer oder was ist nicht verletzlich und kennt auch keinen Schmerz?

Als unverletzlich und frei von Schmerz gelten das reine Sein, Gott, zumeist die Dinge und – pathologische, eventuell degenerative – Annäherungen an die Dinge, den Gott oder das reine Sein. Das reine Sein betreffend führte solchen Gedanken bereits in der Mitte des 5. Jahrhunderts v. Chr. Melissos aus Samos aus; dieser Schüler des Parmenides war nicht nur Philosoph, sondern auch Staatsmann und Feldherr, der gemäß der Aufzeichnungen Plutarchs als Admiral der Samier in einer Schlacht über die Athenienser siegte; dieser philosophische Kriegsmann formulierte einen Beweis der Einzigkeit des Seins; in diesem heißt es:

> »1. Immerdar war, was da war, und immerdar wird es sein. Denn wär' es entstanden, so müsste es notwendigerweise vor dem Entstehen nichts sein. Wenn es nun also nichts war, so könnte unter keiner Bedingung etwas aus nichts entstehen (...) 7. [4] Auch empfindet es keinen Schmerz. Denn es könnte nicht voll-

> ständig im Sein aufgehen, wenn es ihn empfände; denn ein Schmerz empfindendes Ding könnte nicht ewig sein und besitzt auch nicht dieselbe Kraft wie ein gesundes. Auch wär' es nicht gleichmäßig vorhanden, wenn es Schmerz empfände. Denn es empfände ihn doch über Zu- oder Abgang irgend eines Dinges, und es wäre so nicht mehr gleichmäßig vorhanden. [5] Auch könnte das Gesunde nicht wohl Schmerz empfinden. Denn dann ginge ja das Gesunde und das Vorhandene zu Grunde, und das Nichtvorhandene entstünde« (Melissos 1922, S. 185ff.).

Das reine Sein muss nach Melissos *notwendig* ohne Schmerz sein, alles was hingegen nicht reines Sein, sondern veränderbar und vergänglich und somit empfindend ist, das muss den Schmerz tragen, dessen Charakter hier vor allem darin pointiert wird, für die Erhaltung von Ungleichmäßigkeit, also von Differenz, mithin für die Spannung des Körper-Dingverhältnisses sowie für ein zu Kraft und zur Macht Kommen zu sorgen. Das reine Sein hingegen ist von Melissos gedacht als die vermittels des Schmerzes allererst angestrebte Absolutheit: als das in Ewigkeit gesund, gleichförmig und schmerzlos Vorhandene. Darüber hinaus möchte ich thesenhaft festhalten, dass dieses *reine Sein* gedacht wird als Vorhandenheit von Identität und Präsenz im Sinne einer indifferenzierten Differenz, somit als das sich selbst Vorausgehende, die aufgehobene Andersheit, das durch sich selbst und in sich selbst Begründete und somit als *das hypostasierte Begehren des Schmerzes.*

Ähnlich wie das reine Sein, so wird auch der christliche Gott als der Unverletzliche und der Schmerzfreie gedacht, nicht zuletzt weil er, der christlichen Mythe gemäß, vermittels der Menschwerdung und Wiederauferstehung des Jesus von jeher, also jeder Differenz und Zeitlichkeit vorausgehend, seine Verletzlichkeit überwand. Besonders bemerkenswerte Ausführungen zum Bedenken der Unverletzlichkeit und Schmerzfreiheit Gottes finden sich vor allem in den um 400 n. Chr. entstandenen *Bekenntnissen* des Augustinus; dort wird zunächst bedacht, was es hieße, wenn Gott angreifbar, verletzlich und gar verderbbar wäre; der Kirchenvater Augustinus – der erst über Manichäismus, Skeptizismus und Neuplatonismus zum Christentum gelangte und vor allem die frühe Vorzeit seines Christentums in den *Bekenntnissen* abarbeitete – kommt zu dem Schluss, Gott selbst würde, unter solcher – falschen – Voraussetzung, zum »Grundfalschen und Allerabscheulichsten«:

> »Aus der entgegengesetzten, bösen Weltmasse setzten sie dir ein Volk der Finsternis entgegen, mit dem du zu streiten haben solltest. Was konnte dir dies thun,

> wenn du nicht mit ihm streiten wolltest? Konnt' es dir schaden, so warest du verletzlich, konnt' es das nicht, so war kein Grund zum Streite da, und zwar zu einem solchen Streite, in welchem nach dem Wahn der Manichäer irgend ein Theil, ein Glied von dir, oder ein Ableger deines Wesens mit den feindlichen, von dir nicht geschaffenen Naturen, kampfgemein werden mußte und von ihnen verderbt und elend gemacht wurde, so daß es zu seiner Befreiung und Reinigung der Hilfe bedurfte. Solch ein Theil, solcher Ableger von dir war nach dem manichäischen Irrthum die Seele, der dein Wort zu Hilfe kommen sollte, und zwar der dir dienenden in seiner Klarheit, der befleckten in seiner Reinheit, der verderbten in seiner Unverderbtheit, und doch selbst verderbbar, weil es aus derselben Substanz bestund, wie die Seelen. Wenn sie dich und was du bist, dein Wesen, unverderbbar nannten, so mußte ihnen das Erschaffene falsch und verabscheuungswerth erscheinen vor deinem Angesicht, fanden sie dich aber verderbbar, so warst du selbst das Grundfalsche und Allerabscheulichste. Es war also Veranlassung genug vorhanden, um mein Herz von dem Druck zu befreien, den die Manichäer darauf ausübten, indem ihr Herz und ihr Mund dich schaudervoll lästerten, während sie solches über dich verbrachten und aussprachen« (Augustinus 1863, S. 145ff.).

So also löst sich Augustinus von den Überzeugungen der Manichäer – die er längere Zeit teilte –, indem er die Position Gottes in ihrer Absolutheit zu wahren versuchte gegenüber Theorien, die zur Anthropomorphisierung Gottes respektive zu Herkunftserinnerungen hinsichtlich des Gottesbegriffs neigten und somit zu der Behauptung, Gott sei verletzlich, insofern sein die Seelen reinigendes, mit diesen substanzidentisches Wort von den zu reinigenden Seelen – gewissermaßen durch einen toxisch wirkenden (Gotteskonstitutionsopfer-) Schuldrückfluss – verdorben werden könne. Die Verletzlichkeit, das lässt sich demnach von dieser Wendung des Augustinus zum Christentum her denken, bezeichnet die *Wiederkehr veräußerter Schuld*; solchem *Rücklauf von Schuld*, der niemals eine Zurücknahme der Schuld, des Opfers, der Tat sein kann, sondern nur *Herkunftshinweis*, verdanken sich, insofern die veräußerte Schuld sich in den Körper wieder einschreibt, die Depotenzierung, der Tod, die Krankheit und alle Leiden – diese erweisen sich mithin als immer und ausschließlich über eine mundane, dingliche Veräußerung vermittelt und können niemals endogen oder auch intersubjektiv bedingt sein. Das Bekenntnis der Läuterung des Augustinus bestand mithin darin, die Unverletzlichkeit Gottes zu bekennen: *Die Bekenntnisse* sind das *Bekenntnis zur Unverletzlichkeit*:

> »Nun strebte ich Weiteres zu finden und schon fand ich, das Unverletzliche sei besser, als das Verletzliche. Und nun bekannte ich, was du auch sein mögest, du

> seiest unverletzlich, denn welcher Geist vermöchte etwas Besseres zu denken, als dich, das höchste Gut? Weil aber wahrhaftig und gewis das Unverletzliche dem Verletzlichen vorgezogen wird, wie ich schon vorausgesetzt, so konnte ich mit meinem Forschen so viel erreichen, daß ich wußte, es müßte etwas Besseres als Gott geben, wenn du Gott verletzlich wärest. Sobald ich nur einfach, daß das Unverletzliche dem Verletzlichen vorzuziehen sei, mußte ich dich suchen und von da aus forschen, wo das Böse sei, nämlich jene Verderbniß, durch die dein Wesen nie verletzt werden kann; denn nimmermehr verletzt es unsern Gott, durch keinen Willen, keine Nöthigung, kein Ungefähr; er selbst ist Gott, und was er will, ist gut, er selber ist das Gute; verderbt werden aber, heißt nicht das Gute sein. Noch wirst du wider deinen Willen zu etwas je genöthigt, denn nicht ist dein Willen größer als deine Macht; er wäre größer nur, wenn du selbst größer wärest, als du bist; denn Gottes Wille und Gottes Macht sind Gott selbst. Und was käme dir, der Alles kennt, denn unvermuthet? Ist jegliche Natur ja dadurch nur, daß du sie kennst. Was sollen wir darüber viel sagen, warum unwandelbar das Wesen sei, das Gott ist! Wäre es nicht also, so wäre Gott nicht« (Augustinus 1863, S. 147f.).

Augustinus weist deutlich hin auf die denkbare Möglichkeit der Nichtexistenz Gottes; der Beweis für die Nichtexistenz Gottes entspräche dem Beweis der Wandelbarkeit Gottes. Das heißt der Schmerz, insofern er nicht an Gott selbst dessen Nichtexistenz beweist, imponiert auf allen anderen Ebenen des Humanen – der Manichäismus verwies bereits darauf – zumindest als das Zitat des Dementis Gottes. An die Konzeption des vollständigen Dementis dieses Dementis aber knüpft die Macht des Christentums: Die Wandelbarkeit, der Schmerz, die Verletzlichkeit könnten die Nichtexistenz Gottes beweisen; sie können diesen Nichtexistenzbeweis Gottes allerdings dann nicht mehr leisten, sie sind im Gegenteil als mögliche Beweise seiner Existenz aufzufassen, insofern Gott alle Wandelbarkeit, Verletzlichkeit, allen Schmerz in sich zurücknehmen und in Ewigkeit aufheben könnte respektive vor aller Zeit diese aufgehoben hat.

Diese Aufhebung denkt sich im Christentum als *das Zeigen des Nichtexistenzbeweises*, als *das Zeigen der Verletzlichkeit* des Gottes in und an seiner substanzidentischen (Seelen-) Gestalt des – das fantasmatisch exkulpierende Wort Gottes bringenden – Jesus. Im *Zeigen des Beweises der Nichtexistenz Gottes an ihm selbst*, vermittels des Zeigens des überlebten Todes – der österlich noch einmal zum Bild der Absolutheit der Vermittlung inszeniert wird – und vermittels des Zeigens der aufgehobenen Verletzlichkeit, die sogar die körperliche Berührung zulassen kann – welche allerdings der zu Pfingsten geleisteten Rückkehr zum Wort im Sinne der letzten Herrschafts-

und Begründungsinstanz bedarf –, in diesem Zeigen der Vernichtung als der Absolutheit begründet sich allererst die wahre, unzweifelbare Absolutheit – deren inneren Zweifel erst der Rationalismus zu seiner Durchsetzung nach gleichem Vorbild wieder zur Erreichung einer totalen Weltherrschaft heraufbeschwört – im Sinne der *Selbsterschaffung aus dem selbsterschaffenen Nichts.* Das Christentum knüpft daran an als weiteres Unternehmen der Begründung und des Bekenntnisses der Unverletzlichkeit. Jeglicher Schmerz im christlichen Abendland ist also niemals auch nur ansatzweise frei zu setzen von der Krisis des Gottes, der Kritik, der Absolutheitsanmaßung, Schuld, Sünde, Untat, Opfer und Verzweiflung.

Wie sehr die Konzeption insbesondere des christlichen Gottes der Ausdruck der Fantasmatik des Humanen, Ausdruck des Begehrens nach der unverletzlichen Identität und nach der schmerzfreien Unsterblichkeit ist, das zeigt sich in der göttlichen, vor aller Zeit geglaubten Durchführung der Aufhebung des Schmerzes, der Verletzlichkeit, der Sterblichkeit; aufgehoben sind diese in der Ewigkeit des Gottes und innerhalb dieser durch die Menschwerdung, das Leiden, den Tod und die Wiederauferstehung Gottes in der Sohnesgestalt des Jesus.

Das Begehren Gottes birgt sich von jeher in der Produktion der Dinge und ist somit Ausdruck des Begehrens des Schmerzes. Dieser göttliche Ausdruck des Begehrens gewinnt historisch seine volle Kraft erst dann, wenn der Rationalismus als konzentrierte Ausrichtung der Rationalität auf die wissenschaftlich-technische Form der Anderen respektive Naturbemächtigung dem persönlichen Gott den Rang als Therapeutikum zur Erreichung der Schmerzfreiheit abläuft.

Für lange Zeit hatte der

> »alte große Zauberer im Kampf mit der Unlust, der asketische Priester (...) ersichtlich gesiegt, sein Reich war gekommen: schon klagte man nicht mehr gegen den Schmerz, man lechzte nach dem Schmerz; ›mehr Schmerz! mehr Schmerz!‹, so schrie das Verlangen seiner Jünger und Eingeweihten jahrhundertelang. Jede Ausschweifung des Gefühls, die wehtat, alles was zerbrach, umwarf, zermalmte, entrückte, verzückte, das Geheimnis der Folterstätten, die Erfindsamkeit der Hölle selbst – alles war nunmehr entdeckt, erraten, ausgenützt, alles stand dem Zauberer zu Diensten, alles diente fürderhin dem Siege seines Ideals, des asketischen Ideals (...) ›Mein Reich ist nicht von dieser Welt‹ – redete er nach wie vor: hatte er wirklich das Recht noch, so zu reden? (...)« (Nietzsche 1889, S. 882).

Mit der Wende heraus aus dem nur vom Höllenfeuer beleuchteten, finsteren Mittelalter zu den sich in ihrer Blendungskraft immer weiter steigernden Bomben- und Reklame-Illuminationen der Neuzeit und Moderne wird die Organisation und Verteilung von Verletzlichkeit und Schmerz immer stärker auf die konkrete Verdinglichung und Technisierung übertragen, auf die Maschinenarbeit und endlich auf die universal und global angelegte Herstellung von Taschengöttern wie zum Beispiel internetfähige Foto-Handys und Ähnliches.

So imponiert die moderne oder postmoderne Herstellung von schmerzfreiem, unverletzbarem Sein, das absolute Sein Gottes im Mundanen, und zu diesem Zwecke müssen die schmerzenden oder den Schmerz Gottes zumindest zitierenden Körper in die schmerzbergende Sphäre der Dinge zum Medienabsolutheit generierenden Zeigen des Martyriums und des Todes Gottes überführt werden: So formuliert sich technisch und maschinell die Logik des Todestriebs, die sich in den maschinellen Medien austrägt, in dieser neuen Kirche, in welcher die asketischen Priester des 20. und 21. Jahrhunderts ihr Unterkommen gefunden haben.

Selbst die Götter sind also verletzlich, und wie abgeschaut vom christlichen Gott heben es die modernen respektive postmodernen, die dem Jenseits entfallenen, die ins Diesseits getretenen Ding-Götter hervor, dass erst die *Schau des Schmerzes und der Verletzlichkeit* den *Weg zur Absolutheit* der Göttlichkeit, zur Unverletzlichkeit und schmerzfreien Unendlichkeit bereitet. Was schließlich keinen Schmerz mehr hat, sondern Aufhebung des Schmerzes vermittels dessen projektiver, isolierender Veräußerung ist, das ist identisches, differenzloses Selbstbewusstsein und damit die reine Fühllosigkeit, welche die Rückführung der Fühlbarkeit in und zu sich begehrt: So wie einst der – nach Opfer und Rache gierende – Gott, so begehren nicht minder die Dinge die Fühlbarkeit aus den aufgerissenen Körperwunden der Opferpriester, Arbeiter und Angestellten, welche diese sich zuziehen an der technischen und dinglichen Reproduktion. Die Existenz der Dinge ist getragen vom Fantasma der Aufhebbarkeit – und der konkreten Eingabe – des Schmerzes und der Verletzlichkeit in die differenzlose Unsterblichkeit.

Der in der *virtual reality* kulminierende technologische Progress des christlichen Abendlandes imponiert mithin als die Einleitung der erwarteten Parusie, der messianischen Wiederkehr Christi, die alle Wunden, indem sie vom Jüngsten Gericht aufgerissen sind, ihrer Heilung im Reich Gottes zugeführt werden.

II. b. Christentum, Mythos, Kunstwerk, Technik

Folgend möchte ich noch einmal auf vier Ebenen – Christentum, Mythos, Kunstwerk, Technik – die Verletzlichkeit der Götter – den Ausgangspunkt der Absolutheitsbildung – skizzieren:

1. Im christlichen Glauben wird Gott verletzbar durch die Menschwerdung in Jesus – vermittels des Weibes –: Menschwerdung heißt verletzlich werden, ein Stück – maternalen – Weibskörper an sich vorfinden: Der Mensch ist die Existenz der Verletzlichkeit. Dieser Ordnung entsprechend bezieht sich die Verletzlichkeit immer auf die Körperlichkeit: Verletzlichkeit ist an den Körper gebunden, und zwar an dessen Differenz, an den Riss, der ihm mit der Veräußerung zugefügt wird, mithin an den herkünftigen, veräußerten bis hin zum dargestellten Körper, an den Körper als Repräsentation, den Körper in der Welt, für sich und für andere: an den humanen Körper, den Gedächtnis- respektive Ding-vermittelten Körper.

In der christlichen Ordnung ist allerdings auch das Mittel ersonnen, diese Wunde, welche die gnadenhafte Selbstveräußerung Gottes ihm selbst schlug, wieder zu heilen. Dieses Mittel ist die Aufnahme des Jesus – Jesus ist das Trauma Gottes, wie alle Söhne das Trauma der Väter sind; die Verletzlichkeit Gottes aber ist Maria, die schließlich ebenfalls körperlich aufgenommen wird – in den Himmel. Das ist die Selbstwiederaneignung Gottes, die erfolgt, insofern der Gott zu sich als absoluter Gott – und nicht als Mensch, sondern nur mit gesammelter Mensch- im Sinne der Schmerz- und Verletzlichkeits-Erfahrung, als Gedächtnis von Geschlechts-, Generations- sowie Lebens-Todes-Differenz – zurückkehrt. Das ist die fantasmatische Heilung des Urtraumas; Grundstoff aller Kulte, Riten, Organisationen und Techniken.

In Entsprechung zur Selbstverwechslung mit dem erfüllten Ort des humanen Begehrens, mit dem Realisat des Fantasmas der restlosen Selbsterfüllung des Körpers im Gott und der Produktion im Produkt, lässt sich zumal formulieren, dass der von seiner Verletzlichkeit geheilte Mensch den Status eines Gottes gewänne.

2. Weitere, vorgängige und sogar weiter reichende – weil die genealogischen Verhältnisse weniger verschließende, vielmehr offen lassende – Aufschlüsse hinsichtlich der Verletzlichkeit finden sich in den Mythen, zum Beispiel im griechischen Mythos, in dem kaum eine Figur erscheint, die nicht an einer Verletzung und am Versuch, diese Verletzlichkeit aufzuheben, an der Absolutheitsbildung, laboriert. Ganz besondere Geschichten der Verletzlichkeit

bilden sich um den Menschzuträger Prometheus sowie um den ersten Ingenieur und Techniker, um Hephaistos (s. a. Heinz 1990, S. 193–228 u. 199f.).

Hephaistos ist *der, der bei Tage scheint*; er ist mithin, insofern er nicht Helios oder die Sonne selbst ist, ein angemaßtes und überflüssiges Scheinen im Angesicht des Sonnenlichtes; auch in diesem Zusammenhang gilt des Weiteren die alte Weisheit *nomen est omen*: Er ist der Sohn des Zeus und der Hera respektive ein parthenogenetisches Kind: Dass Hephaistos sein Kind sei, das allerdings bezweifelt Zeus, und hinsichtlich solchen überflüssigen und anmaßenden Sohnes gibt es besonders viel Streit hinsichtlich der Vaterschaftsklärung; die wird schließlich erpresst und gewissermaßen formaljuristisch festgelegt, insofern Zeus Hera, die hierfür auf den mechanischen Stuhl gefesselt werden muss[3], beim Styx schwören lässt, Zeus sei der Vater: Vaterschaft entbirgt sich dergestalt als eine Sache des durch Folter aus dem weiblichen Körper im Sinne des Uropferkörpers erzwungenen Eides (vgl. hierzu auch die Philosophie des Eides bei Sartre 1967, 446ff.), des Eides auf die Todesabwehr und die progressive Körperverdrängung. Die Erzählungen des Mythos deuten an, Hephaistos könne der Sohn des Talos sein, welcher seinerseits der Neffe des Daidalos ist. Die Pointe und Brisanz dieser Vermutung liegen nicht nur in der Unsicherheit der Vaterschaft, sondern in der Konzeption der Heilung dieser männlichen Verletzlichkeit, insofern Hephaistos – dieser ist der Inbegriff phallischer Prothetik, welche Prothetik er des Weiteren im Sinne seiner fundamentalen und existentielle Aufgabe als Vater- und Verletzlichkeitsbeglaubigung zum Sohneserhalt und zur Ausbildung eines immer verletzlich bleibenden Souveränitätsfantasmas zu besorgen hat – nicht nur als identisch mit Prometheus angenommen wird, sondern auch mit Daidalos, welcher wiederum als identisch mit Ikarus gilt: Dementsprechend wäre Hephaistos, insofern Zeus nicht sein Vater ist, der Onkel respektive der Vater – immerhin schmiedet Hephaistos den Talos – seines Vaters und dergestalt dem Vater vorgängig und somit nahe daran, sich selbst der Grund zu sein, das heißt: *Heiler der eigenen Verletzungen sowie rationalitätskonzeptionell der humanen Verletzlichkeit insgesamt.*

An solche Positionierung als – phallisch-filiale – Vermittlung und Verfügung des Existenzgrundes im Sinne einer Selbstheilungsbefähigung schließt sich nicht nur seine exponierte Position als Ingenieur und Techniker, als

3 Vgl. hierzu die Ausführungen von Rudolf Heinz zur »Stuhl-Folter« in diesem Buch, welche deutlich werden lassen, dass es sich bei der Aktion des Zeus gegen Hera um die Einleitung des Geburtsakts der männlichen Körperprothese, um deren Erzwingung aus dem weiblichen Körper handelt.

Schmied an, sondern davor noch, dass Hephaistos der Geburtshelfer bei Athenes Geburt aus dem Kopf des Zeus ist; er trägt also durchgehend Sorge für die Sicherung der phallischen Okkupation des Gebärens, für die Herstellung und Erhaltung der Prothesen phallischer Herrschaft; ebenfalls knüpft sich hieran seine Ehe mit Aphrodite und insbesondere die Kunst, deren Jungfernschaft mit Hilfe des Meeres – im Meer – wiederherzustellen. Insbesondere von der Figur des Hephaistos her ließe sich ein umfängliches Projekt einer ›mythischen Geschichte der Verletzlichkeit‹ entwickeln.

3. Ebenso halten zum Beispiel der nordische Mythos und auch seine künstlerisch ästhetischen Bearbeitungen, insbesondere die von Richard Wagner, Aufschlüsse über die Verletzlichkeit bereit. Der *Ring des Nibelungen* (s. a. Weismüller 1994) erweist sich nicht zuletzt als die Geschichte einer Dauerverletzung, die schließlich nur durch die Erfüllung der Verletzung geheilt werden kann, dadurch, dass die gesamte Geschichte zwischen der Verletzung und der Letztheilung – eben als Götterdämmerung – ausgelöscht respektive ausgebrannt wird: Die Rettung vor der Verletzlichkeit imponiert als die Tilgung der Geschichte und zwar durch die Rückführung eines ›Entwendeten‹ an den von der exklusiven Memorialität her entworfenen Herkunfts- als Zielort. Solches ist im *Ring* dargestellt durch die Rückgabe des verfluchten Rheingold-Rings an die Rheintöchter zu des Ringes Läuterung. Diese Logik entspricht der christlichen Ordnung – immerhin ist Wagners zwar nicht ausaber weit geführtes Vorkonzept zum *Ring* der *Jesus von Nazareth*, der gewissermaßen über das nur grob konzeptualisierte Werk *Wieland der Schmied* zu *Siegfrieds Tod* wird –: Wie bei Jesus, der zu und in Gott zurückkehrt, wird auch in Wagners *Ring* das Ding, die ausgesetzte, dinglich verdoppelte – und auf Dingebene als Erlösung von jeglicher Verletzlichkeit begehrte – Verletzlichkeit der Repräsentation, dem Körper zurückerstattet. Dadurch schließt sich – angeblich – die Verletzung und mit ihr der Mangel, die Defizienz, der Hunger, die Selbstdifferenz, und das folgende ›Genügen‹ erfüllt sich als Tod. Damit ist spätestens wieder auf den gewichtigen und schmerzenden Problempunkt gestoßen: Die Verletzlichkeit erweist sich als die unabwendbare Basis des Lebendigen und steht in der Entsprechung zur Geburt der Athene aus dem Kopf des Zeus durch die Hebammenhilfe des Hephaistos: Verletzlichkeit ist der Kopfaufbruch.

Doch die christliche Lösung des Verletzlichkeitsproblems hat sich auch das Wagnersche Werk zueigen gemacht. Es ist das Gesamtkunstwerk (s.a. Weismüller 2001, 2003), das sich von der musikalischen Zitation sowie dem Erschauenmachen des Todes auf der Bühne her generiert und seine Absolutheit konstituiert, indem es seinen Anbeginn aus seinem Ende gewinnt, denn das *Rheingold* wird – wenn nicht mit der Hilfe von Hephaistos, so doch durch die Unterstützung seines nordischen Bruders Alberich – geboren aus dem offenen Schlussakkord der *Götterdämmerung*.

4. Spätestens seit dem 20. Jahrhundert – und die Vorbereitungen dazu haben wohl nicht erst im 17. Jahrhundert mit dem Rationalismus des Descartes begonnen – ist alles Jenseits der Götter geschwunden (vgl. Heinz 1997). Das 21. Jahrhundert scheint bereits davon geprägt zu sein – und um so metaphysischer werden die kommenden Zeitalter, technologisch basiert, ausgerichtet sein –, sich auf die Suche nach dem verlorenen Jenseits der Götter auszurichten: im Internet und in daran anschließenden Virtualisierungstechnologien.

Die religiöse Metaphysik des Christentums hat sich nach der emphatischen Kriegsnachtragsarbeit in der zweiten Hälfte des 20. Jahrhunderts fest in den rationalen Ausgestaltungen technischer, maschineller Dinglichkeit institutionalisiert, und kaum jemand zelebriert nicht wenigstens einmal wöchentlich die Heilige Messe der Anbetung und Beglaubigung der Götter sowie deren Einheitsverfügung vor dem Fernseh- oder Computerbildschirm. Doch der Schwund der Jenseitigkeit imponiert nicht zuletzt als ein Näherrücken der Verletzlichkeit auch an die Körper zurück im Sinne einer letzten Anmahnung derselben Sterblichkeit. Mit solcherart technologisch eingerüsteter Sterblichkeitsanmahnung ineins aber formiert sich zumal eine hochfrequentere Abwehrtechnologieproduktion, der ihr Reproduktionsmotiv – Verletzlichkeit – allemal inhärent ist: Alle von Menschen oder von deren Produktionsprogrammen hergestellten Dinge, Techniken, Maschinen, alle diese Selbstüberwindungs- und Selbstüberlebensstrategien des Humanen, alle diese Sterbehilfen und Todesbegleitungen sind selbst verletzlich, sie sind so sterblich wie die Menschen, die sie schufen: Sie sind der Inbegriff von Destruktion, Autodestruktion, die sich zur Totaldestruktion absolutiert. Im Kleinen bereits sind die Techniken und Elektroniken des Menschen störanfällig nach innen wie nach außen, ihre Mechanik ist stets bereit, sich zu verhaken, ihre materiellen Träger, auf die das Humane seine Sterblichkeit unsterblich einzutragen begehrt, lösen sich auf, so dass selbst die erhoffte Rettung im Virtuellen versagt bleiben muss: Es gibt nichts im Umfeld des Humanen, nichts von ihm und aus ihm Geschaffenes, das nicht von dem stigmatisiert ist, was zu fliehen es begehrt: Die ultimative Verletzung durch den Tod wird in allen Fluchtbereichen als die im Rahmen des Humanen allgegenwärtige Verletzlichkeit mitreproduziert.

III. Zu einer Praxis der Krisis und der Kritik

Die hier angeführten Beispiele zeigen: Wird die Verletzlichkeit, diese Wunde der Existenz, geheilt, wird sie letztendlich und letztgültig geschlossen, dann bedeutet solches das Innehalten des die Lebendigkeit provozierenden Verhältnisses von Körper und Ding: Die *Krankheit* und der *Schmerz* machen die Orte letzter Todesvorbehaltlichkeit aus; die vorbehaltslose Erfüllung aber des Heilungswunsches bedeutet den *Tod.* Den Tod hingegen als *Erlösung* zu begreifen bedeutet, die Absolutierung des Unbewussten und die Sicherung kollektiver Traumatisierungen und Schmerzzufügungen zu besorgen, Fremdherrschaften aufzubauen und zu stabilisieren, bloße Veräußerung und Exekutionen des Todes sowie blinde Instrumentalisierung desselben als kulturellen Technikprogress durchzuführen.

Gibt es zu solcher mörderischen Erlösungsbewegung eine Einspruchsmöglichkeit? Eine Einspruchsmöglichkeit kann es wohl nur insoweit geben, wie Aufklärung darüber möglich gemacht wird, dass es innerhalb des Humanen lebendigen Leibes keine Freisetzung von der Verletzlichkeit zu geben vermag, so dass der Einspruch allein darin bestehen kann, Einspruch wider den Erlösungsanspruch soweit zu erheben, wie er wider den Einspruch selbst erhoben wird.

Könnte darüber hinaus eine Wende genommen werden? Könnte möglicherweise eine von einer erweiterten Psychoanalyse orientierte, genealogisch nach der Herkunft der Kulturphänomene und Dinge fragende Philosophie eine produktive Gegenposition zur Reproduktion und Absolutierung des Unbewussten und der Traumata im Rahmen technologischer Rationalitätsprogression – im Rahmen der technischen Exekution von Verletzlichkeit – darstellen? Es gälte womöglich – begleitend zur konkreten, pathologischen, politischen, technologischen – einer *intellektuellen* Aufrechterhaltung der Verletzung und der weiteren im Humanen unaufhebbaren Verletzlichkeit, der Nichtidentität, der Nichtabsolutheit, der Nichtvollkommenheit, der Sterblichkeit und ihrer Fluchten, dem Todestrieb. Die Gefahr für die humane Existenz und für alles an sie geknüpftes Sein und Seiende ist nicht das Trauma, nicht der Schmerz, nicht die Verletzlichkeit, nicht dieser Inbegriff der Anmahnung der radikalen Unbegründbarkeit der Existenz, sondern vielmehr imponiert solche Gefahr als das Begehren nach Unverletzlichkeit, zumal im Sinne des Projektes einer Letztbegründung. Die Gefahr sprießt auf dem Boden der Verdrängung.

In diesem Sinne könnte man es als angeraten betrachten, eine *Krisis- und Kritikfähigkeit* auszubilden. Das heißt: Eine solche Fähigkeit der insbesondere intellektuellen und womöglich künstlerischen Hinwendung zu Krisis und

Kritik hätte den Platz der Überwältigung durch die Verletzlichkeit einzunehmen und damit einen rationalitätskritisch bewegten und entbergend Aufklärung aufklärenden Einspruch auszubilden in Bezug auf die Operation ihrer dinglich-kulturellen Aussetzung im Sinne der technischen Verdoppelung der Verletzung sowie auch hinsichtlich des subjektiven Einbehalts der Verletzlichkeitserfahrung als Pathologie. Es ginge mithin darum, und dies betrifft den Kern der hier vertretenen These, dass die allemal auch theoretisch, insbesondere intellektuell, rationalitätsgenealogisch, philosophisch auszutragende Praxis einer Kritik die aktuale und konkrete Verletzung, traumatische Stigmatisierung, und zwar nach der Maßgabe der Selbstanerkennung als Unbegründbarkeit, aufzuklären vermöchte als das fixierende Festhalten der Not zur Veräußerung, Projektion, Isolation, Verdinglichung, Repräsentation. Solcherart kritische Praxis vermöchte womöglich an die Stelle der inneren oder äußeren Exekution der Verletzung zu treten: als ein *intellektueller Aufenthalt*; sie bewahrte in solcher produktiven Wendung zu Krisis und Kritik vielleicht am sichersten davor, die Verletzlichkeit verbergen oder gar vergessen machen zu wollen. So imponierte solche Art von intellektueller Kritik als ein ihrer Nachträglichkeit selbsteingedenkendes, erinnerndes Gedächtnis – Memoria – der Verletzlichkeit und somit als eine Gegengröße zur Reproduktion von Unbewusstem, Trauma, Schmerz, Verletzung sowie deren technologischer Realisierung

Solch eine Version der Verletzlichkeit, des Traumas, des Schmerzes zu einer *Praxis der Krisis und der Kritik* bildet die Gelegenheit, nicht rückhaltlos zum Opfer der Verunbewusstungen der Verletzlichkeit zu werden, nicht stets wieder aufs Neue sich selbst und andere zum Opfer derselben machen zu müssen, insbesondere zu Opfern der objektiv kulturell institutionalisierten Verletzung, die immer wieder nach ihrer bestätigenden Regeneration durch selbstveräußernde Verletzlichkeitsaussetzungen, nach Körpereingaben ruft.

Dieser Schritt ist der Schritt zu einer *aktiven Kritik* im Sinne der memorialisierenden – die Gedächtnisherkunft erschließenden und Gedächtnis bildenden sowie diese Bildung als Gedächtnis aufrechterhaltenden – Herstellung eines nicht von den Handlungen isoliert begriffenen Bewusstseins des Selbstverhältnisses der Verletzlichkeitskriterien, Körper und Ding in ihrem Verhältnis, sowie des Selbstverhältnisses dieses Bewusstseins in seinem Handlungsbezug zu diesem Verhältnis; *aktive Kritik* in diesem Sinne ist begriffen als eine *Gedächtnisbildungserinnerung*, als ein *Spurenlesen* im Sinne der Entbergung des Selbstverhältnisses der Differenz.

Solche Wendung auf eine aktive Kritik *zu*, die imponiert mithin als ein deutlicher Schritt *fort* vom exklusiv passiven – weil in Indifferenz oder unvermittelte Differenz zur Außenrepräsentation geratenen – Erleiden, das sich entweder als Einbehalt oder als isolierte und isolierende Objektivation der Verletzlichkeit bildet; passives Erleiden erweist sich gewissermaßen als eine Fortführung der sentimentalen *Empfindelei* auf – bis ins Pathologische reichendem – subjektivem wie objektivem Niveau.[4] Die *aktive Kritik* hingegen stellt die *Wendung zur intellektuellen Erkenntnis* dar und wendet sich damit zugleich ab von den anmaßenden korporalen Fixierungen, von dem Aufgehen in dem Wunsch nach der Ewigkeit der Ummantelung durch einen beschützenden Mutterkörper, in welchen die fantasmatische Disposition haltlos zurückbricht. So gibt sich dieser Schritt zur Krisis und zur Kritik nicht minder kund als der *Übergang* von einem die Verletzung der Nichtidentität erleidenden Wünschen einer Selbstvollständigkeit und von der Reproduktion einer progressiv alle Existenz nichtenden Selbstbehütetheit *zu einer die Psychoanalyse auf die Objektivität hin erweiternden, rationalitätsgenealogischen Philosophie.*

IV. Die kleine Kränkung – Verletzlichkeit, Kritik und Symptom

Die Kritik ist allemal eine der vornehmsten Disziplinen der Philosophie. Vor allem aber ist sie eine praktische Angelegenheit. Das zeigt sich bereits anhand einer kleinen Diskussion der Verletzlichkeit auf der Ebene der vielleicht eher banal erscheinenden narzisstischen Kränkung. Das Leiden an solcher, das entbirgt eine rationalitätsgenealogische, kritische Betrachtung, verdankt sich insbesondere der zunächst nicht auflösbaren Verhaftung im Sprung der Repräsentation, wenn man so will: einer ödipalen Platznahme zwischen Mutterkörper und Vaterwort, verklebt im Versuch, das Vaterwort als vorgängige Zugangsgabe zum Mutterkörper zu negieren oder zu bestreiten und auf den unmöglichen unmittelbaren Zugang zu diesem zu insistieren; also geradezu inzestbeharrlich sich nicht lösen zu wollen: Dergestalt wird die Klage als das Gebet an die Objektivität angestimmt, die Klage darüber, nicht schon als Körper das Ding zu sein, in dem Verletzlichkeit und Sterblichkeit überwunden gewähnt werden.

Immerhin ist im Rahmen solcher Klage über die Kränkung eine Widerstandsbewegung zu vermerken gegenüber der objektiv-kulturellen Freisetzung der Inzestuösität; Einspruch wird noch eingelegt wider das in die Dinge hinein erwachsen gewordene Humane, gegen den technisch isolierten Ödipuskomplex. Diese Anfechtung aber trägt doch nur – affirmativ auf subjektivem

4 Vgl. hierzu die Verletzlichkeitsdiskussion in der Epoche der Empfindsamkeit.

Niveau; ein solches dergestalt fantasmatisch wie konstituierend und begründend – die Herkunft der Dinge als objektive Inzest-Figurationen des Ödipuskomplexes nach; sie bildet also deplaziert die Selbsterinnerung der Kulturdinge, diese wie heiligend und in Isolation von ihnen, und zwar als eine übermäßiges Verhaftung am Körper.

Eben des Körpers Differenz – das heißt der Körper ist erst am Ding entstanden wie das Ding am Körper – aber trägt sich am Subjekt verletzend, schmerzeinführend, traumatisierend, das heißt fühlbar herkunftserinnernd, aus: im Sinne des Versuchs einer Rekorporalisierung des Repräsentationssprungs zwischen Körper und Ding. Die Verhaftung des Subjekts am Körper ist die Insistenz auf den eigenen Körper als auf den Körper der Herkunft als auf den Körper des Dings.

Dieser innerhalb durchlebter Verletzlichkeitszusammenhänge erinnernd erscheinende Körper auf seinem Weg der Dingwerdung ist aber nicht nur ein bloß zerrissener und darin in bloßem Vergänglichkeitszugang leidender, sondern in dieser Zerrissenheit bildet er, man kann sagen: als symptomatische Problembildung, die Anmaßung einer Hypersynthesis aus, und zwar im Sinne des Begehrens, alle *äußere Selbstgrenze* sich integral und somit sich selbst aus sich selbstbegründend *mit zu sein*. Eine als kleinere oder größere narzisstische Kränkung durchlebte Verletzlichkeit, eine Verletzlichkeitsaffektion, verdankt sich also nicht minder dem Wunsch der Wendung des Geschicks in die Vorteilhaftigkeit der Herstellung der Machtfülle – das ist das Herrschafts-Knechtschafts-Verhältnis des Symptoms –, welche von dem engen Körperbezug, von dieser Fiktion der höchsten Nähe von Bei-sich-sein, von der Mutterkörperentmächtigung zur Selbstbemächtigung, abgeleitet zu sein scheint.

Doch dieses Unternehmen höchster Selbstverwirklichung respektive ultimativer Selbstbemächtigung kollabiert in solchem Rückbezug wieder unaussetzbar, unveräußerlich, repräsentationseinbehaltlich *symptomatisch* in die subjektiv gebundene Verletzlichkeitsselbstaffektion zurück. In solcher *Einbehaltung der Repräsentation* gewährt sich zumal auch die Einbehaltung der Macht; jedoch ist diese *immanent bereits enteignet* an den in die *Kulturdinge* hinein fantasmatisch restitutiv entzogenen – mütterlichen – Referenzkörper. So koinzidieren in ein und derselben Bewegung die höchste Bemächtigung und die höchste Entmächtigung, höchste korporale Selbstnähe und radikale Selbstenteignung; denn verhindert und unterbunden ist die Vermittlung und somit der Anderenbezug im Sinne der Möglichkeit der Repräsentation für sich und andere als Basis der Anerkennung des differentiellen Selbstverhältnisses im und zum Körper-Ding-Sog.

Solche Verklebung mit der Körperdifferenz – als Differenzierungsindifferenzierung – erweist sich – konsequenterweise – zumeist als vehemente Verweigerung der Veräußerung der Kritik und der Erkenntnis aus dem symptomatischen Zusammenhang heraus, als Verschließung der Verletzlichkeit und deren Retraumatisierung. Es imponiert eine *Repräsentationssperre*, welche zumal das Hauptkriterium des Symptoms darstellt. Hier eine *Vermittlung* einsetzen zu können, das bedeutete, auch das Problem respektive das Symptom in die Bewegung und ebenfalls in die Situation einer möglichen Entsperrung zu bringen. Allerdings wäre es die Aufgabe der kritischen Entbergung, diese Entsperrung als Rückvermittlung der Dringlichkeit der Repräsentationssperre zu vollziehen: und genau das ist zu zeitigen als die Vermittlung der Kriterien der kritischen Praxis, so dass die Freigabe zur Repräsentation selbst als die – intellektuelle und nicht mehr bloß abwehrend verletzende oder gar pathologisch symptomatische – Rückvermittlung des Entäußerungswiderstands innerhalb der Veräußerung, im Sinne auch der *Herstellung eines Selbstverhältnisses zur Verletzlichkeit*, fungiert.

V. Der Abstand des Körpers, das Trauma und die gemeinsame Verletzung

Es gilt mithin rationalitätskritisch philosophisch denkend die Körperbindung in die und in der Repräsentation als nicht nur technologisch-dinglich vermittelbaren Körperentzug intellektuell avanciert nachzubuchstabieren und damit sich eine kritische Welt als Selbstlektüre zu eröffnen. Darin wird der Körper in seiner Verlassenheit, Vermitteltheit und verstellten Wiedergewonnenheit zu erfassen und der unhintergehbare Abstand der Gedächtnisbildung als Grenzwahrung zu den nichtintegralen Extremen von Körper und Ding auszuarbeiten und aneignungsfähig als Vermittlungsausbildung des Körper-Ding-*Verhältnisses* angenommen sein. Das aber bedeutet auch, dass der Aufriss, die Verletzlichkeit, noch einmal eine aktualisierte Gestalt gewinnen, die Urverletzung nachvollzogen werden muss, und zwar damit nicht ein Leiden bis auf den Tod hin sich *an sich* vollzieht, sondern *für sich* und *für andere* – intellektuell zumindest – gemäß einer produktiven Wendung aneignungsfähig wird, repräsentationsvermittelt vorstellbar, darstellbar, erfahrbar, denkbar und vor allem, in ein Verhältnis getreten, repräsentativ zeitigungsfähig.

Der Abstand des Körpers von sich ist der traumatische wie der kritische Abstand, und der ist eben auch der Abstand der Krisis wie der Kritik.

Dieser *kritische Abstand* betrifft zumal das Innerste und Äußerste auch der Philosophie, ihre Existenz als die Disziplin der Verzeichenlichung, der

Verbegrifflichung und insbesondere des in Gedanken Fassens des humanen Traumas. Der *kritische Abstand* ist die Spanne der aktiven, produktiven, praktischen, intellektuellen, rationalitätsgenealogischen philosophischen Erkenntnis: Diese allerdings erliegt nicht weniger dem Trauma der Existenz.

Jedes Leiden innerhalb des Humanen ist Leiden an der Aufhebung des Abstands des Körpers. Jedes humane Leiden verdankt sich der konkreten Produktion des Fantasmas der Unverletzlichkeit.

Das Leiden an der Ur-Verletzung der Differenz zum entzogenen Begründungskörper und ihrer vermittelten und doch möglicherweise sich wie unmittelbar einnistenden Erinnerung im Rahmen der Aktualisierung der Verletzlichkeit ist als die Selbstausrichtung des Körpers auf sich, genauer: als die Ausrichtung der projektiven Körpererinnerung auf sich als den realen Körper strukturiert, dergestalt also, als hielte man das Gesicht, allem voran die Nase – wie auch sonst? –, dauernd und ohne Unterlass in die Risswunde der Existenz, was dazu führt, dass die zur Erfahrung notwendige Differenz, letztlich die Kriterien der Erfahrung, Wahrnehmung und Bewegung insgesamt, nicht mehr wahrgenommen und berücksichtigt werden und mithin nichts anderes mehr in die Wahrnehmung dringt als die Verletzung im Sinne der Unveräußerlichkeit derselben, insofern versucht wird, die Wunde mit dem in seiner – narzisstischen – Verletztheit aktualisierten Körper gemäß des Begehrens der realisierten – todestriebentsprechenden – Erfüllung einer *Selbstheimkehr* – notorisch regressiv dann – zu schließen. Gerade vermittels dieses Schließungsversuchs aber wird die Wunde, diese Verletzung aufrechterhalten, sie wird zum Schmerz generierenden Trauma der Verletzlichkeit, und sie wird sogar weiter noch gerissen, und zwar wie in sich selbst hinein zu ihrer Aufhebung, bis zur ultimativen narzisstischen Erfüllung des Todestriebs: der objektiven Absolutheit des Todes im Sinne des letzten Gottesbeweises.

In diesem Sinne ist es kaum zu weit gegriffen, wenn man sagt, dass die Menschheit, von der man behauptet, sie höbe mit dem aufrechten Gang an, ihren Ausgang davon nimmt, dass sie ihr Gesicht, ihre Nase insbesondere, vom Körper auf dessen Vermittlung hin körperselbstbezüglich fortnimmt: so dass sich der aufrechte Gang allererst ermöglicht, insofern der Selbstbezug sich auf seine Aussetzung hin external, auf den Anderenbezug mithin, erweitert. Vermittels des in der technisch-medialen Objektivität stets vorgängig eingerichteten Anderenbezugs, der in dieser als Garantie der Selbstdifferenz geradeso gehütet wird, wie er als Verletzlichkeitsdrohung diese Objektivität sich ihrer Herkunft erinnern lässt, wird paradoxerweise auch alle Erkenntnis erst möglich. Auf diese ihre eigene Herkünftigkeit und ihre Kriterien bezogen, imponiert solche Selbsterkenntnis als die Erkenntnis der grundsätzlichen, ursprünglichen *gemeinsamen* Verletzung als die von *Körper und Ding* in ihrem unhintergehbaren Verhältnis; dieses Verhältnis stellt gewissermaßen die *Basisverletzung eines nie dagewesenen autonom lebendigen Leibes und eines nie zu erreichenden lückenlosen, unvermittelten, unmittelbaren Selbstbezugs* dar.

An dieser Stelle scheint die Basis einer möglichen Gemeinsamkeit in den Differenzen des Humanen hervor; eine solche könnte liegen auf der Ebene der Aneignung der gemeinsamen Realisierung der Differenz des Humanen. In diesem Sinne vermöchte, dank einer kritischen philosophischen Wende, die Verletzlichkeit selbst zu jener Basis produktiver Gemeinsamkeit werden, anstatt zu einem Leiden am Körper.

VI. Verletzlichkeit, Krisis, Kritik und Philosophie

Ich pointiere nochmals grob im Hinblick auf die Relevanz der rationalitätskritischen Philosophie im Kontext eines praktischen Zugangs zu Verletzlichkeit, Trauma und Schmerz:

Das Leiden an der Verletzlichkeit ist eine wie im nicht ausfindig zu machenden eigenen Körper steckengebliebene, festgehaltene Philosophie. Die *Philosophie* gibt damit ihr Verständnis von sich als *produktive Körperkritik* kund. So erweist es sich als ihr Metier, den Körper gemäß seiner Gedächtnisbildung und damit auch ihre eigene und aller Vorstellung Herkunft als eine Darstellung der Abstoßung vom Körper sowie der Repräsentation des Körpers zu erinnern.

Die Philosophie und die Kritik sowie die Philosophie als die Kritik sind – wie das Humane selbst – als die Effekte der Selbstabwehr des Körpers zu verstehen: Denn erst wenn der Körper sich vor sich und von sich entsetzt – als Basis der Aufkommnis zumal von Scham und Schuld –, wenn er sich von sich selbst absetzt, sich spaltet, den Schmerz auf sich nimmt, wenn eine Verletzung entsteht, ein Riss, eine klaffende Wunde, in deren Spanne einspruchshaft kritisch sich dem Nichts entgegen etwas einzutragen vermag, wenn also eine Verletzung einsteht, das Trauma sich bildet, mit dem sich die Kritik des Körpers in ihn selbst wider sich einträgt und im Verhältnis zu ihm für sich und für andere zum Ausdruck bringt, wenn der Körper vor sich selbst in sich selbst, selbstaffektioniert erzittert und die Ordnung seiner Wiederholung eingesetzt ist, dann ist die Grundsituation der humanen Verletzlichkeit als die Kritik des Körpers an sich selbst gegeben. Diese Kritik des Körpers aber bleibt solange Leiden an sich selbst, an seiner Verletzung und an seiner Verletzlichkeit, wie die Kritik in der Insistenz auf einen eigenen Körper beziehungsweise am anderen Körper, der jedoch als der eigene behauptet wird, einbehalten wird: Es bedarf der repräsentativen Vermittlung.

Die rationalitätskritische philosophisch-psychoanalytische Position inauguriert dergestalt eine Art von Ablösungsarbeit, und zwar einerseits von der Selbst- als Autonomiebehauptung und andererseits von der Insistenz auf eine die Dinge zu überbieten begehrende Körperexklusivität. Damit hält die rationalitätsgenealogische Philosophie – im Sinne der Kritikfähigkeit gegenüber der Rationalität – das Entsetzen des Körpers vor sich und von sich als denkende Praxis aufrecht, und zwar so, dass sie in dieser Praxis eine abständige Selbstvermittlung leistet, welche die Herkunft und die Erhaltung des Körpers an seiner Repräsentation als Ding und die Erhaltung des Dings am Körper entbirgt: Der Mensch, der wie Hephaistos aus dem Himmel, aus dem Olymp, geworfen wurde und auf die Erde fiel, der aber nicht wieder aufgenommen wurde, gleichwohl er sich als Techniker um nichts anderes bemüht, dieser Mensch, der bedarf, geradeso wie Hephaistos, der dinglichen Krücken, die ohne diesen mit seiner Defizienz und Verletzlichkeit kaum wären.

In diesem Sinne vermag die Philosophie, welche die Psychoanalyse auf die Objektivität hin erweitert, als Kritikfähigkeit die Herkunftserinnerung der Kulturdinge zu leisten, und demgemäß erweist sie sich als das erinnernde Gedächtnis des ursprünglichen und unhintergehbaren Verhältnisses von Körper und Ding, als das Gedächtnis der Zerrissenheit und der Verletztheit, der Gespaltenheit zwischen der Realität der Sterblichkeit des Körpers und dem Begehren des sich selbst Überlebens und der Fiktion der Unsterblichkeit im Ding.

Das heißt: Sowohl die Dinge als auch die philosophische Kritik sind dem Körper immer wieder der Stachel der Vergänglichkeitserinnerung:

zum einen als erkennendes Denken,

zum anderen als Verletzung im Sinne der verhüllenden und seinsvergessenen Instrumentalisierung derselben.

Wenn der Mensch mithin nicht

a. unmittelbar (an) seinem Körper stirbt, sondern wenn
b. dessen Selbstentsetzung von sich statthat, dann kann
   1. diese Selbstentsetzung sich an ihm als Leiden, Schmerz und Krankheit vollziehen, oder es wird
   2. diese Selbstentsetzung nach außen abgegeben, das heißt, es wird ein konkretes Gedächtnis von ihr an einem anderen, verschobenen und entstellten Ort hergestellt, womit alle Wiederholung, mithin jegliche Gewalt, ihren Einsatz findet.

Für diesen zweiten Fall stehen wiederum drei Möglichkeiten bereit: Die Selbstentsetzung des Körpers, seine Selbstkritik mithin, wird außerhalb seiner wiederholt; das heißt, es wird ein *Körperselbstentsetzungsgedächtnis* gebildet, und zwar entweder

1. auf der Ebene des objektiven Traumas, der Dinge: als Wissenschaft, Technik, Krieg, oder
2. auf der Ebene der Schmerz generierenden Exekution des Traumas der Verletzlichkeit, das heißt auf der Ebene der Entsetzung anderer Menschkörper: als Kriminalität, Mord, Psychopathologie, Perversion, oder
3. als Traumakrisis im Sinne intellektueller, rationalitätsgenealogischer Philosophie und Psychoanalyse.

Den entbergend rationalistische Aufklärung aufklärenden Aufschluss hinsichtlich der Selbstentsetzung und deren Veräußerung vermag nur die rationalitätskritische und von der Psychoanalyse inspirierte Philosophie und die an ihr gebildete praktische Krisis- und Kritikfähigkeit zu leisten. Ein subjektivistisch restringierter Therapieprozess oder die bloße Aktion an den und zu den Dingen und anderen Menschen leisten hingegen keine erschließende und die Rückschläge der Traumatisierungen ermäßigende Erkenntnis; zumindest solange nicht, wie der ›Lauf der Dinge‹ nicht in ein bedenkendes Stocken gerät. Erst im Moment eines Versagens tritt die Verletzlichkeit wieder zutage. Die Selbstentsetzung des Körpers als Bildungsvorgang des ihn verdoppelnden dinglichen Gedächtnisses fällt dergestalt wieder zurück auf ein Subjekt respektive auf einen Körper, die beide allererst durch solche Rückweisungen als solche bezeichnet werden, genauer noch: ausgezeichnet werden. Jetzt gilt es wieder, gewissermaßen als Nachtrag einer Selbstverzeichenlichung, Selbstverbegrifflichung und Selbstverdinglichung, entweder der Selbstentsetzung an sich selbst leidend zu verfallen, oder die Selbstentsetzung isolierend am anderen zu exekutieren, oder den kritischen, philosophisch aufklärenden Abstand herzustellen, das heißt, sich selbst im Verhältnis der Verletzlichkeit, also im und als Körper-Ding-Verhältnis, zu entbergen.

Literatur

Augustinus (1863): Die Bekenntnisse, aus dem Lateinischen übertragen von Georg Rapp. Stuttgart (Liesching).

Butler, J. (2003): Kritik der ethischen Gewalt, Frankfurt am Main (Suhrkamp).

Heinz, R. (1990): Arbeit – Technik – Tod. Einige mythosophische Überlegungen zu Hephaistos, Daidalos und Helios. In: Pathognostische Studien III. Psychoanalyse – Krisis der Psychoanalyse – Pathognostik. Essen (Blaue Eule).

Heinz, R. (1997): Vom schwindenden Jenseits der Götter. In: Logik und Inzest, Vol. 1. Wien (Passagen).

Melissos aus Samos (1922): Über die Natur oder über das Seiende (Fragmente). In: Die Fragmente der Vorsokratiker. Griechisch und Deutsch von Hermann Diels, Bd. 1, Berlin (Weidmannsche Buchhandlung).

Nietzsche, F. (1881, 1969): Morgenröte In: Schlechta, K. (Hg.): Werke, Bd. 1, München (Hansa).

Nietzsche, F (1889, 1969): Götzen-Dämmerung. Streifzüge eines Unzeitgemäße. In: Schlechta, K. (Hg.): Werke, Bd. 2, München (Hansa).

Nietzsche, F. (1908, 1969): Ecce Homo. Wie man wird, was man ist. In: Schlechta, K. (Hg.): Werke, Bd. 2, München (Hansa).

Nietzsche, F. (1969): Aus dem Nachlaß der Achtzigerjahre. In: Schlechta, K. (Hg.): Werke, Bd. 3, München (Hansa).

Sartre, J.-P. (1967): Kritik der dialektischen Vernunft. Reinbek (Rowohlt).

Weismüller, C. (2004): Das Humane der Globalisierung. Zur Objektivität von Narzißmus, Ödipuskomplex und Todestrieb. Düsseldorf (Peras).

Weismüller, Ch. (1994): Das Drama der Notation. Ein philosophischer Versuch zu Richard Wagners Ring des Nibelungen. Wien (Passagen).

Weismüller, Ch. (2001): Musik, Traum und Medien. Philosophie des musikdramatischen Gesamtkunstwerks. Ein medienphilosophischer Beitrag zu Richard Wagners öffentlicher Traumarbeit. Würzburg (Königshausen & Neumann).

Weismüller, Ch. (2003): Zur Beziehung von Arthur Schopenhauers Philosophie zu Richard Wagners Musikdramen. In: Ingenkamp, H. G., Birnbacher. D., Baumann, L. (Hg.): Schopenhauer Jahrbuch, Bd. 84, Würzburg (Königshausen & Neumann), S. 183–195.

Schmerz als soziale Handlung

Bemerkungen zur Folter

Christian Grüny

Der Kern der Folter ist die Zufügung von Schmerzen. Erniedrigungen, das Erzeugen akuter Todesangst, das Herstellen unerträgliche Situationen auf Dauer sind Methoden, auf die Folterer mit und ohne staatlichen Auftrag[1] im 20. Jahrhundert zurückgegriffen haben, aber es ist immer wieder der Schmerz, der als wirksamstes Mittel eingesetzt wird. Es bedarf kaum mehr als die planvolle Zufügung starker Schmerzen, um jemanden zu brechen, ihn dazu zu bringen, alles zu sagen, was der Folterer hören will, ihn alles verraten zu lassen, was ihm wert und teuer ist, die nächsten Angehörigen und die eigene Person eingeschlossen.

Dennoch ist es nicht der Schmerz allein, der die Folter ausmacht. Folterer agieren in einem spezifischen Kontext, der für ihr Handeln und dessen Wirkung ebenso bedeutsam ist wie der Schmerz selbst (vgl. Grüny 2003). Von der Vorgeschichte und dem institutionellen Kontext, den die Folter hat, sei an dieser Stelle einmal abgesehen; Gegenstand dieses Textes soll allein die Situation selbst sein, in der freilich vieles von diesem Kontext reflektiert wird. Innerhalb dieser Situation soll die Erfahrung des Opfers im Mittelpunkt stehen, deren Verständnis offensichtlich entscheidend dafür ist, die Logik und Sinn der Folter als solcher zu verstehen. Die Erfahrung des Folterers, seine Ausbildung und seine Vorgeschichte, sein Schwanken zwischen Befehlsempfang und Allmacht, zwischen Hass und kühler Berechnung, zwischen Lust und Schuldgefühlen, bietet Material für eine eigenständige Untersuchung. Es ist wichtig, dies alles zu verstehen; nicht um ihn zu entschuldigen, sondern um zu begreifen, wie es möglich ist, ein Tier zu züchten, das foltern kann.[2] An dieser Stelle aber soll es um das Opfer und seinen Schmerz gehen.

---

1 Auch wenn vielfach »wild«, also nicht im Rahmen von Institutionen gefoltert wird, ist der Staat als Akteur, als Auftraggeber, als Dulder oder doch zumindest als indirekter Nutznießer in den allermeisten Fällen mit im Spiel: »The chain of command between the torture chamber and the government may not be direct, but the licence to torture is evident from the administrative systems that operate.« (Jempson 1996b, S. 123)

2 Diese Verkehrung des Nietzscheschen Satzes geschieht absichtsvoll: In seiner *Genealogie der Moral* betrachtet Nietzsche die Lust an der Zufügung von Schmerzen als menschliches Urphänomen, während die Fähigkeit zu versprechen eigens herangezüchtet werden muss – durch Zufügung von Schmerzen. Dass man im Gegenteil zum Folterer *gemacht* werden muss, zeigen zahlreiche Untersuchungen (vgl. Staub 1990, Keller 1981).

Zwischen dem Schmerz selbst, seinem Kontext, seiner Bewertung und seiner Bedeutung lässt sich hier keine scharfe Grenze ziehen. Schmerz ist keine in sich verharrende Empfindung, die als – gleichwohl mit negativer Energie aufgeladenes – Sinnesdatum über den Betroffenen hereinbricht und erst in einem zweiten Schritt mit Bedeutung aufgeladen wird. Die körperliche Erfahrung selbst, die nie eine rein körperliche ist, ist zutiefst kontaminiert mit Bedeutung, und es macht für sie einen Unterschied, ob sie in einem herabfallenden Stein, der Fahrlässigkeit eines Autofahrers, dem Schlag eines Gegners im Boxkampf oder dem gezielten Hieb eines Folterers ihre Ursache hat.

Dennoch haben alle diese Schmerzen eine spezifische Organisationsform der Erfahrung gemeinsam, die es überhaupt erst erlaubt, sie unter einen Begriff zusammenzufassen. Im klaren Bewusstsein der gravierenden Unterschiede der genannten Erfahrungen und Situationen soll es im Folgenden darum gehen, zu zeigen, inwiefern die Folter auf etwas allen Schmerzen Gemeinsames zurückgreifen kann. Folter ist, so die These dieses Textes, eine Art soziales Ausagieren des Schmerzes selbst, eine Indienstnahme in allen seinen Dimensionen.

Eine Überdramatisierung der trivialen Alltagserfahrung und eine Trivialisierung des Extremfalls werden dabei tunlichst zu vermeiden sein. Um hier sinnvoll argumentieren zu können, wird zunächst ein kurzer Blick auf die Frage zu werfen sein, wie Schmerz zu konzeptualisieren ist (1.), um sich dann seinen Wirkungen in ihren unterschiedlichen Dimensionen zuwenden zu können (2.). Schließlich soll die Frage nach dem Sinn, an der keine Untersuchung über den Schmerz vorbeizukommen scheint, einer genaueren Prüfung unterzogen werden (3.).

1. Schmerz als Empfinden

Auch im Fall des körperlichen Schmerzes drängt sich jene Frage auf, die für Wittgenstein den Verführungen der Grammatik geschuldet ist: *Was* ist der Schmerz? So zu fragen setzt voraus, dass es man es mit einer Entität zu tun hat, der mit einer solchen Wesenfrage beizukommen ist, die gleichsam vor das urteilende Auge eines neutralen Betrachters gebracht werden kann wie der Käfer in der Schachtel des Bewusstseins, der der Schmerz für Wittgenstein eben nicht ist (vgl. Wittgenstein 1984, S. 357; 373).

Der naturwissenschaftlich-objektivistische Ansatz, der mit einem solchen Verständnis nahe gelegt wird, ist offensichtlich ungeeignet, um der *Erfahrung* des Schmerzes auf die Spur zu kommen: Diese weiß nichts von Rezeptoren, Impulsen und Verschaltungen, auch nicht in der komplexen Variante der aktuellen Schmerzforschung. Entsprechend muss auch die Frage umformuliert werden: *Wie ist es, Schmerzen zu haben?* Aufgerufen ist damit die Phänomenologie als philosophischer Versuch, die Erfahrung selbst beschreibend und begrifflich zu fassen zu bekommen (vgl. Grüny 2004).

Ein solcher Versuch muss sich mit den Modellen auseinandersetzen, mit denen der Schmerz bisher konzeptualisiert wurde, und er braucht Anhalt in einem eigenen theoretischen Modell. Ein solches muss in einiger Distanz zu den traditionellen Konzeptualisierungen in Psychologie und Medizin entwickelt werden, die auch in der Philosophie Niederschlag gefunden haben (wenn man hier überhaupt von Konzeptualisierungen sprechen kann; oftmals wird der Schmerz lediglich in Anspruch genommen, um eine bestimmte Position zu legitimieren, ohne dass man über vermeintliche Selbstverständlichkeiten hinauskäme).

Bis ins Alltagsbewusstsein vorgedrungen ist ein Zweistufenmodell, das man vielleicht als Additionsmodell bezeichnen könnte. Der Schmerz gilt hier als aus zwei Komponenten zusammengesetzt, die unterschiedlich bestimmt werden. Klassisch ist die Unterscheidung von Gefühl und Empfindung, an die sich im 19. Jahrhundert eine lange Diskussion anschloss: Nachdem es kaum möglich war, den Schmerz der einen oder anderen Seite zuzuschlagen, tauchen Vorschläge wir der Carl Stumpfs auf, ihn als »Gefühlsempfindung« zu begreifen (Stumpf 1928). Die grundlegende Unterscheidung war diejenige eines eher körperlichen, eine Information ohne Wertung transportierenden von einem wertenden, dem Gefühl, dem Verstand oder ganz allgemein der Reaktion der Person zugeschlagenen Anteil.

Noch in der kenntnisreichen Kulturgeschichte des Schmerzes von David le Breton finden sich innerhalb von zwei Sätzen drei unterschiedliche Fassungen dieses Additionsmodells, deren offenkundigen Widerspruch der Autor nicht zu bemerken scheint: Auslöser – Empfindung, körperliche Veränderung – Beurteilung, Empfindung – Erkenntnis/Bewertung (vgl. Breton 2003). Die Frage, die sich angesichts dieser Unterscheidungen immer wieder stellt, ist die alte: Auf welcher Seite liegt der eigentliche Schmerz, das Schmerzhafte an ihm? Und, so müsste man hinzufügen: Wie lassen sich die Komponenten voneinander isolieren?

Es gibt gute Gründe, diese Diskussion auf sich beruhen zu lassen und sich neuerlich der Erfahrung selbst zuzuwenden, die diese Unterscheidung nur in Grenzfällen kennt, die kaum zur Erhellung der Normalität beitragen können.[3]

3 Beispielhaft sei hier auf Damasio verwiesen, der chronische Schmerzpatienten zitiert, die nach einer präfrontalen Leukotomie äußern, der Schmerz sei derselbe, nur störe er jetzt nicht mehr (vgl. Damasio 2004, S. 350). Daraus abzuleiten, das offensichtlich vollkommen veränderte Gefühl der so behandelten sei »der Schmerz an sich« erscheint mir einigermaßen abwegig.

Wie aber soll eine Erfahrung wie der Schmerz gefasst werden, wenn nicht in den Kategorien von Gefühl und Empfindung?

Es ist produktiv, sich hier Merleau-Ponty zuzuwenden, auch wenn dieser sich mit dem Schmerz selbst nur sehr peripher beschäftigt. In der *Phänomenologie der Wahrnehmung* wird eine Form der elementaren Auseinandersetzung mit der Welt beschrieben, die Merleau-Ponty als »Empfinden« bezeichnet; die Verschiebung zur Verbalform deutet die Differenz zum traditionellen Empfindungsbegriff an. Im Empfinden finden sich Affektives, Kognitives und Körperliches noch ungetrennt, und noch das Sehen von Farben beinhaltet alle diese Dimensionen. In der alltäglichen Wahrnehmung ist das Empfinden immer schon überschritten in Richtung auf eine in sich gegliederte, mit Dingen des Umgangs bevölkerte Welt, so dass diese Form des Welthabens nur in Grenzsituationen zutage tritt: Die Beispiele, die Merleau-Ponty und die von ihm zitierte Literatur geben, entstammen Forschungen mit Gehirnverletzten und Säuglingen.[4]

Dennoch bleibt das Empfinden als eine Art gegenwärtige Vergangenheit der erwachsenen Wahrnehmung erhalten und kann in besonderen Situationen, zu denen der Schmerz gehört, wieder zutage treten; insgesamt gilt für Merleau-Ponty, dass »das barbarische Denken des frühen Kindesalters als unentbehrlicher Erwerb auch dem des Erwachsenen zugrunde lieg[t]« (1966, S. 407). Jenes »barbarische Denken« des Empfindens ist geprägt von Verlaufsformen, die nicht in einem abgeschlossenen Bewusstsein stattfinden, sondern zwischen Subjekt und Welt; in anschaulicher Zuspitzung spricht Merleau-Ponty von der »motorischen Physiognomie der Farbe« (ders., S. 247). Subjekt dieser Erfahrung ist nicht das autonome, wache Ich, sondern ein »anonymes«, leibliches, und letztlich muss man sagen, »dass man in mir wahrnimmt, nicht, dass ich wahrnehme«(ders., S. 247).

Entscheidend für eine Aufarbeitung des Schmerzes ist hier mehrerlei: Der Vorgang, um den es geht, ist weder rein körperlich noch rein affektiv noch rein kognitiv, sondern beinhaltet alle diese Dimensionen in noch ungetrennter Form, er findet im Rahmen der Auseinandersetzung mit der Welt statt und ist so nicht als »inneres« Ereignis zu beschreiben, das zwar von der Welt verursacht wurde, aber keine Beziehung zu ihr unterhält, und er widerfährt keinem seiner selbst mächtigen Subjekt, sondern einem leiblichen Wesen, das in der Welt situiert und ihr so auch ausgesetzt ist.

4 In den Forschungen von Goldstein und Rosenthal finden sich Berichte wie der folgende: »›Rot reißt einen so auseinander, als ob man aufgeblasen würde.‹ […]. ›Gelb stört‹, sagt Patient Schn. ›Tut mehr weh.‹ […] ›Grün zieht ruhig nach innen.‹ […] Für den Patienten Schn. ist grün ›freundlicher und angenehmer als rot‹« (Goldstein, Rosenthal 1939, S. 23f). Für die neuere Säuglingsforschung vgl. Stern (1992).

Es ist sinnvoll, den Schmerz primär auf der Ebene anzusiedeln, die Merleau-Ponty mit dem leiblichen Empfinden markiert hat. Er hat selbst eine motorische Physiognomie, die sehr charakteristisch ist: Ein Getroffenwerden[5] und Zurückzucken, also ein massiver Angriff durch die Welt und der verzweifelte Versuch eines Rückzugs von ihr. Im Moment des plötzlichen Schmerzes beherrscht dieses noch undifferenzierte Empfinden kurzfristig alles. Die Identifikation der Ursache, des genauen Angriffspunktes und die Bewertung nach Gefährlichkeit und Erträglichkeit kommen in jedem Fall erst hinterher. Am Anfang steht eine als angreifend empfundene Welt und ein getroffenes leibliches Selbst.

Auch wenn der Rückzug von der Welt vom tatsächlichen Zurückzucken gedacht werden kann, beschränkt er sich nicht auf eine beobachtbare körperliche Reaktion. Der Schmerz selbst kann als blockierte Fluchtbewegung gedacht werden, als »ohnmächtige Anstrengung«, wie es bei Bergson heißt: Die Fluchtbewegung weg von der Quelle des Schmerzes wird quasi internalisiert und damit zu einer *inneren* Rückzugsbewegung, Erbe einer »Anstrengung des verletzten Organs, die Dinge wieder in Ordnung zu bringen« (Bergson 1991, vgl. auch Achelis 1925, Weiszäcker 1990). Diese Bewegung ist nicht ausführbar, kann aber auch nicht unterbleiben und wird so zu einem unerträglichen Stachel.

Dies gilt nicht nur für den Fall kurzer, plötzlicher Schmerzen – den sprichwörtlichen Griff auf die Herdplatte –, sondern genauso für länger andauernde Schmerzen. Schmerz ist insgesamt weniger als Zustand zu begreifen, sondern als Bewegung: Es tut weh, und dieses Tun ist ein anhaltendes, das nicht loslässt. Die Tendenz stärkerer Schmerzen, sich zu totalisieren, ist von hier zu begreifen. Der Schmerz hat immer Aufforderungscharakter, es gilt, etwas zu tun, Abhilfe zu schaffen, und zwar schnell. Wenn diese Abhilfe unmöglich ist, bleibt doch die Anstrengung, von der man sich kaum befreien kann. Die drastische Lektion, die chronisch Schmerzkranke lernen müssen, ist die, dass sie eben nichts tun können, dass sie sich von der ständigen Aufforderung nicht terrorisieren lassen dürfen, auch wenn sie nicht zum Verstummen gebracht werden kann. Entsprechend sind Yoga und andere Entspannungstechniken, laut Buytendijk »das somatische Äquivalent der Gelassenheit« (1948, S. 58), wesentliche Bestandteile der Therapie.

Nur in den seltensten Fällen wird der Schmerz so stark sein, dass die Welt der Wahrnehmung und der Handlungsmöglichkeiten als ganze versinkt, und es ist

5 So lautet einer der zentralen Begriffe des immer noch unerreichten Buches von Buytendijk (1948).

die Regel, dass man sich schließlich wieder fasst, Anprall und Rückzug von sich distanzieren, lokalisieren und bewerten kann. Noch weniger als in den Fällen, die Merleau-Ponty beschreibt, wird das Empfinden damit allerdings vollständig überwunden. Den plötzlichen Schmerz am Schienbein den Zusammenstoß mit einem unerwartet im Weg stehenden Stuhl zuzuordnen, wird ihn allein durch diese Eingrenzung und Einordnung erträglicher machen, aber ihn nicht aus der Welt schaffen. Niemals aber geht der Schmerz in einem Was auf.

Indem der Leidende damit je stärker der Schmerz ist, desto mehr auf der Ebene des Empfindens festgehalten wird, bleibt die Erfahrung der Welt als undifferenziert bedrohlicher und manifest zustoßender und des eigenen Selbst als ausgesetztem neben der funktionierenden Alltagswahrnehmung erhalten. Der Zusammenbruch von Welt und Selbst und damit aller Möglichkeiten sinnhaften Verhaltens wird in der Regel in Schach gehalten, aber er bleibt als Drohung im Hintergrund stehen. Es ist ein leichtes, hier mit der systematischen Zufügung von Schmerzen anzusetzen.

2. Zugriff und Zerstörung

Nachdem ein Modell skizziert wurde, mit dem die Erfahrung des körperlichen Schmerzes begrifflich gefasst werden kann, kann dieser von hier ausgehend nun in seinen unterschiedlichen Dimensionen genauer betrachtet werden.[6] In allen Fällen bedient sich die Folter systematisch dessen, was den Schmerz ohnehin ausmacht und treibt es auf die Spitze. Verallgemeinernd kann man von einer zunehmenden Einschränkung, von einer Störung der normalen Beziehungen zur Welt bis zu ihrer Zerstörung sprechen. Diese Entwicklung soll im folgenden unter den Rubriken von Raum, Beziehungen, Körper und Zeit nachgezeichnet werden.

Das normale Raumempfinden kann wiederum mit Merleau-Pontys Begrifflichkeit beschrieben werden: Sein Grundbegriff für die leibliche Existenz lautet »Zur-Welt-sein«, »être-au-monde«. Der französische Ausdruck hat zusätzlich zu dem vom Übersetzer gewählten deutschen die Bedeutung »von der Welt Sein«, also ihr Gehören; zusammengefasst finden sie sich in der Aussage, der Mensch sei nicht einfach im Raum, sondern »wohne ihm ein« (vgl. Merleau-Ponty 1966, S. 169). Dieses Wohnen beinhaltet offensichtlich mehr als der bloße Aufenthalt an einem Ort, nämlich ein sich Einrichten an einem solchen, ein Verortetsein, von dem aus die Welt erschlossen wird.

6 Eine schlüssige und kenntnisreiche, in ihren philosophischen Prämissen jedoch fragwürdige Rekonstruktion der Erfahrung in der Folter bietet Scarry (1992.

Der Raum ist damit auf spezifische Weise von einem untilgbaren Hier strukturiert, und das Verhalten richtet sich von diesem Hier auf die Welt. Im Schmerz kommt es hier zu empfindlichen Einschnitten: Das Hin und Her des Austausches mit der Welt wird in eine Richtung vereindeutigt, nämlich auf mich zu. Der Raum wird durch das auf mich Gerichtete bestimmt, das mich trifft, und auch diesseits des vollständigen Zusammenbruchs werden dadurch meine eigenen Möglichkeiten, *zur* Welt zu sein, mehr oder weniger massiv eingeschränkt. Ich bin in die Enge getrieben und ausgesetzt.

In der Folter wird diese Veränderung aufgegriffen und zu einer totalen Situation gestaltet. Die Folterer kontrollieren den Raum. Das Opfer ist nicht einfach weggesperrt, sondern in ein geschlossenes Inneres geraten, das nicht Teil der Welt ist. Hier gelten ausschließlich die Regeln der Peiniger. Indem der Gefolterte körperlich fixiert wird, auf einem Tisch festgebunden, in schmerzhaften Positionen aufgehängt, gefesselt, wird ihm die Möglichkeit genommen, sich im Raum und in den Raum hinein zu bewegen. Von allen Seiten steht er dem Zugriff der anderen offen, und der eigene Leib wird von dem, von dem aus ich mich der Welt zuwende, zu dem, auf das hin die gesamte Welt orientiert ist.

Was im alltäglichen Schmerz implizit und undifferenziert bleibt, hier wird es ausdrücklich gesetzt: Auf der Ebene des Empfindens erschien die Welt als bedrohlich und verletzend, auch wenn die parallel noch funktionierende Wahrnehmung eine intakte Umwelt zeigte, und dies wird nun zu einer unbezweifelbaren Wirklichkeit, zum ausdrücklichen Prinzip. Die übermäßigen Schmerzen, die dem Opfer zugefügt werden, werfen es immer wieder auf das Empfinden zurück, und die Hilflosigkeit, die Unfähigkeit, zu handeln oder sich gar zur Wehr zu setzen, und das Ausgeliefertsein können von der Wahrnehmung in jedem Moment bestätigt werden. Es ist wirklich so, wie es dem kindlichen Schmerzbewusstsein erschien: Alle Dinge sind auf einen gerichtet, und sie erfüllen nur die einzige Aufgabe, Schmerzen zuzufügen und zu verletzen.

Der eigene Körper ist wirklich so bedingungslos ausgeliefert, wie er im Empfinden erschien, er ist fixiert, entblößt und schutzlos. Für die funktionierende Erfahrung spricht Merleau-Ponty von einer »lebendigen Kommunikation mit der Welt«. Die Veränderungen des Raumes haben bereits gezeigt, dass von einem Austausch nicht länger gesprochen werden kann: Der Schmerz ist der Abbruch dieser Kommunikation, und es ist offensichtlich, dass dies auch für die tatsächliche Kommunikation mit anderen Menschen gilt.

Bei allem Bemühen der Umwelt bedeuten auch »normale« akute oder gar chronische Schmerzen hier oftmals eine deutliche Einschränkung. Schmerz isoliert, das ist eine Binsenweisheit, und er macht angewiesen auf die Zuwendung und die Hilfe anderer. Diese anderen dürfen nicht als solche auftreten, die ihrerseits Forderungen stellen, und sei es die Forderung nach Zuwendung, da dieser nicht nachgekommen werden kann. Die anderen stehen sozusagen neben dem Schmerz, sie repräsentieren das übrig gebliebene Potential eines gelungenen Weltverhältnisses, das aber nur eingeschränkt realisiert werden kann.

Der Folterer nun tritt selbst als der auf, der Schmerzen zufügt und stellt sich damit ganz auf die Seite des Zugriffs. Dies ist auch der Begriff, der die Folter als soziales Verhältnis am besten beschreibt: Die Folter ist der totalisierte Zugriff, und Raum und Dinge werden vom Folterer in Dienst genommen, um diesen zu realisieren. Wenn Empfinden Kommunikation ist, steht der Schmerz für Macht und Herrschaft, die in seiner Extremform jeder Form der Gegenseitigkeit beraubt ist. Der Folterer besetzt die Stelle der feindlichen Welt und füllt sie vollständig aus. Er behandelt einen Menschen wie ein Ding, an dem man beliebige Operationen vornehmen kann, und behält doch im Blick, dass es sich um einen Menschen handelt: Im Grenzfall der vollständigen Verdinglichung, also mit dem Tod, endet der Sinn der Folter. Nur hier hat der Zugriff des Folterers eine Grenze, und er wird versuchen, sich diesseits ihrer zu halten.

Dennoch erscheint es mir sinnvoll, auch hier von »Materialisierung« zu sprechen, um die Körpererfahrung des Folteropfers zu beschreiben. Der Leib, wie Merleau-Ponty ihn beschrieben hat, ist kein materielles Vorkommnis in der Welt, sondern die organisierte Gesamtheit von Vermögen, und das »Ich kann« ist sein Prinzip. Er geht weitgehend in seiner Bewegung auf die Welt zu auf und verharrt dabei selbst im Impliziten. Die alltägliche Erfahrung des eigenen Körpers hat mit dem objektivierenden Blick des Anatomen nichts gemein, auch wenn dieser als Möglichkeit jederzeit besteht.

In der Folter ergibt sich aus Fixierung und Zugriff eine vollkommen andere Körpererfahrung, in der der Körper primär als dem Anprall der Welt ausgesetzter erscheint. Er wird festgenagelt und von einem Vermögen in ein Objekt transformiert. So wie der körperliche Schmerz nie rein körperlich ist, ist auch diese Erfahrung nicht die einer Veränderung unseres materiellen Anhängsels, sondern eine Transformation der gesamten Person, die sich zum lebendigen Material degradiert findet.

Eine weitere Dimension, die dem Schmerz als solchem eignet, nutzt die Folter, indem sie in die Gestaltung der erlebten Zeit des Opfers eingreift: seine Unvorhersehbarkeit und Unabsehbarkeit. Selbst wenn sie einen nicht unerwartet überfallen, kann man sich auf Schmerzen nicht so vorbereiten wie auf die Ankunft eines herannahenden Zuges. Der Schmerz bedeutet einen Bruch in der ungehindert ihren Gang gehenden Erfahrung, der nicht vollständig angeeignet werden kann. Selbst wenn ich das Messer sehe, das sich meinem Finger nähert, kann ich dieses Moment des Bruches nicht tilgen, indem ich es antizipiere.

Auch bei länger andauernden Schmerzen verliert sich dieses Moment nicht vollständig, da ich nie ganz gleichzeitig mit dem Schmerz bin, wie man sagen könnte. Ich laufe ihm hinterher und kann mich nie vollständig mit ihm identifizieren. Der Schmerz hält mich so in einer Gegenwart fest, derer ich nicht Herr werden kann, er blockiert das Ausgreifen in die Zukunft, das dem Zur-Welt-sein wesentlich ist.

Im Falle akuter Schmerzen klarer Ursache wird dies nicht zu einem gravierenden Problem, da mit der Ursache auch die Möglichkeit einer Behandlung gegeben ist und das Ende der Schmerzen absehbar: Auch wenn die unmittelbare Zukunft vom Schmerz besetzt ist, eröffnet sich dahinter die Aussicht einer schmerzfreien Zeit, auf die hin der Leidende sich ausrichten kann. Das ändert sich bei chronischen Schmerzen, bei denen die Therapiemöglichkeiten erschöpft sind, die aber dennoch nicht aufhören. Dass die Gegenwart von der ständigen Aufforderung nach Abhilfe besetzt ist, ist schwer genug zu akzeptieren; dass aber der genaue Verlauf der Schmerzen unabsehbar ist, dass auf relativ schmerzfreie Perioden unvermittelt ein jede Möglichkeit von Aktivität vernichtender Schmerz folgen kann, ist kaum zu ertragen. Der chronisch Schmerzkranke lebt in der ständigen Antizipation dessen, was sich nicht antizipieren lässt und doch mit Gewissheit eintreten wird. Und bei all dem ist kein Ende in Sicht. (Zur Erfahrungswelt chronisch Schmerzkranker vgl. LeShan 1994, Good 1992, Lindner 1995.)

Auch wenn sie von ihrer bloßen Dauer und ihrer klaren Ursache als akut klassifiziert werden müssten, haben Folterschmerzen einige Gemeinsamkeiten mit chronischen Schmerzen. Für das Opfer ist die Folter »unvorhersehbar, gleichzeitig unausweichlich und zumeist unkontrollierbar« (Gurris 1996, S. 49). Was bei chronischen Schmerzen das Ergebnis einer körperlichen (und/oder seelischen) Störung unbekannter Herkunft ist, wird hier systematisch hergestellt. Eine Situation der Unerwartbarkeit zu schaffen und damit dem Opfer jede Möglichkeit des Umgangs mit dem Schmerz zu nehmen, ist eine der wesentlichen Strategien der Folterer, womit sie sich zu den Herren über die Zeit des Opfers machen. Ziel ist genau das, was Thomas Fuchs dem verzweifelten Leiden zuspricht, nämlich dass »das unentrinnbare Jetzt von Schmerz und Qual [...] auch in der Vorstellung nicht mehr überschreitbar« (Fuchs 2001, S. 74) ist.

Die Behandlung von chronisch Schmerzkranken ist mittlerweile zu einem wichtigen Feld der medizinischen Forschung und Praxis geworden. In Schmerzkliniken arbeiten Ärzte und Therapeuten unterschiedlicher Disziplinen zusammen daran, die Schmerzen zu lindern und den Umgang mit ihnen zu erleichtern. Angesetzt wird an allen Dimensionen des Schmerzes, unter anderem auch an der lähmenden Einschätzung der eigenen Situation, die oben beschrieben wurde. »[C]atastrophizing, overgeneralization (assuming similar outcomes of different experiences) and selective abstraction (selectively attending to negative aspects of experience)« (Craig 1994, S. 269) gelten hier als »kognitive Fehlleistung«, so nahe liegend sie sein mögen, an der therapierend angesetzt werden kann.

Der Folterkeller kann geradezu als perverses Gegenbild der Schmerzklinik gelten. Nicht anders als die Therapeuten setzen die Folterer an allen Dimensionen des Schmerzes an, nicht aber, um ihn lindern, sondern um ihn vollends unerträglich zu machen. Hoffnung, Rückhalt und emotionale Stärkung werden systematisch untergraben, und das Folteropfer ist isoliert, hilflos und ausgeliefert. Das zerstörerische Potential, das dem Schmerz innewohnt, wird so ganz ausgeschöpft. Auf den Punkt gebracht: »Ziel der modernen Folter ist das Trauma« (Wicker 1993, S. 263).[7] Hergestellt wird dieses Trauma durch die gewaltsame Affirmation der Zerstörung all dessen, auf dem die menschliche Existenz beruht und für das sich »Vertrauen« als Oberbegriff eignet. Dem Schmerz wohnt das Potential inne, das Vertrauen in das Wohlwollen der Welt und ihrer Bewohner als »basically good, kind, helpful and caring« (Janoff-Bulman 1992, S. 6) zu erschüttern; die Folter ist der Versuch, es ein für allemal auszulöschen.

3. Zwischen Sinn und Sinnlosigkeit

Es gibt eine offensichtlich untilgbare Assoziation von Schmerz und Sinnfragen. Auch die Literatur bildet hier keine Ausnahme, und jeder Text mit philosophischem Anspruch wird an irgendeinem Punkt die große Frage nach dem Sinn des Schmerzes aufwerfen. Im Kontext einer Beschäftigung mit der

7 Die Vorstellung, dass die Folter damit »zu sich selbst gekommen« und zu dem geworden ist, was sie letztlich immer war (vgl. Sofsky 1996, S. 86), trifft insofern zu, als ihre Wirkungen nun nicht mehr zur Erreichung eines außerhalb ihrer gelegenen Zieles eingesetzt werden, sondern selbst Ziel sind; sie ist abwegig, wenn sie unterstellt, dass die Folter im Grunde immer schon diesen Charakter hatte, und damit eine These von der Lust am Quälen und Zerstören als anthropologische Grundkonstante verbindet: Eine solche These unterschätzt den historischen Charakter der Folter. Vgl. dazu Peters (1996).

Folter erscheint diese Frage beinahe obszön, und so beeilen sich denn auch die meisten Autoren, die Sinnlosigkeit des Folterschmerzes zu attestieren.

Es empfiehlt sich aber, hier einige Differenzierungen nachzutragen. Zuerst einmal ist der Sinnbegriff alles andere als klar: Er reicht von der elementaren Strukturiertheit von Wahrnehmung und Erfahrung über die Funktion in einem Kontext bis zur emphatischen Rechtfertigung als Teil eines Gesamtplanes. Der Sinn, den eine Gestalt auf einem Hintergrund – gegenüber sinnlosen »Sinnesdaten« – hat, der Sinn, den ein Betroffener einer chronischen Schmerzerkrankung abgewinnen kann, um mit ihr umgehen zu können, und »der« Sinn »des« Schmerzes sind höchst verschieden.

Der alltägliche akute Schmerz ist sicher nicht sinnlos in dem Sinne, dass er im Zusammenhang der Erfahrung nicht als etwas Bestimmtes identifizierbar wäre, das sich von anderem abgrenzt – im Gegenteil: Er ist der Inbegriff äußerster Bestimmtheit, die nur sehr begrenzt unterschiedlichen Interpretationen offen steht. Mag er so auch sinn*haft* sein, so ist er darum doch nicht sinn*voll*, sondern erscheint primär als störendes und zerstörerisches Element im Sinngefüge der Erfahrung.

Dennoch ist es offensichtlich, dass dem an starken Schmerzen Leidenden eine Sinnsuche aufgedrängt wird. Diese Suche beginnt vor allem dann, wenn die elementaren Sinnfragen frustriert werden: Die erste Reaktion auf einen starken Schmerz ist nicht die Suche nach seinem Sinn im größeren Ganzen, sondern nach seiner Ursache, von der eine Möglichkeit abgeleitet werden kann, ihn abzustellen. Wer Schmerzen hat, geht zum Arzt und erwartet von diesem eine Lösung. Wird eine solche Lösung einigermaßen problemlos angeboten, so ist die Suche in der Regel an ein Ende gekommen.

Erst wenn diese elementare Frage keine Antwort erfährt, weil der Schmerz etwa anhält, ohne dass noch etwas gegen ihn unternommen werden könnte, verschiebt sich auch die Frage. Die offene Frage, *was* es ist, an dem ich leide, bleibt allerdings ein Stachel, und eine Antwort auf sie verschafft auch dann Befriedigung, wenn sie sich nicht mit der Möglichkeit von Linderung oder gar Heilung verbindet.[8] Dennoch tauchen in dieser Situation die »großen« Sinnfragen auf: Warum gerade ich? Was habe ich getan? Was will mir der Schmerz sagen? Was bedeutet er für mich? Auch das Folteropfer wird sich

8 »If TMJ [eine chronische Schmerzkrankheit, CG] is an accepted interpretation, the ›reality‹ of the problem is more likely to be accepted. It is a medical problem, one with accepted objectivity, one accepted not only by specialists but by a community, members of the chronic-illness support group, who vouch for its objectivity and validity. It is the grounds for rebuilding a relationship to a consensual world, a means for reentering the everyday world.« (Good 1992, S. 45).

ähnliche Fragen stellen. Auf einer bestimmten Ebene nimmt sich die zunehmend interdisziplinär verfahrende Schmerztherapie dieser Fragen an, indem sie etwa versucht, die Funktion der Schmerzkrankheit in einem familiären und persönlichen Kontext zu suchen, um hier therapierend ansetzen zu können. Dass dies von einer zusätzlichen Chance für die Betroffenen, die es zweifellos ist, zu einer Stigmatisierung und Schuldzuweisung werden kann, die dazu dienen kann, die Umwelt und vor allem die Behandelnden aus der Verantwortung zu nehmen, zeigen zahlreiche Fälle.[9]

Am Ende sind alle diese Fragen getragen von dem Versuch, mit dem Schmerz umzugehen: Wenn er nicht aufhört, so müssen andere Wege gefunden werden, ein Leben mit ihm zu führen, auch wenn er sich einer wirklichen Integration dauerhaft sperren wird. Die Überzeugung, dass das Leiden in irgendeiner Weise sinnvoll ist, hilft dabei, und von dieser Funktion her muss sie verstanden werden.

Fatal ist es nun, dass viele Texte diese Sinnsuche nicht nur zur Kenntnis nehmen, beschreiben und kontextualisieren, sondern selbst fortsetzen. Die Frage, für wen der Schmerz einen Sinn haben soll, fällt dabei weitgehend unter den Tisch. Beobachten lässt sich diese Bewegung im Extrem bei Nietzsche, der nicht aus akademischer Distanz, sondern als massiv Betroffener schreibt. Dennoch vollzieht er einen hochproblematischen Kurzschluss von den eigenen Versuchen, damit umzugehen, zu einer philosophischen Sinnzuschreibung, die allgemeine Aussagen treffen zu können glaubt.[10] So wie die Erkenntnis psychischer und sozialer Dimensionen chronischer Schmerzen zu einer Schuldzuweisung führen können, wird die philosophische Beschäftigung mit dem Thema Schmerz und Sinn schließlich zu einem Sinndiktat.

Im Falle der Folter ist die Sinnfrage von vornherein anders akzentuiert. Prima facie ist hier die Sache eindeutig: Jacobo Timerman, der selbst gefoltert wurde, bezeichnet seinen Schmerz als Erfahrung, die »keine Bezugspunkte hat, keine aufschlußreichen Symbole, keine Schlüssel, die zum Verständnis

9 Kleinman fasst ein verbreitetetes Bild des chronisch Schmerzkranken pointiert zusammen: Er gilt als »sociopathic spider entrapping care givers, disability experts, and family members in a web of his own spinning, pulling threads to manipulate now one faction, now the other, sucking all of them dry« (Kleinman 1988, S. 175).

10 Eines von zahlreichen Beispielen: »Erst der große Schmerz, jener lange, langsame Schmerz, der sich Zeit nimmt, in dem wir gleichsam wie mit grünen Holze verbrannt werden, zwingt uns Philosophen, in unsre letzte Tiefe zu steigen und alles Vertrauen, alles Gutmüthige, Verschleiernde, Milde, Mittlere, wohinein wir vielleicht vordem unsre Menschlichkeit gesetzt haben, von uns zu thun.« (Nietzsche 1980, S. 350). Die Assoziation von Schmerz mit Tiefe, Echtheit und Wahrheit schließt er an eine lange Tradition an, in die nicht zuletzt auch die auf verschiedene Weise institutionalisierte Folter gehört; vgl. dazu DuBois 1991, Peters 1996.

führen könnten« (Timerman 1982, S. 38), und der entsprechende Schluss lautet: »The experience of torture is inherently incomprehensible« (Saporta, Kolk 1992, S. 152), also sinnlos. Mit den oben eingeführten Differenzierungen wären auch diese Aussagen noch einmal neu zu bewerten.

Was ist der Sinn der Folter? Moderne Folter zielt auf die Zerstörung des Welt- und Selbstverhältnisses ihrer Opfer und hat als solche in der Tat einen »Sinn«, eine Art perverse Rationalität. Die Gewinnung von Informationen ist demgegenüber sekundär. Die Folter wirkt auch über die ihr unmittelbar Unterworfenen hinaus, indem diese wieder in die Welt ausgespuckt werden und dort in ihrer Versehrtheit als wandelnde Warnung vor der Macht und Rücksichtslosigkeit der Mächtigen dienen. Um die treffenden Begriffe Michael Taussigs zu bemühen: Wenn das Opfer dem »space of death« des Folterkellers entkommen ist, trägt es selbst zur »culture of terror« bei, auf die die Folter zielt (vgl. Taussig 1984). Die im vorigen Abschnitt beschriebenen Dimensionen der Zerstörung stehen im Dienste dieses Zwecks.

Wenden wir uns zu der Erfahrung der Opfer zurück, so bleibt von diesem Sinn nicht sonderlich viel übrig. Die Zerstörung jedes sinnvollen Zusammenhangs zwischen dem eigenen Handeln und den Reaktionen der anderen, jeder Verhältnismäßigkeit, jeder Möglichkeit, sich überhaupt zu verhalten, ist der Sinn der Folter, ihr Sinn liegt gerade in der Zerstörung von Sinn. Einem Widerfahrnis wie dem Schmerz einen Sinn zu geben, bedeutet, es in einen verstehbaren Zusammenhang zum bringen, es sich auf irgendeine Weise anzueignen, die einen Umgang damit ermöglicht. All das unmöglich zu machen, den Widerstand des Schmerzes gegen diese Integration unabsehbar zu steigern, ist das Ziel der Folter, die man geradezu als Inszenierung der Sinnlosigkeit als Sinn bezeichnen könnte.

Für das Folteropfer ist es entscheidend, hier nicht stehen zu bleiben, sondern über die versehrte eigene Perspektive hinaus diejenige der anderen Seite zu kennen und zu begreifen – das Verstehen ist hier selbst Teil der Therapie (vgl. Marcussen 1990). Ob ein Verständnis der Strategie der Folterer dazu führt, dem Erlittenen eine Art Sinn im Kontext des eigenen späteren Lebens zu geben, darf dennoch bezweifelt werden, zumal wenn dieses Verständnis die Erkenntnis einschließt, dass man selbst nur durch Zufall, als irgendjemand in die Hände der Folterer geraten ist, und dass gerade das, die Einschüchterung der Bevölkerung durch wahllosen Terror, ihre Strategie ist. Einen Sinn mit der Erfahrung der Folter zu verbinden, mag dem heroischen Rebell gelingen, der »standgehalten hat«; die Regel ist weder die Rebellion noch der Heroismus noch das Standhalten. Hier wird der Satz von Jean Améry zutreffen: »Wer gefoltert wurde, bleibt gefoltert« (2002, S. 85).

Der Schmerz, dieses elementare Empfinden einer feindlichen Welt, unterhält ein prekäres Verhältnis zum Sinn. Primär ist er ein zerstörerisches Element im Sinngefüge der Erfahrung, das sich der Integration hartnäckig widersetzt. Die Erkenntnis eines biologischen Sinns als Warnung,[11] als Aufforderung, etwas zu verändern, der immer wieder scheiternde aneignende Umgang mit ihm mögen dieser Zerstörung partiell entgegenwirken, aber sie bleiben fragil. Das ändert nichts daran, dass die verzweifelte Suche nach einem Sinn demjenigen, der starke Schmerzen leidet oder gelitten hat, aufgegeben ist. Mit der Sinnfrage aber, die aufs große Ganze zielt und nach *dem* Sinn *des* Schmerzes fragt, scheint es mir nur einen sinnvollen Umgang zu geben: sie zurückzuweisen. Schmerz ist weder sinnlos noch hat er schlicht einen Sinn. Ob mit ihm ein Sinn verbunden werden kann, hängt von der Situation, dem Kontext, der Person ab. Niemand hat hier Lehren zu erteilen oder Vorschriften zu machen, und wenn die Kultur eine Aufgabe hat, dann ist es nicht die Sinnstiftung, sondern die Linderung. Jede andere Antwort tut denen noch einmal Gewalt an, die mit dem Schmerz umzugehen verurteilt sind.

11 Auch wenn ein allgemeiner biologischer Sinn der Schmerzerfahrung zur Verletzungsvermeidung und zum Schutz kaum zu bestreiten ist, werden angesichts des bisweilen krassen Missverhältnisses zwischen Ursache und Schmerz gerade bei chronischen Schmerzen auch hier Zweifel angemeldet; vgl. bereits Buytendijk 1948, S. 111.

Literatur

Achelis, J. D. (1925): Der Schmerz. In: Zeitschrift für Sinnesphysiologie 56, S. 31–68.
Améry, J. (2002): Jenseits von Schuld und Sühne. Bewältigungsversuche eines Überwältigten. In: Werke Bd. 2. Stuttgart (Klett-Cotta), S. 7–177.
Bergson, H. (1991): Materie und Gedächtnis. Eine Abhandlung über die Beziehung zwischen Körper und Geist. Hamburg (Meiner).
Buytendijk, F. J. J. (1948): Über den Schmerz. Bern (Huber).
Craig, K. D. (1994): Emotional aspects of pain. In: Melzack, R., Wall, D. (Hg.): Textbook of pain. Edinburgh (Livingstone), S. 261–274.
Damasio, A. (2004): Descartes' Irrtum. Fühlen, Denken und das menschliche Gehirn. München (List).
Good, M.-J. D. (Hg.) (1992): Pain as human experience: An anthropological perpective. Berkeley (California UP).
DuBois, P. (1991): Torture and truth. New York, London (Routledge).
Fuchs, T. (2001): Die Zeitlichkeit des Leidens. In: Phänomenologische Forschungen I, 2, S. 59–77.
Goldstein, K., Rosenthal, A. (1939): Zum Problem der Wirkung der Farben auf den Organismus. In: Schweizer Archiv für Neurologie und Psychiatrie 26, S. 3–26.
Good, M.-J. D. (1992): A body in pain – the making of a world of chronic pain. In: drs. (Hg.): Pain as human experience: An anthropological perpective. Berkeley, S. 29–48.
Grüny, C. (2003): Zur Logik der Folter. In: Liebsch, B., Mensink, D.: Gewalt Verstehen. Berlin (Akademie), S. 79–115.
Grüny, C. (2004): Zerstörte Erfahrung. Eine Phänomenologie des Schmerzes. Würzburg (Königshausen, Neumann).
Gurris, N.F. (1996): Seelisches Trauma durch Folter – Heilung durch Psychotherapie? In: Graessner, S., Gurris, N., Pross, C.: Folter. An der Seite von Überlebenden. Unterstützung und Therapien. München (C.H. Beck), S. 49–82.
Janoff-Bulman, R. (1992): Shattered assumptions: towards a new psychology of trauma. New York (Free Press).
Keller, G. (1981): Die Psychologie der Folter. Frankfurt am Main (Fischer).
Kleinman, A. (1988): The illness narratives. Suffering, healing, and the human condition. New York (Basic Books).
Le Breton, D. (2003): Schmerz. Eine Kulturgeschichte. Zürich, Berlin (Diaphanes).
LeShan, L. (1964): The world of the patient of severe pain of long duration. In: Journal of chronic diseases 17, S. 119–126.
Lindner, V. (1995): Das Erleben chronischer Schmerzzustände in seiner Auswirkung auf die allgemeine Existenz. Ein kritischer Erfahrungsbericht. In: Nervenheilkunde 14, S. 268–271.
Marcussen, H. (1990): Auswirkungen der Folter und Behandlungsmöglichkeiten der Folteropfer. In: Rauchfleisch, U. (Hg.): Folter. Gewalt gegen Menschen. Freiburg Schweiz (Paulus), S. 67–79.
Merleau-Ponty, M. (1966): Phänomenologie der Wahrnehmung. Berlin (Gruyter).
Nietzsche, F. (1980): Sämtliche Werke, Bd. 3. Kritische Studienausgabe, hrsg. v. G. Colli und M. Montinari. München (Fischer).
Peters, E. (1996): Torture. Philadelphia (Pennsylvania UP).
Saporta, J. A. jr.; van der Kolk, B. A. (1992): Psychobiological consequences of severe trauma. In: Basoglu, M. (Hg.): Torture and its consequences. Current treatment approaches. Cambridge (Cambridge UP), S. 151–181.

Scarry, E. (1992): Der Körper im Schmerz. Die Chiffren der Verletzlichkeit und die Erfindung der Kultur. Frankfurt am Main (Fischer).
Sofsky, W. (1996): Traktat über die Gewalt. Frankfurt am Main (Fischer).
Staub, E. (1990): The psychology and culture of torture and torturers. In: Suedfeld, P. (Hg.): Psychology and torture. New York u. a. (Hemisphere), S. 49–76.
Stern, D. (1992): Die Lebenserfahrung des Säuglings. Stuttgart (Klett).
Stumpf, C. (1928): Gefühl und Gefühlsempfindung. Leipzig (Barth).
Taussig, M. (1984): Culture of terror – space of death. Roger Casement's Putumayo Report and the explanation of torture. In: Comparative Studies in Society and History 26, S. 467–497.
Timerman, J. (1982): Wir brüllten nach innen. Folter in der Diktatur heute. Frankfurt am Main (Fischer).
Weizsäcker, V. v. (1990): Zur Klinik der Schmerzen. In: ders.: Gesammelte Schriften Bd. 3, Frankfurt am Main (Suhrkamp), S. 537–548.
Wicker, H.-R. (1993): Macht schafft Wahrheit: Ein Essay zur systematischen Folter. In: Fillitz, T., Gingrich, A., Rasuly-Paleczek, G. (Hg.): Kultur, Identität und Macht: ethnologische Beiträge zu einem Dialog der Kulturen der Welt. Frankfurt am Main (IKO), S. 257–269.
Wittgenstein, L. (1984): Tractatus logico-philosophicus (Werkausgabe Bd. 1). Frankfurt am Main (Suhrkamp).

Deutung und Gewalt. Deutung zwischen Affirmation und Zerstörung[1]

Olaf Knellessen

Eine gute Deutung – so hört und lernt man es – soll zum richtigen Zeitpunkt gegeben werden – nicht zu früh und nicht zu spät –, wohl dosiert und in einer Form, die der Analysand, annehmen kann. Sie soll die Angst und ein gewisses, mit ihr verbundenes Sträuben, die Abwehr, mit dem verbinden, was eigentlich gewünscht und gewollt wird. Dann kommt es vielleicht nicht gerade zum Höhepunkt, auch wenn der so weit nicht entfernt scheint, aber hoffentlich zur Einsicht, zum Bewusstwerden eines bislang Unbewussten. Dieses Vorgehen verweist auf die analytische Erfahrung, dass im Manifesten ein Latentes enthalten ist, dass in dem und aus dem, was gesagt und getan wird, noch etwas anderes spricht, das nicht zusammenfällt mit dem, was gesagt werden soll und will.

Es spricht etwas aus dem, was man sagt, was man denkt, was man tut, von dem man eigentlich nicht sprechen will. Dies ist nicht die Folge von zufälligem Versehen, von mehr oder weniger schnell zu korrigierenden Fehlern oder Irrtümern, sondern es hat – wie Freud es unter anderem für die Fehlleistungen beschreibt – systematische Gründe.

Gerade das nämlich, von dem der Sprecher gar nicht sprechen will, gerade das, von dem er nichts weiß, nichts wissen will, dieses Unbewusste drängt sich so auf und bringt sich so doch zum Ausdruck. Es macht sich hinterrücks bemerkbar: trotz Einwand, trotz Peinlichkeit, überraschend, einschießend, überwältigend und kreiert dabei neuartige, vielschichtige, irritierende bis beunruhigende Phänomene und Produkte, wie man es besonders auffällig von Träumen, Symptomen und Fehlleistungen her kennt, wie es darüber hinaus vielleicht weniger auffällig in allem Tun und Lassen – vielleicht auch in der Deutung – passiert.

Auf diese Dynamik von Kräften und Gegenkräften, von Überwältigung und Bewältigung bezieht sich das behutsame und sensible Vorgehen der »guten Deutung«. Der topische Aspekt bezieht sich auf das Dislozieren eines Gedankens oder einer Fantasie von einem psychischen Ort zum

1 Leicht geänderte Fassung eines Referats, das auf einer Tagung der Gesellschaft für hermeneutische Anthropologie und Daseinsanalyse zum Thema *Gewalt der Interpretation – zu einer Kritik des gewaltfreien Dialogs* am 20. März 2004 gehalten wurde.

andern, auf das Versetzen von einem psychischen Zustand in einen andern, und mit ihm ist die Verbindung von Deutung und Bewusstmachung, bzw. Deutung und Einsicht thematisiert. Der dynamische, zur Vorsicht mahnende Gesichtspunkt hingegen rückt die Verbindung ins Zentrum, von der hier die Rede sein soll: Deutung und Gewalt. Dieses Moment der Dynamik von Überwältigung und Bewältigung war für Freud von allem Anfang an zentral und prägte bereits das Verständnis vom Entstehen und Funktionieren des psychischen Apparats im *Entwurf einer Psychologie* von 1895.

Der *Entwurf* ist Freuds große Schrift über das Ich, man könnte auch sagen, die Schrift über den psychischen Apparat und seine Konstituierung. Wie kommt es zu Gedächtnis und Erinnerung, wie kann der Apparat einerseits immer neue Reize aufnehmen, immer unverändert zur Wahrnehmung bereit sein, andererseits die Veränderungen ausbilden, welche die dauerhafte Erhaltung und Speicherung von Wahrnehmungen ausmachen? Der Apparat muss nämlich einerseits seine Jungfräulichkeit bewahren, andererseits Spuren und Bahnen aufnehmen, festhalten und hinterlassen können. Freud entwirft ein Modell, in dem ausgehend von dem Begriffspaar *Quantität* und *Neuron* über ein Spiel von Kräften und Gegenkräften, über Wiederholungen und Quantitätsunterschiede solche Bahnen und Spuren entstehen, in dem – besser gesagt – diese Bahnen und Spuren dieses Spiel von unterschiedlichen Kräften und Widerständen und Wiederholungen sind. Dabei kommt es zu der bemerkenswerten Situation, dass die von Freud postulierte Grundtendenz des psychischen Apparats, Erregung (Quantität) abzuführen und sich frei von ihr zu machen, gerade zu einer Akkumulation von Quantität und Erregung in den Gedächtnis- und Erinnerungssystemen führt. Es heißt bei Freud:

> »Wie unwillkürlich denkt man an das ursprüngliche, durch alle Modifikationen festgehaltene Bestreben der Neuronensysteme, sich die Belastung durch Quantität zu ersparen oder sie möglichst zu verringern. Durch die Not des Lebens gezwungen, hat das Neuronensystem sich einen Quantitätsvorrat anlegen müssen« (Freud 1895, S. 393).

Derrida sagt dazu:

> »Einem Motiv zufolge, das ohne Unterlass das Denken Freuds leitet, wird diese Bewegung als Anstrengung des Lebens beschrieben, das sich selbst schützt, indem es die gefährliche Besetzung *aufschiebt*, das heißt, indem es einen ›Vorrat‹ anlegt. Die bedrohliche Verausgabung oder Präsenz werden mit Hilfe der Bahnung und der Wiederholung hinausgeschoben. Ist das nicht schon der ›Auf-

> schub‹, der das Verhältnis der Lust zur Realität instauriert? Ist das nicht schon der Tod im Dienst eines Lebens, das sich vor dem Tod nur durch die *Ökonomie* des Todes, den Aufschub, die Wiederholung und den Vorrat schützen kann?« (Derrida 1976, S. 310).

Hier deutet sich bereits ein Verweis auf das *Jenseits des Lustprinzips* an, auf welches ich später in einem spezifischeren Zusammenhang noch zu sprechen kommen werde.

In diesem Modell eines psychischen Apparats entstehen Erinnerungen, und Fantasien als Schutz gegen die gefährliche Besetzung und ihre Abfuhr, entsteht Psychisches als Spur über dem Abgrund der Auflösung, über dem Abgrund des Todes.

Der Schmerz spielt dabei eine besondere Rolle. Weil die Spuren eingeschrieben werden, weil die Bahnungen Widerstände überwinden und brechen, gibt es keine Bahnung ohne einen Anflug von Schmerz und umgekehrt hinterlässt »der Schmerz ganz besonders ausgiebige Bahnungen« (Freud 1895, S. 414). Und auch für ihn gilt: Wenn der Schmerz und gerade weil der Schmerz große Quantitäten erreicht, »muss er als gefährdender Ursprung des Psychischen schon, wie der Tod auch, aufgeschoben« (Derrida 1976, S. 310) und in der Struktur des psychischen Apparats aufgehoben werden.

Über diesen psychischen Apparat sagt Freud in einem Brief an Fliess, »das Ding sei jetzt wirklich eine Maschine und werde nächstens auch von selber gehen«.

Michael Turnheim zeigt in seinem Aufsatz *Autismus und Schrift* sehr eindrücklich wie ein autistischer Knabe versucht, diese Gewalt und den unerträglichen Schmerz dieser Bahnung, dieser Spureneinschreibung nicht auf sich zu nehmen.

Turnheim berichtet, wie der Knabe in den Sitzungen immer wieder die gleichen grafischen Produktionen macht: Er nimmt Papier und Filzstifte und zeichnet zwei horizontal verlaufende Linien, in deren Zwischenraum er Namen, Titel oder Bezeichnungen aus der Welt des Films und des Fernsehens schreibt. Anschließend zeichnet er auch eine Figur, eine Kanone, etwas Phallisches oder etwas Lastwagenähnliches in dieses Feld und dann macht er etwas Eigenartiges.

> »Seit dem Beginn der Sitzung hat er seinen Speichel im Mund zurückgehalten und spuckt jetzt ein- oder mehrmals sehr heftig und zugleich gezielt auf die Figur, die er zuvor gezeichnet hat. Dann reibt er mit seinem Finger die derart befeuchtete Stelle des Blattes. Die Figur verwischt sich zunächst. Im Weiteren

> bewirkt das kräftige Reiben die Ablösung von kleinen Papierfetzen bis schließlich, ohne dass es ihn zu stören scheint, ein Loch entsteht« (Turnheim 2003, S. 70).

In dieser Szene, in dieser Tätigkeit wird, so Turnheim, eine konventionelle Darstellung von Gewalt mittels einer anderen, direkten, unmittelbaren Gewalt zerstört.[2]

Nachdem der beschriebene Junge ein Jahr alt gewesen war, »soll er während einer kurzen Zeitspanne einige Worte gesprochen haben. Dann sei die Sprache verschwunden, und er habe zu brüllen begonnen« (a. a. O. S. 70). Wie jeder Autist unterhält der Junge nach Turnheim, »ein eigenartiges Verhältnis zur Repräsentation. Er entwickelt (…) eine grafische Aktivität, die ebenfalls von einem bestimmten Umgang mit Repräsentation zeugt« (a. a. O. S. 73). Mit der Zerstörung, mit der Löcherung manifestiert er seinen Widerstand, selbst zur grafischen, jungfräulichen Oberfläche für die Bahnung, die Spureneinschreibung und den damit verbundenen Schmerz zu werden. Und in seiner Weigerung zu diesem unbeschriebenen Blatt zu werden, kann er dann nicht anders als ständig zwischen dieser Einschreibung und ihrer Auflösung und Auslöschung zu stehen, kann er nicht anders als die Gewalt, der er da ausgesetzt ist und über die er nicht hinweg kann, beständig zu wiederholen. Und memoriert damit repetierend die Gewalt und die Kraft, die zu vergessen das normale Subjekt ausmacht, das nach Derrida ›eine Kraft gegen eine Form ausgetauscht hat‹« (a. a. O. S. 77).

Eine Analysandin erzählt ziemlich aufgebracht von der Begegnung mit einem Vorgesetzten. Mit einem unüberhörbaren Unterton von Ablehnung und Verachtung macht sie sich über seine wieder einmal offensichtlich gewordene Inkompetenz und Unfähigkeit lustig. Er hatte sich in einem bestimmten, eher eng umgrenzten und nebensächlichen Feld seines Aufgabengebiets seiner Meinung nach ein gewisses Spezialistentum angeeignet, in dessen Glanz er sich immer wieder zu sonnen versucht. In Tat und Wahrheit ist ihm der Zugang zu dieser kleinen Nische durch eine frühere Kollegin der Analysandin vermittelt worden, die ihn da eingeführt hatte, während die beiden eine Affäre hatten. Kurz darauf hatte er diese Kollegin fallengelassen, die sich – kaum begreiflich – in diesen Gockel verliebt hatte. Die Analysandin hatte nun wieder einmal intensiver mit ihm zu tun gehabt, musste seine abschätzige, arrogante

2 Karl Königseder (pers. Mitteilung) hat mich darauf hingewiesen, dass Antonin Artaud mit seinem *Theater der Grausamkeit* genau diese Wendung von der Repräsentation zur Unmittelbarkeit der Gewalt suchte.

Art über sich ergehen lassen, und es machte den Anschein, dass sie sich des Öfteren gegen seine fachlich unqualifizierten Äußerungen zur Wehr setzen musste. Bei ihrer Schilderung gibt es immer wieder etwas zu lachen, was aber eine gleichwohl spürbare, irritierende Spannung nicht aufzulösen vermag. Dieser Irritation gibt der Analytiker gegen Schluss der Stunde mit der Frage Ausdruck, ob sie denn den Eindruck gehabt hätte, dass dieser Vorgesetzte sie attraktiv gefunden habe.

Die nächste Stunde beginnt sie damit, dass sie nach dieser letzten Sitzung beinahe schnaubend vor Wut davongegangen sei. Der Analytiker hatte davon gar nicht viel bemerkt, da sie ohnehin nach Ablauf der Zeit das Ende der Stunde meist selbst bestimmt und eher fluchtartig das Behandlungszimmer verlässt.

Was die Frage am Schluss eigentlich hätte sollen, empört sie sich. Die ganze Stunde hätte sie doch davon gesprochen! Ob er, der Analytiker, eigentlich meine, es sei nicht so? Dass sie sich attraktiv fühle. Ob er etwa glaube, sie trösten zu müssen. Überhaupt sei das schon früher das eine oder andere Mal vorgekommen und jedes Mal hätte sie sich maßlos darüber aufgeregt. Und so weiter und so fort. Schließlich, nach einer kleine Pause, sagt sie in einem anderen, ruhigeren Tonfall: ja, nein, früher, in der Pubertät, hätte es das schon gegeben, dass sie sehr unsicher gewesen sei mit sich, mit ihrem Aussehen. Dass sie sich geschämt hätte und ihre Haare so lange wachsen lassen und sie so frisiert, bzw. gekämmt habe, dass sie ihr ganzes Gesicht verdeckt hätten.

Sie erinnere sich daran, wie sie in jener Zeit einmal vor dem Spiegel stand, sich die Haare aus dem Gesicht zurückstrich und plötzlich das Gefühl hatte, sie sehe doch gar nicht so schlecht aus. Neulich war sie wieder einmal in eine ziemlich seltsame Stimmung geraten, als sie wegen einer Abwesenheit ihres Mannes alleine war. Sie wollte etwas unternehmen, aber nicht allein und schämte sich gleichzeitig, ihre Freundin zu fragen. Irgendwie ging es ihr ein bisschen wie früher, als sie ausgehen wollte und gleichzeitig große Angst und Peinlichkeit empfand.

Zudem fiel ihr ein, wie sie kürzlich auf der Straße ins Stolpern kam, als hinter ihr ein Mann lief, der ihr gefallen hatte. Und dann gab es noch diese Erinnerung an ein Lager in ihrer Jugend, an dem man auch mit Jungen zusammen war, die natürlich alle ziemlich blöd und einfältig waren und nichts als Grölen und Raufen im Kopf hatten. Was dann und was sonst hätte man anderes mit ihnen anfangen und machen können. Also raufte sie sich mit einem von diesen, der dann – was Wunder – stärker war als sie und schließlich – es dauerte nicht sehr lange – in der bekannten Pose auf ihr saß und ihr die eben langen und alles verdeckenden Haare aus dem Gesicht strich und – wohl ganz erstaunt – ausrief: Du siehst ja richtig hübsch aus!

Ganz offensichtlich war die harmlose Frage des Analytikers alles andere als harmlos. Die Analysandin hatte sie als Beschämung, als Angriff empfunden; hat sich ihr ausgeliefert gefühlt. Wie auch den Gedanken und Erinnerungen, Gefühlen und Stimmungen, von denen sie im Anschluss an die Frage und in der darauf folgenden Stunde überwältigt wurde. Ausgeliefert war sie auch dem Zweifel an dem Bild, dass ihre Attraktivität für sie keine Frage sei. Gegen diesen Zweifel kamen auch der Ärger und die Wut, die in ihr aufstiegen, nicht mehr an. Das Bild war weg geschoben so wie der Vorhang der Haare, die sie vor dem Spiegel sich zurück gebunden hatte. Der Verlust des Bildes – von der Fraglosigkeit der eigenen Attraktivität – war auch ein Verlust des Halts in diesem Bild und wurde zu einer Haltlosigkeit in der Kaskade von Szenen und irritierenden Gefühlen, denen sie mit ihren Erinnerungen plötzlich ausgeliefert war.

Dem Analytiker war es nicht unähnlich gegangen. Nicht nur war er überrascht und ein bisschen überwältigt von der heftigen Reaktion auf seine Frage, auch schon zuvor – vor seiner Frage – war er irritiert über die Geschichten mit dem Vorgesetzten, über die Aufregung, die Andeutungen, die spürbare Spannung. In diesem Zustand, vielleicht besser: aus diesem Zustand heraus, drängte sich ihm – vielleicht nicht unüberlegt, aber sicherlich ohne konkrete Absicht – die Frage auf, die er dann stellte.

Er war – so könnte man sagen – überwältigt von ihrer Erzählung, die durchaus auch Anspielungen auf die Beziehung zu ihm enthalten hat, überrascht und in gewissem Sinn ebenfalls überwältigt von seiner Frage und weiter überwältigt davon, wie sich diese Frage als Deutung erwies. Als Deutung, von der er nicht mal wusste, dass es eine Deutung war. Ganz wie in der Szene mit dem Jungen in dem Lager, blitzte auch hier bei dieser Überwältigung – durch die Frage, die Analysandin erzählt es – Sexualität und Erotik auf. Mit dem Zurückstreichen der Haare, mit dem Zerstören des Bildes taucht in der Irritation, in der Auflösung der libidinöse Wunsch und seine Erregung auf. Genauso scheint sich ihr mit der Attacke seiner Frage der Wunsch, der sexuelle Wunsch des Analytikers verbunden zu haben.

Gewalt und Erregung, Angriff und Sexualität scheinen miteinander verbunden, ineinander verwoben zu sein.

Wie das?

Wolfgang Loch führt in seinem Buch *Deutungs-Kunst* aus, dass eine Deutung zu einem Objektverlust führt. Wenn, so heißt es, »ein Widerstand gedeutet wird, dann kann, ja soll das zu einer *Aufhebung derjenigen Objektbeziehung führen, die den Widerstand einsetzte.* Eine Vernichtung dieser Beziehung ist ein Objektverlust. Auf diese Weise wird eine Gefahrensituation bzw. gar eine traumatische Situation erzeugt« (Loch 2001, S. 29). Freud spricht in einem ähnlichen Zusammenhang – der Auflösung der Übertragung durch Deutung – von »Vernichtung«: Eine solche Vernichtung, eine solche Zerstörung einer immer auch schützenden Objektbeziehung, die damit einhergehende Auflösung von ebenfalls schützenden Abwehrmechanismen, führt demnach zu einer traumatischen Situation, in welcher der Analysand eine bisherige, wie auch immer fadenscheinige Orientierung, einen wie auch immer prekären Halt verliert. Schutzlos triebhafter Erregung ausgesetzt erlebt er, wie Freud es schon 1896 formulierte, eine »Schreckäußerung bei psychischer Lücke« (Freud, 1896, 160, 165, zit. nach Loch 2001, S. 30). Und in der Konfrontation mit dieser Lücke, im drohenden Fall in dieses Nichts, kommt es – wie schon beim *Entwurf* beschrieben – zu einer Neuproduktion psychischer Struktur, psychischer Realität, zu einer Neu-Bildung des Objekts und damit zu einer Neu-Bildung des libidinösen Wunsches. Die »psychische Realität« ist, wie Loch es formuliert, »die Reaktion auf diese [psychische] Lücke, nämlich die Ausfüllung durch psychische Entitäten« (Loch 2001, S. 30).

So könnte man für unsere Analysandin sagen: Aus der Zerstörung des Bildes von sich selbst, die sich aus der für sie zweifelnden Frage ergab, aus dieser Zerstörung tauchen mit dem Zurückstreichen der Haare die libidinösen Wünsche auf. Oder: So wie sie von dem Jungen damals im Lager überwältigt wurde, wurde sie von der Frage überwältigt und dann, nach dem Zurückstreichen der Haare, des Vorhangs der Haare, wurde sie überwältigt von seinem »Wie schön Du doch bist«, von ihrem »Wie schön ich doch bin«.

Von dieser Differenz spricht die Analysandin. Von der Differenz von Attacke und Attraktion, von Zerstörung und Anziehung, von Destruktion und Produktion.

Von dieser Differenz, in der auch die Deutung steht. Sie bewältigt nämlich nicht einfach eine schwierige Situation, sie bewältigt nicht einfach eine Krise, einen Konflikt; sie überwältigt auch: durch das Zurückstreichen der Haare, durch Zerstörung also zunächst und dann durch das »Wie schön«, von dem sie, die Analysandin, ebenfalls überwältigt wird und werden möchte.

Deutung ist nicht nur Verstehen und Verständnis. Sie ist Dynamik. Dynamik der Differenz von Übertragung und Widerstand, von Kraft und Gegenkraft, von Zerstörung und Aufbau, Dynamik und Gewalt.

Diese Zerstörung des Objekts durch die Deutung kann sich – und dies ist kaum erstaunlich – in den verschiedenen Formen polymorph-perverser

Triebkonstellationen äußern: Sie kann sich – oral – dabei in vereinnahmenden, auffressenden Tendenzen ebenso niederschlagen wie in ausstoßenden, ausgrenzenden, kann – anal – als kontrollierende Bemächtigung ebenso auftreten wie als desinteressiertes Fallenlassen, kann sich – phallisch – voyeuristisch wie auch exhibitorisch gebärden und – genital – penetrant und penetrierend in allen Variationen werden.

Relevant an der Verknüpfung der Gewalt der Deutung mit diesen Gestalten polymorph-perverser Triebmodalitäten – die dann sehr schnell unter den Titel *Missbrauch* gesetzt wird und breiten Raum in der öffentlichen Diskussion, aber auch in der psychotherapeutisch-psychoanalytischen Öffentlichkeit einnimmt – relevant daran ist vor allem die Annahme und Unterstellung, dass durch Überwindung solch perverser Entgleisungen in einer »reifen« Objekt- oder Gegenübertragungsbeziehung, die Frage der Gewalt überhaupt erledigt ist. Wie sehr man sich darin täuscht, zeigte sich bereits darin, dass diese offensichtlich nicht harmlose, aber gleichwohl zurückhaltende, vorsichtige und durchaus freundliche Frage mitten in der Dynamik von Gewalt und Überwältigung stand.

Dies zeigt sich nochmals mehr und anders am Beispiel des Sadismus, der in den Deklinationen polymorph-perverser Gewalt ja sicherlich eine besondere Rolle spielt.

Freud hat die Frage des Sadismus – auch unter dem Titel *Ambivalenz*, des Gegensatzes und Konflikts von Liebe und Hass – immer schon beschäftigt. Lange Zeit sah er ihn als Partialtrieb der Sexualität an, nicht als ihr Gegenpart, der ja von den Selbsterhaltungs- oder Ichtrieben gebildet wurde. Er hat ihn so als notwendigen und unerlässlichen Bestandteil des libidinösen Zugriffs auf das Objekt bezeichnet. Und schreibt: »Wir haben von jeher eine sadistische Komponente des Sexualtriebes anerkannt; sie kann sich, wie wir wissen, selbständig machen und als Perversion das gesamte Sexualstreben der Person beherrschen. Sie tritt auch in einer der von mir so genannten ›prägenitalen Organisationen‹ als dominierender Partialtrieb hervor« (Freud 1920g, S. 58). Im Verhältnis zu seinem Gegensatz im zusammengehörenden Partialtriebpaar, dem Masochismus, hielt Freud lange Zeit an der Ursprünglichkeit des Sadismus fest. Das Triebschicksal dieses Gegensatzpaares beschreibt er 1915 in *Triebe und Triebschicksale* ganz analog zum anderen Gegensatzpaar der Partialtriebe der Libido, Schaulust und Zeigelust, folgendermaßen: Zunächst ist der Sadismus als Bemächtigung auf die andere Person gerichtet, z. B. oral als Einverleibung. Dann kommt es als »Wendung gegen die eigene Person« zu einer Aufgabe des Objekts und seiner Ersetzung durch die eigene Person und – in einem dritten Schritt – wird dann »neuerdings eine fremde Person als Objekt gesucht, welche infolge der eingetretenen Zielverwandlung die Rolle des Subjekts übernehmen muss« (Freud 1915c, S. 220).

1920 dann, im *Jenseits des Lustprinzips*, gibt er das Festhalten am Masochismus als sekundäres Phänomen auf. Im Zusammenhang mit seinem Entwurf des Todestriebs – auch dies in der Tat eigentlich ein neuerlicher Entwurf – drängt sich ihm ein anderes Verständnis auf. Im Todestrieb erhält der konservative Charakter der Triebe, das ständige Streben nach und Wiederholen eines früheren Zustands, eine prägnante Gestalt: »*Das Ziel des Lebens ist der Tod*, und zurückgreifend: *Das Leblose war früher da als das Lebende*« (Freud 1920g, S. 40).

Wenn der Todestrieb also – dies die Konklusion von 1920 und dies durchaus in Fortsetzung des *Entwurfs* – darauf ausgerichtet ist, die psychischen Bindungen und Strukturen – die Bahnungen – wieder zu zersetzen, »liegt dann nicht die Annahme nahe, dass dieser Sadismus eigentlich ein Todestrieb ist, der durch den Einfluss der narzisstischen Libido vom Ich abgedrängt wurde, so dass er erst am Objekt zum Vorschein kommt? (…) Ja, man könnte sagen, der aus dem Ich herausgedrängte Sadismus habe den libidinösen Komponenten des Sexualtriebs den Weg gezeigt; späterhin drängen diese zum Objekt nach« (Freud 1920g, S. 58).

Damit wird nun – das wird so auch formuliert – ein primärer Masochismus eingeräumt, von dem er dann bald darauf in der Schrift *Das ökonomische Prinzip des Masochismus* sagt, er sei ein »Ursadismus«: »(…) der im Organismus wirkende Todestrieb – der Ursadismus – sei mit dem Masochismus identisch« (Freud 1924c, S. 377).

Der Sadismus ist also, das ist Freuds Erkenntnis, nicht einfach ein Partialtrieb, der mit der Aufrichtung des genitalen Primats sich in Wohlgefallen und harmonischer Lust auflöst, er ist vielmehr – ganz wie die Ambivalenz – allgemein und strukturell. Er ist Teil des ständigen Kampfes und Konfliktes, in dem der psychische Apparat steht, Teil der Spannung zwischen Auflösung, Zersetzung von Bindungen, Objekten, Fantasien und Strukturen und ihrer Aufrichtung und Neubildung, situiert am Abgrund zwischen dem Fall nach innen und der Aufrichtung nach außen.

Genau zu dieser Situation des Falles vornüber, in sich hinein, des *précipiter* und des Halts, den man da sucht und zu verlieren droht, genau zu dieser Situation hat Derrida ein sehr schönes Buch gemacht mit dem Titel *Aufzeichnungen eines Blinden. Das Selbstportrait und andere Ruinen.* Es geht dort um Zeichnungen von Antoine Coypel, Zeichnungen von Blinden, von blinden Menschen, die sich mit ihrem Stock den Weg ertasten. Derrida sieht mehr in diesen Zeichnungen. Der Titel *Zeichnungen eines* Blinden bezeichnet ihm nicht nur einen *genitivus objectivus*, sondern auch einen *genitivus subjectivus*: Die Zeichnung, so sagt er dort, ist blind. »Der Vorgang des Zeichnens«, so Derrida, »hätte demnach als solcher und im Moment seines Stattfindens (*dans son moment propre*) etwas mit der Blindheit zu tun« (Derrida 1997, S. 10). Der Blinde stützt sich – immer leicht vornübergeneigt – auf seinen Stock gegen den Fall. Er sucht sich mit seinem Stock – vortastend, vorgreifend – ein Bild zu machen. Die Linien und Spuren, die der Zeichner auf sein weißes Blatt zieht und kratzt, sind das tastende Suchen des Blinden mit seinem Stock nach einem Halt. Mit dem Tasten und Suchen und Kratzen sucht er sich aufzurichten gegen den drohenden Fall in den Abgrund. »Die Zeichnung eines *Blinden*, ist die Zeichnung *eines* Blinden«, sagt Derrida dazu. Die Spuren und Linien, die da eingezeichnet und eingeritzt werden, die Bahnen, die da gezogen werden, stehen im Zeichen der Gewalt: Der Gewalt des Absturzes wie auch der der Aufrichtung, der Zerstörung und des Aufbaus.

Daran erinnert der autistische Junge von Michael Turnheim mit seinem Zeichnen und seinem Auslöschen der Zeichnung durch die Gewalt dieser beiden Akte.

Davon spricht der *Entwurf* mit seinen Bahnen, die im Widerstand gezogen und errichtet werden, die die Aufrichtung des Objekts und der Struktur gegen den Zerfall an das Nichts bedeuten.

Davon spricht die Analysandin mit ihrem sensiblen, sensibilisierten Gespür für das Ineinander von Attacke und Attraktion, von Zerstörung und Anziehung, von Überwältigung und Sexualität.

Davon spricht auch der Traum einer anderen Analysandin, der in seiner bildhaften Prägnanz den Zeichnungen des Blinden, den Produktionen der Kunst – ich erinnere Sie an den Titel von Lochs Buch über die Deutung *Deutungs-Kunst* – in nichts nachsteht: Sie träumt, ihr Analytiker hätte auf sie geschossen und sie ins Herz getroffen.

Schöner und gleichzeitig beunruhigender kann man die Deutung nicht träumen.

Literatur

Derrida, J. (1976): Die Schrift und die Differenz. Frankfurt am Main (Suhrkamp).
Derrida, J. (1997): Aufzeichnungen eines Blinden. Das Selbstportrait und andere Ruinen. München (Wilhelm Fink).
Freud, S. (1985, 1999): Entwurf einer Psychologie. Gesammelte Werke, Nachtragsband. Frankfurt am Main (Fischer).
Freud, S. (1915c, 1999): Triebe und Triebschicksale. Gesammelte Werke, Bd. X. Frankfurt am Main (Fischer).
Freud, S. (1920g, 1999): Jenseits des Lustprinzips. Gesammelte Werke, Bd. XIII. Frankfurt am Main (Fischer).
Freud, S. (1924c, 1999): Das ökonomische Prinzip des Masochismus. Gesammelte Werke, Bd. XIII. Frankfurt am Main (Fischer).
Knellessen, O. (2001): Der Traum zwischen Tod und Töten. In: Heinz, R., Tress , W.(Hg.): 100 Jahre Traumdeutung. Zur Aktualität der Freudschen Traumtheorie, Wien (Passagen Verlag), S. 277–281.
Loch, W. (2001): Deutungs-Kunst. Dekonstruktion und Neuanfang im psychoanalytischen Prozess. Tübingen (Diskord).
Turnheim, M. (2003): Autismus und Schrift. Riss, 56, S. 68–80.

»Schrecknisse völlig unbekannter Art«. Ein Jahrhundert Menschen aus Schreberschem Geist

Bernd Nitzschke

Hätte Daniel Paul Schreber, der 1893 zum Senatspräsidenten (in heutiger Terminologie: zum Vorsitzenden Richter) am Königlichen Oberlandesgericht Dresden ernannt worden war, doch nur öfter mit seiner Frau gesprochen! Die Hölle der Einsamkeit, in der er so erbärmlich litt, wäre erträglicher für ihn geworden. Doch als er noch ein freier Mann war, da hatte er wegen Arbeitsüberlastung zuwenig Zeit für seine Frau; und als er wegen psychischer Beschwerden bei Professor Flechsig in der »Nerven-Klinik« der Leipziger Universität Zuflucht gefunden hatte, da war die Zeit vorbei, denn seine Frau hatte sich bald verflüchtigt. Und das kam so: Seine »Frau, die bis dahin täglich einige Stunden mit mir zusammengewesen war und auch die Mittagsmahlzeiten mit mir in der Anstalt eingenommen hatte«, wollte nun auch noch »eine viertägige Reise nach Berlin zu ihrem Vater« unternehmen. Diese Trennung erlebte Schreber offenbar als Schock. In seiner Diktion heißt es, er habe einen »Nervensturz« erlitten. Nun befand er sich in einem derart jämmerlichen Zustand, dass er sich seiner Frau nicht zeigen wollte. Also fielen die Besuche seiner Frau vorübergehend weg. Und als er sie »nach längerer Zeit (…) wiedersah, waren inzwischen so wichtige Veränderungen in meiner Umgebung und in mir selbst vorgegangen, daß ich in ihr nicht mehr ein lebendes Wesen, sondern nur eine hingewunderte Menschengestalt (…) zu erblicken glaubte« (Schreber 1903, S. 44). Mit dieser Gestalt konnte Schreber nicht reden.

Doch es gab bald Ersatz, denn nun traten erste »Anzeichen eines Verkehrs mit übersinnlichen Kräften« (ebd.) in Erscheinung. Damit begann »die *heilige* Zeit« (S. 63), aus der »eine grausige Zeit«, ja eine »bittere Schule der Leiden« (S. 31) werden sollte. Im Rückblick zieht Schreber dieses Fazit:

> »Wenn ich mir vergegenwärtige, welche Opfer durch Verlust einer ehrenvollen Berufsstellung, durch thatsächliche Auflösung einer glücklichen Ehe, durch Entbehrung aller Lebensgenüsse, durch körperliche Schmerzen, geistige Martern und Schrecknisse völlig unbekannter Art, mir auferlegt worden sind, so ergiebt sich für mich das Bild eines Martyriums, das ich in seiner Gesammtheit nur mit dem Kreuzestode Jesu Christi vergleichen kann« (S. 293).

Das Schweigen, das ihn jetzt umgab, übertönte Schreber mit Gebrüll. Das half ihm aber auch nicht weiter, denn dieses Geschrei fassten seine Ärzte als Symptom seiner Geisteskrankheit auf, während er darin doch nur eines von vielen Wundern erblickte, die übernatürliche Kräfte jetzt an ihm verübten. Ausgenommen von dieser allgemeinen Verwunderung war »kaum ein einziges Glied oder Organ meines Körpers«. Denn »seit den ersten Anfängen meiner Verbindung mit Gott bis auf den heutigen Tag ist mein Körper unausgesetzt der Gegenstand göttlicher Wunder gewesen« (S. 148). Nun, Schreber hatte seine Frau verloren, und dieser Verlust musste irgendwie ausglichen werden. Schreber, dessen innere Welt infolge dieses Verlustes auf unheimliche Weise untergegangen war, suchte nach einer Lösung – nach seiner Erlösung, nach Möglichkeiten, die verlorene Welt wiederzufinden. Und er fand eine Lösung: er wurde seine eigene Frau. Das zentrale Wunder bestand deshalb in einer Entmannung. Diese Verwandlung in ein Weib begann damit, »daß die (äußeren) männlichen Geschlechtswerkzeuge (...) in den Leib zurückgezogen wurden und unter gleichzeitiger Umgestaltung der inneren Geschlechtswerkzeuge in die entsprechenden weiblichen Geschlechtsorgane verwandelt wurden« (S. 53). Dabei verlor Schreber »*Bart*- namentlich *Schnurrbarthaare*«. Schließlich kam es gar zu einer »*Veränderung der ganzen Statur* (Verringerung der Körpergröße) – wahrscheinlich auf einer Zusammenziehung der Rückenwirbel und vielleicht auch der Knochensubstanz der Schenkel beruhend« (S. 149).

Soweit, so notwendig. Doch was sollten die vielen anderen Wunder bezwecken, die kein neues Leben, sondern immer nur neue Leiden mit sich brachten? Da gab es die Anwunderung eines »Lungenwurms«, dessen »Auftreten (...) mit einem beißenden Schmerze (...) verbunden war« (S. 150). Da gab es das »*Engbrüstigkeitswunder*«, bei dem der »Brustkasten zusammengepreßt« (S. 151) wurde, bis keine Luft mehr zum Atmen blieb. Dann wieder wurde »ein größerer oder geringerer Theil meiner *Rippenknochen* (...) vorübergehend zerschmettert« (ebd.), ein Vorgang wie im Tollhaus, denn anschließend wurden die Knochen doch wieder zusammengesetzt. Und manchmal musste Schreber ganz ohne Magen leben.

> »Die genossenen Speisen und Getränke ergossen sich dann ohne Weiteres in die Bauchhöhle und die Oberschenkel, ein Vorgang, der, so unglaublich er klingen mag, nach der Deutlichkeit der Empfindung für mich außer allem Zweifel lag. Bei jedem anderen Menschen hätten natürlich Eiterungszustände mit unfehlbarem tödtlichen Ausgange sich ergeben müssen; mir aber konnte die Verbreitung des Speisebreis in beliebigen Körpertheilen Nichts schaden, weil alle unreinen Stoffe in meinem Körper durch Strahlen wieder aufgesogen wurden. Ich habe in

> Folge dessen später wiederholt ganz sorglos ohne Magen drauf los gegessen« (S. 152).

Und das mit großem Appetit, selbst wenn die Speiseröhre oder die Därme vorübergehend verschwunden waren oder er versehentlich einen Teil seines Kehlkopfs aufgegessen hatte (S. 153).

Das war aber noch lange nicht alles! Denn »sogenannte ›kleine Männer‹« versuchten wiederholt, Schrebers »Rückenmark auszupumpen« (S. 154). Dann wieder wollte man ihm »die Nerven aus dem Kopfe herausziehen« (S. 155). Und es kam noch schlimmer, nämlich zu

> »bedenklichen Verheerungen (…) an meinem Schädel durch die sogenannten ›Strahlenzüge‹ (…), eine schwer zu beschreibende Erscheinung, von der ich nur die Wirkung dahin bezeichnen kann, daß mein Schädel dadurch zu oft wiederholten Malen in verschiedenen Richtungen gleichsam zersägt war« (ebd.).

Schließlich kam es vor,

> »daß man mir die Flüssigkeiten der von mir eingenommenen Speisen auf die Kopfnerven wunderte, sodaß dieselben mit einer Art Kleister überzogen waren und dadurch die Denkfähigkeit vorübergehend zu leiden schien; genau erinnere ich mich, daß dies einmal mit dem Kaffee geschah« (S. 156).

Schreber entschloss sich, die Qualen, die mit dem fundamentalen Verwandlungsprozess einhergingen, dem er unterworfen war, schriftlich zu fixieren. Er fertigte in der Anstalt Sonnenstein bei Pirna in Sachsen, in der er vom Juni 1894 bis zum Dezember 1902 einsaß, eine Niederschrift seiner »persönlichen Erlebnisse und religiösen Vorstellungen« an (S. 1, Anm.). Diese Aufzeichnungen waren ursprünglich nur für seine Frau und seine nächsten Bezugspersonen gedacht. Sie – wenigstens *sie*! – sollten verstehen, was mit ihm geschehen war, während seine Ärzte glaubten, er sei verrückt geworden. Doch dann besann sich Schreber und dachte auch noch an den Rest der Menschheit: »Im weiteren Fortgang der Beschäftigung mit der gegenwärtigen Arbeit ist mir der Gedanke gekommen, daß dieselbe vielleicht auch für weitere Kreise Interesse haben könnte« (ebd.). Also *veröffentlichte* er seine privaten Aufzeichnungen 1903 unter dem Titel »Denkwürdigkeiten eines Nervenkranken«, versehen mit einem Vorwort, einem »Offenen Brief«, diversen Anlagen und einem Anhang, in dem er als Jurist gegen seine Entmündigung Stellung bezog: »Unter welchen Voraussetzungen darf eine für geisteskrank erachtete Person gegen ihren erklärten Willen in einer Heilanstalt festgehalten werden?« (S. 363 ff.). Schreber gewann den Prozess, den er gegen seine Entmündigung angestrengt hatte. Im Dezember 1902 war er (äußerlich) wieder ein freier Mann.

> »Und so glaube ich denn in der Annahme nicht zu irren, daß mir schließlich auch noch eine ganz besondere Palme des Sieges winken wird. Worin dieselbe bestehen werde, darüber wage ich keine bestimmte Voraussage. Nur als Möglichkeiten, die hier in Betracht kämen, erwähne ich eine doch noch etwa zu vollziehende Entmannung (die zur Zeit der Niederschrift der Aufzeichnungen noch immer nicht vollendet war – B.N.) mit der Wirkung, daß im Wege göttlicher Befruchtung eine Nachkommenschaft aus meinem Schooße hervorginge oder etwa die andere Folge, daß an meinen Namen eine Berühmtheit sich anknüpfe, die Tausenden von Menschen ungleich größerer geistiger Begabung nicht zu Theil geworden ist« (S. 293).

Was den zweiten Teil dieser Prophezeiung angeht, irrte Schreber nicht. Das Buch, mit dem er das 20. Jahrhundert so bizarr eröffnet hatte, machte ihn alsbald zum berühmtesten Patienten der Psychiatriegeschichte. Das Buch wurde in mehrere Sprachen übersetzt und immer wieder neu aufgelegt. Anläßlich des hundertsten Jahrestags der Erstauflage erschienen wieder zwei Ausgaben: ein Neusatz im Kulturverlag Kadmos (2003) und eine Faksimile-Nachdruck der Erstausgabe im Psychosozial-Verlag (2003; nach dieser Ausgabe wird im vorliegenden Text zitiert). Der erste Teil der Prophezeiung ging aber auch in Erfüllung, wenn man ihn nicht wörtlich, sondern metaphorisch versteht. Dies zeigt der Rückblick auf ein Jahrhundert, in dem Menschen aus Schreberschem Geist – sei es in Büchern, sei es auf der Bühne oder der Leinwand – immer aufs neue das Licht der Welt erblickten, und zwar ganz ohne Zutun göttlicher Wunder erzeugt. Sie entstanden allein aufgrund des Interesses, das Schrebers Text-Körper erweckte.

Buch für Buch, Aufsatz für Aufsatz, Bild um Bild hat diesen Berg an Analysen und Kommentaren, der sich im Laufe der Zeit über Schreber auftürmte, nun Zvi Lothane (2004), Professor für Psychiatrie an der *Mount Sinai School of Medicine* und Psychoanalytiker in New York, wieder abgetragen, um den darunter begrabenen Autor und Helden der Geschichte wieder zum Leben zu erwecken. So ist im buchstäblichen Sinn ein Jahrhundertwerk entstanden, dessen Titel (»Seelenmord und Psychiatrie«) und Untertitel (»Zur Rehabilitierung Schrebers«) signalisieren, worum es Lothane geht: Er will den leidenden Menschen Schreber wieder sichtbar machen. Er will ihn von allen Legenden befeien, die ihn zu überwuchern drohen.

Dabei geht es Lothane zunächst einmal um die Diagnose: war Schreber geisteskrank? Und wenn ja: an welcher Krankheit litt er? Schreber sei depressiv und von psychotischen Episoden geplagt gewesen, meint Lothane, der sich dem Einspruch anschließt, den Schreber gegen die ihm in einem psychiatrischen Gutachten unterstellte Diagnose »Paranoia (Verrücktheit)« erhoben hatte. Diese Diagnose sei ein »Schlag in das Gesicht der Wahrheit, wie er ärger kaum gedacht werden kann«, heißt es bei Schreber (1903, S. 405 f.). Und Lothane fährt fort: »Ich stimme mit Schreber vollkommen überein und werde im Folgenden zeigen, daß Schreber in der Tat an einer Gemütskrankheit litt« (2004, S. 17). Damit widerspricht Lothane auch der in der psychoanalytischen Literatur tradierten These, der zufolge die »Analyse unseres lieben geistreichen Freundes Schreber« die »kolossale Bedeutung der Homosexualität für die Paranoia bestätigt« habe (Freud im Brief vom 31. Oktober 1910 an C. G. Jung). Gegen diese »homosexuelle Deutung« , die »bis in die 70er Jahre als Dogma« galt und »noch heute in vielen Kreisen vertreten« werde, wendet Lothane ein: »daß obwohl eine solche homosexuelle Dynamik durchaus Wahres in sich bürgt, sie (1) keine universelle ätiologische Formel ist, (2) hier eine Verwirrung von Geschlechts-Identität und Homosexualität besteht, und (3) eben diese Homosexualität bei Schreber nicht bewiesen ist. Die Theorie, die Freud auf Schreber angewandt hat, beruhte auf einer höchst oberflächlichen Betrachtung von Schrebers eigentlicher Heterosexualität. Anstatt diese zu analysieren, propagierte Freud vorwiegend die homosexuelle Dynamik und schrieb Schreber dementsprechend homosexuelle Inhalte und Intentionen zu« (2004, S. 485). Der »Fall« Schreber habe deshalb die Annahme des Zusammenhang zwischen (verdrängter) Homosexualität und Paranoia keineswegs bestätigen können, vielmehr habe Freud ihn zurechtgebogen, um damit eine bereits ausgearbeitete Theorie belegen zu können – und das zu einer Zeit, in der Freud Schülern, von denen er sich enttäuscht trennte (wie von Alfred Adler und später auch von C. G. Jung), zum Abschied laut und gern die Diagnose »Paranoia« hinterher schleuderte.

Rücksichtsvoller ging Freud mit Schrebers Vater um. Dieser Dr. med. Daniel Gottlob Moritz Schreber hatte sich als Reformpädagoge einen Namen gemacht und die Ertüchtigung der Stadtjugend durch Arbeit im Grünen propagiert. »Von seinem Ruf als Begründer der Heilgymnastik in Deutschland zeugen noch die zahlreichen Auflagen, in denen seine ›Ärztliche Zimmergymnastik‹ [1855] in unseren Kreisen verbreitet ist« (Freud 1911,

S. 287). Außerdem ist das Andenken an ihn im Begriff »Schrebergarten« bis heute bewahrt.

Die Entwertung dieses Vaters stammt nicht von Freud, sondern von anderen – beispielsweise von Katharina Rutschky (1977) oder Morton Schatzman (1974). Gegen diese Autoren erhebt Lothane Einspruch: Das Werk des Arztes Moritz Schreber sei im Kontext der Zeit zu würdigen, in der er lebte, und nicht aus heutiger Sicht als Kapitel aus der Geschichte der »Schwarzen Pädagogik« oder gar als Vor-Schrift faschistischer Lebensentwürfe zu denunzieren. Schließlich seien weder Vater noch Sohn Schreber die Monster gewesen, zu denen man sie später oft gemacht habe. Dieser Einwand richtet sich u.a. gegen Elias Canetti (1960), der Schreber junior als größenwahnsinnigen Geisteskranken à la Hitler imaginierte.

Andere Künstler und Schriftsteller glorifizierten Schreber. Sie sahen in ihm einen tragischen Helden, der durch sein Leiden die Welt zu erlösen hoffte. Das heilige Wissen, das er für diese Tat benötigte, hatte er teuer erkauft, ja, er hatte mit dem Verlust seines gesamten Lebensglücks dafür bezahlen müssen. So tritt Schreber in einer Oper von Peter Androsch als moderner Schmerzensmann auf. Und so werden die Explosionen in seinem Kopf in einem Hörstück von Martin Burckhardt als akustische Sensationen wiedergegeben. Martin Kippenberger schließlich hat »Menschen aus Schreberschem Geist« – das heißt: Menschen, die wie Apparate agieren – aufs Papier gebracht, um sie nicht nur dem geistigen Auge sichtbar werden zu lassen. Diese Zeichnungen wurden anlässlich der Hundertjahrfeier der »Denkwürdigkeiten« im Sächsischen Psychiatriemuseum Leipzig ausgestellt (s. Katalog – Müller 2004).

Menschen wie Du und Ich, Menschen, die sich wie Maschinen bewegen – das erinnert denn doch wieder an die vom Vater verfasste orthopädische Literatur, in der »Geradhalter« propagiert werden, die dafür sorgen sollen, Haltung zu bewahren; in der »Kopfhalter« beschrieben werden, die der Forderung Nachdruck verleihen, den Kopf hoch zu halten und so gesunden Geist in einem gesunden Körper zu erhalten. Und beim Sohn Schreber? In dessen Geist gingen Mensch und Maschine ebenfalls innige Beziehungen ein, wie Gerd Busse (2003) in einer detaillierten Lebens- und Werkgeschichte zeigt, die der von ihm herausgegebenen Faksimile-Ausgabe der »Denkwürdigkeiten« beigegeben ist. Das Nachwort für die andere zum Zentenarium erschienene Neuausgabe der »Denkwürdigkeiten« hat Wolfgang Hagen (2003) verfasst. Er ordnet die Hinterlassenschaft des Senatspräsidenten in den Kontext spiritistischer Überzeugungen und technischer Innovationen der Zeit ein, in der Schreber jr. lebte. So passt die Radio-Metapher nicht nur deshalb so gut zu Schreber, weil dieser Empfänger gerade erfunden wurde, sondern auch deshalb, weil die von ihm empfangen Wellen den geheimnisvollen Kräfte ähnlich zu sein schienen, die Schreber erst den Schlaf und dann auch noch den Penis raubten.

So gesehen gehören Schrebers »Denkwürdigkeiten« zur Gattung jener autobiografisch-psychopathografischen Literatur, in der sich altehrwürdige magische Körper- und Seelenvorstellungen mit modernem Erfindergeist paaren. Ein halbes Jahrhundert vor Schreber hatte zum Beispiel schon der Handlungsreisende Friedrich Krauß den »Nothschrei eines Magnetisch=Vergifteten« (1852) vernehmen lassen. Damit wollte er das Publikum aufmerksam machen auf einen »Thatbestand, erklärt durch ungeschminkte Beschreibung des 36jährigen Hergangs, belegt mit allen Beweisen und Zeugnissen, zur Belehrung und Warnung besonders für Familienväter und Geschäftsleute« (so der Untertitel des dickleibigen Werkes; Auszüge in: Hahn et al. 2002, S. 35–57). Auch Krauß sah sich unerklärlichen Kräften hilflos ausgeliefert. Auch für ihn war das geheimnisvolle Wirken von »Electricität und Magnetismus, die jeherigen Lückenbüßer der Physiker« (S. 50), mit Qualen aller Art verbunden, als da etwa wären: »*Zahnschund, Blas= und Afterbrand, Eisenerektionen, Lungenschinden, Fußsohlenbrand, Fußbrandvergnügen, Grimmnießen, Rückgrathbrennen, Luftröhrenbrand, Klaffschmerz, Kehlkopfglut* oder *Magen-* und *Zahnbrand*« (zit. n. Rieger 2002, S. 162).

Sprechen wir mit Hilfe psychoanalytischer Metaphern, so ließe sich sagen: spätestens nach der traumatisch erlebten Trennung von seiner Frau waren Schrebers Ich-Grenzen durchlässig und instabil geworden. Benutzen wir die Radio-Metapher, so heißt das: Schreber war seither unablässig auf Empfang eingestellt – und gleichzeitig auf Sendung. Und so sah er am Baum der Erkenntnis, der er *selbst* war, immer neue Hybride wachsen, über die er berichten wollte. Doch wie sollte er darüber reden? Wenn er seine Empfindungen, seine Halluzinationen, Visionen und Träume zur Sprache brachte, wie sollte er sich da beruhigen können, wenn man ihn doch gerade deshalb als verrückt bezeichnete, *weil* er sich offenbarte? Also schwieg oder brüllte er – und am Ende schrieb er ein Buch. Und das ist die Faszination dieses Wahnsinnsbuches, das Schreber hinterließ: Jeder kann darin den Wahnsinn finden, den er braucht, um Schreber zu analysieren, zu bemitleiden oder sich mit ihm zu identifizieren.

Den von der Universitäts- und Anstaltspsychiatrie fixierten Wahnsinn Schrebers hatten die Richter, die seine Entmündigung endlich wieder aufhoben, schließlich freigesprochen. Sie urteilten mit dieser Begründung: Jeder Mensch habe ein Recht auf seinen eigenen Wahnsinn, solange er damit weder sich noch andere in Gefahr bringe. Das beurteilte der Anstaltsdirektor Dr.

med. Guido Weber, an dessen Tisch der Senatspräsident mitspeisen durfte, trotz »Grimassiren«, »Zukneifen der Augen« und »sonderbarer Haltung des Kopfes pp.« (1903, S. 466), wie es im Gutachten heißt, das Weber zwecks Aufrechterhaltung der Entmündigung Schrebers dem Gericht vorgelegt hatte und das den »Denkwürdigkeiten« als Anhang beigegeben ist, freilich anders. Er glaubte, Schrebers Gedanken und Empfindungen seien hinter stabilen Anstaltsmauern besser aufgehoben als hinter brüchigen Ich-Grenzen. Für Weber stand die Pathologie schließlich fest. Für ihn war Schreber ein klarer Fall von »Paranoia«. Doch was heißt das schon? Der intelligent-verrückte Psychiater-»Pazjent« Oskar Panizza formulierte diese Frage so: »Wer sagt mir denn, was patologisch ist? Der Kreisfisikus?« Knapp zehn Jahre jünger als Schreber hatte er sich als Poet und Anarchist einen Namen gemacht, bevor er sich – nach anhaltender Verfolgung durch Polizei und Gerichte – selbst eine Paranoia bescheinigte, um sich auf diese Weise »freiwillig« in eine Anstalt zu begeben. Panizza wusste also aus eigener Erfahrung, wovon er sprach, wenn er sprach: »›Patologisch‹ – das ist ein (…) eher verwirrender, als aufklärender Begriff« (zit. n. Müller 1999, S. 99).

Eben. Und deshalb sollte uns am Ende doch auch noch Schreber Selbst-Diagnose interessieren. Er hielt sich ja nicht für gesund! Er erhob ja nur Einspruch gegen die offizielle Diagnose »Paranoia«. Er sei nervenkrank, keinesfalls leide er aber an einer Geisteskrankheit – meinte Schreber. Damit folgte er der Auffassung eines Mannes, in den er anfangs so große Hoffnungen (auf Heilung) gesetzt hatte und von dem er sich am Ende getäuscht (und enttäuscht) fühlte: Es war dies der Geheime Rat Prof. Dr. Paul Flechsig, Ordinarius für Psychiatrie an der Universität Leipzig. Warum spricht Schreber also von einer Nervenkrankheit und nicht von einer Geisteskrankheit? Weil er Flechsigs Theorien kannte. Vermutlich hatte er auch manche Bücher von ihm gelesen. Schreber wusste jedenfalls, dass Flechsig nur sehr bedingt an den ›Geist‹, aber unbedingt an das Hirn und die Nerven glaubte. Deshalb hatte Flechsig schon in seiner Antrittsvorlesung über »Die körperlichen Grundlagen der Geistesstörungen« (1882) den Terminus ›Geisteskrankheit‹ kritisiert. Er wollte ihn durch das »korrekte Wort Nervenkrankheit« ersetzt wissen (zit. n. Steinberg 2001, S. 58).

Im Übrigen war Flechsig psychiatrischer Nihilist. Seinem Nachfolger auf dem Leipziger Lehrstuhl, Oswald Bumke, gegenüber bekannte er: »Wissen Sie, für Psychiatrie habe ich mich nie interessiert, ich halte das auch für eine ganz aussichtslose Wissenschaft.« Dieses Bekenntnis unterstrich Bumke durch eine Beobachtung, die er an der Leipziger Klinik machen konnte, als Flechsig dort regierte: »Die Klinik sah danach aus, ein Verließ, Zellen, Gitter,

Zwangsjacken, Hängematten und immer noch Angst vor den Kranken« (Bumke 1952 – zit. n. Steinberg 2001, S. 47 f.). Bumkes Mitteilungen unterstreichen die Glaubwürdigkeit vieler Schilderungen Schrebers. Er hatte die »Flechsig'sche Hölle« (1903, S. 95), wie er sich ausdrückte, ja von innen kennen gelernt. Von dort war Schreber zunächst für kurze Zeit in die »Teufelsküche« (S. 117) gekommen (das heißt: in Dr. Pierson's Privatheilanstalt untergebracht), und danach war er für viele Jahre im »Teufelsschloß« (S. 118) verschwunden (das heißt: in der von Dr. Weber geleitete Anstalt Sonnenstein eingesperrt).

In diesen Unterwelten hatte sich Schrebers »Nervenkrankheit« in ein Martyrium verwandelt, dessen Grund er noch immer nicht ganz verstanden hatte, als er die »Denkwürdigkeiten« niederschrieb. Daher steht den »Denkwürdigkeiten« ein »Offener Brief« an Flechsig voran. In diesem Brief verfolgt Schreber eine Doppelstrategie: Einerseits klagt er Flechsig an – andererseits spricht er ihn frei. Er macht ihn für seine Leiden nicht persönlich (juristisch) haftbar, vielmehr bezichtigt er Flechsigs »Nerven«. Sie hätten, unterstützt durch Gott, sitten- und weltordnungswidrig Besitz ergriffen von Schrebers Seele.

> »Auf diese Weise wurde ein gegen mich gerichtetes Komplott fertig (…), welches dahinging, nach einmal erkannter oder angenommener Unheilbarkeit meiner Nervenkrankheit mich einem Menschen in der Weise auszuliefern, daß meine Seele demselben überlassen, mein Körper aber (…) in einen weiblichen Körper verwandelt, als solcher dem betreffenden Menschen zum geschlechtlichen Mißbrauch überlassen und dann einfach ›liegen gelassen‹, also wohl der Verwesung anheimgegeben werden sollte. (…) Natürlich war von solchen Dingen, soweit der Professor Flechsig mir *als Mensch* gegenüber trat, mit keinem Worte die Rede. In dem *gleichzeitig* von ihm *als Seele* unterhaltenen Nervenanhange aber, d.h. in der (…) *Nervensprache* (…) wurde dieser Absicht ganz unverhüllt Ausdruck gegeben. Dazu kam, daß auch die äußere Behandlungsweise dieser mir in der Nervensprache angekündigten Absicht zu entsprechen schien; man hielt mich wochenlang unter Entziehung meiner Kleidungsstücke im Bette fest, um – wie ich glaubte – mich wollüstigen Empfindungen, die durch die bereits in meinem Körper nach und nach eindringenden weiblichen Nerven angeregt werden konnten, zugänglicher zu machen; man wendete auch Mittel (Medikamente) an, die nach meiner Ueberzeugung den gleichen Zweck verfolgten und die ich daher mich anzunehmen weigerte, oder wenn sie mir durch die Wärter mit Gewalt eingeflößt wurden, wieder ausspie. Man kann sich vorstellen, wie mein ganzes männliches Ehr- und Selbstgefühl, meine ganze sittliche Persönlichkeit gegen dieses schändliche Vorhaben, nachdem ich dasselbe einmal mit Sicherheit erkannt zu haben glaubte, sich aufbäumte (…)« (S. 56 ff.).

Wie konnte aus einer bloßen »Nervenkrankheit« eine solch langjährige Tortur werden? Schreber gibt im »Offenen Brief« einen Fingerzeig. Kurz vor der Veröffentlichung seiner Arbeit ist ihm nämlich »ein neuer Gedanke gekommen, welcher *vielleicht* auf den richtigen Weg zur Lösung des Räthsels führen könnte«. An Flechsig gerichtet heißt es dazu weiter, es wäre anzunehmen,

> »daß der *erste Anstoß* zu Demjenigen, was von meinen Aerzten immer als bloße ›Halluzinationen‹ aufgefaßt worden ist, für mich aber einen Verkehr mit übersinnlichen Kräften bedeutet, in einer *von ihrem Nervensystem ausgehenden Einwirkung auf mein Nervensystem* bestanden hat«. Es wäre demnach weiter möglich, »daß Sie – wie ich gern annehmen will, zunächst nur zu Heilzwecken – einen hypnotisirenden, suggerirenden oder wie immer sonst zu bezeichnenden Verkehr *und zwar auch bei räumlicher Trennung* mit meinen Nerven unterhalten haben«. Und so bliebe »der leise Vorwurf übrig (...), daß Sie, wie so manche Aerzte, der Versuchung nicht ganz zu widerstehen vermocht hätten, einen Ihrer Behandlung anvertrauten Patienten bei einem zufällig sich bietenden Anlasse von höchstem wissenschaftlichem Interesse neben dem eigentlichen Heilzwecke *zugleich zum Versuchsobjekt für wissenschaftliche Experimente* zu machen. Ja, es ließe sich sogar die Frage aufwerfen, ob nicht vielleicht das ganze Stimmengerede, daß irgend Jemand Seelenmord getrieben habe, darauf zurückzuführen sei, daß eine die Willenskraft eines andern Menschen bis zu einem gewissen Grade gefangen nehmende Einwirkung auf dessen Nervensystem – wie sie beim Hypnotisiren stattfindet – den Seelen (Strahlen) überhaupt als etwas Unstatthaftes erschienen sei (...)« (S. IX f.).

Das Schlüsselwort heißt »Seelenmord«. Gewunden und aggressionsgehemmt klagt Schreber Flechsig an. Er will das Geheimnis des »wissenschaftlichen Experiments« lüften, dem er unterworfen worden ist. Wie konnte Flechsig ihn unterwerfen? Wozu sollte das gut sein? Und was war das Ergebnis?

Schreber war zu der Überzeugung gelangt, Flechsig (resp. die Flechsig'sche Seele) habe mit Gottes Hilfe versucht, ihn zu entmannen. Flechsig und Gott hatten dabei halbwegs Erfolg – und doch hatten sie sich getäuscht! Das heißt, sie hatten einen Pyrrhussieg errungen. Sie hatten, ohne es zu ahnen, einen geheimen Wunsch Schrebers erfüllt. Und das kam so: Schrebers Frau war (nach sechs Fehlgeburten) kinderlos geblieben. Wollte Schreber Nachkommen haben, musste er die Sache nun selbst in die Hand nehmen. Er musste also zum Weib werden, um sich den Wunsch nach einem Kind zu erfüllen. *Das ist der zentrale Wunsch*: Schreber wollte keinen Mann als Sexualpartner, er wollte Vater werden – und deshalb musste er Frau werden.

Also widmete sich Schreber fortan der »Pflege der Weiblichkeit« (S. 178), was ihm im Laufe der Zeit immer besser gefiel. »Ich möchte auch denjenigen Mann sehen, der vor die Wahl gestellt, entweder ein blödsinniger Mensch mit männlichem Habitus oder ein geistreiches Weib zu werden, nicht das Letztere vorziehen würde« (ebd.). Also zog Schreber Frauenkleider an, schmückte sich mit bunten Bändern und schwelgte in der Vorstellung, den Beischlaf als Frau erleben zu können. Auch bei dieser Vorstellung blieb er sich treu, das heißt: er blieb selbstgenügsam. Und so pries er das zur höchsten Wollust gesteigerte Prinzip der Enthaltsamkeit:

> »Um nicht mißverstanden zu werden, muß ich hierbei bemerken, daß ich mit der mir sozusagen zur Pflicht gewordenen Pflege der Wollust *niemals eine geschlechtliche Begehrlichkeit gegenüber anderen Menschen* (Frauenspersonen) *oder gar einen geschlechtlichen Umgang* mit solchen meine, sondern mich selbst als Mann und Weib in einer Person, mit mir selbst den Beischlaf vollziehend, vorzustellen, mit mir selbst irgendwelche auf geschlechtliche Erregung abzielende – vielleicht sonst als unzüchtig geltende – Handlungen vorzunehmen habe u. s. w., wobei natürlich jeder Gedanke an Onanie oder dergleichen ausgeschlossen ist!« (S. 282).

Mit den »Denkwürdigkeiten«, so kann man abschließend sagen, hat Schreber schließlich auch einen Gegenentwurf zu Otto Weinigers Buch »Geschlecht und Charakter« verfasst, das ebenfalls 1903 erschienen ist. Weininger verdammt darin die Weiblichkeit als Quelle aller Übel. Schreber hingegen machte aus seiner Not eine Tugend: Er pries die Weiblichkeit und setzte dem Männlichkeitswahn Grenzen: »Die Ausübung meines früheren Berufs, an dem ich mit ganzer Seele gehangen habe, jedes sonstige Ziel des männlichen Ehrgeizes, jede sonstige Verwerthung meiner Verstandeskräfte im Dienste der Menschheit ist mir nun einmal durch die Entwicklung, welche die Verhältnisse genommen haben, verschlossen (...).« (S. 178). Am Ende aber gelang es Schreber, wenngleich nicht im herkömmlichen, so doch im übertragenen Sinn – ein Kind zur Welt zu bringen. Er nannte es: »Denkwürdigkeiten eines Nervenkranken«.

Literatur

Bumke, O. (1952): Erinnerungen und Betrachtungen. Der Weg eines deutschen Psychiaters. Mit einer Aphorismen-Sammlung. München (Plaum).

Busse, G. (2003): Berufen, die Welt zu erlösen – Hundert Jahre *Denkwürdigkeiten eines Nervenkranken* von Daniel Paul Schreber. Nachwort in: Schreber, D. P. (1903). Denkwürdigkeiten eines Nervenkranken. Giessen (Psychosozial-Verlag) 2003, S. 521–568.

Canetti, E. (1960): Masse und Macht. Hamburg (Claassen).
Flechsig, P. (1882): Die körperlichen Grundlagen der Geistesstörungen. Antrittsvorlesung an der Universität Leipzig. Leipzig (Veit).
Freud, S. (1911,1999): Über einen autobiographisch beschriebenen Fall von Paranoia (dementia paranoides). Gesammelte Werke, Bd. VIII. Frankfurt am Main (Fischer), S. 239–320.
Freud, S. , Jung, C. G. (1974): Briefwechsel. Frankfurt a. M. (Fischer).
Hagen, W. (2003):»Warum sagen Sie's nicht (laut)?« Das Radio und/in Schrebers »Denkwürdigkeiten eines Nervenkranken«. Nachwort in: Schreber, D. P. (1903). Denkwürdigkeiten eines Nervenkranken. Berlin (Kulturverlag Kadmos) , S. 345–365.
Hahn, T., Person, J., Pethes, N. (Hg.) (2002): Grenzgänge zwischen Wahn und Wissen. Zur Koevolution von Experiment und Paranoia 1850–1910. Frankfurt am Main (Campus).
Krauß, F. (1852): Nothschrei eines Magnetisch=Vergifteten [Auszüge]. In: Hahn, T., Person, J., Pethes, N. (Hg.) (2002). Grenzgänge zwischen Wahn und Wissen. Zur Koevolution von Experiment und Paranoia 1850–1910. Frankfurt am Main (Campus), S. 35–57.
Lothane, Z. (2004): Seelenmord und Psychiatrie. Zur Rehabilitierung Schrebers. Gießen (Psychosozial-Verlag).
Müller, J. (1999): Der Pazjent als Psychiater. Oskar Panizzas Weg vom Irrenarzt zum Insassen. Bonn (Psychiatrie-Verlag).
Müller, T. R. (Hg.) (2004): angewundert. (Katalog zur Ausstellung:) Hundert Jahre ›Denkwürdigkeiten eines Nervenkranken‹ von Daniel Paul Schreber. Leipzig (Sächsisches Psychiatriemuseum).
Rieger, S. (2002): Psychopaths electrified – Die Wahnwege des Wissens im Nothschrei eines Magnetisch=Vergifteten. In: Hahn, T., Person, J., Pethes, N. (Hg.) (2002). Grenzgänge zwischen Wahn und Wissen. Zur Koevolution von Experiment und Paranoia 1850–1910. Franfurt am Main (Campus), S. 151–172.
Rutschky, K. (1977): Schwarze Pädagogik. Quellen zur Naturgeschichte der bürgerlichen Erziehung Frankfurt am Main (Ullstein).
Schatzman, M. (1974): Die Angst vor dem Vater. Langzeitwirkungen einer Erziehungsmethode. Eine Analyse am Fall Schreber. Reinbek (Rowohlt).
Schreber, D. P. (1903): Denkwürdigkeiten eines Nervenkranken: a) Neuausgabe mit einem Nachwort von Wolfgang Hagen. Berlin (Kulturverlag Kadmos) 2003; b) Faksimilierte Neuauflage der Originalausgabe von 1903, herausgegeben und mit einem Nachwort, Personen- und Sachregister versehen von Gerd Busse. Gießen (Psychosozial-Verlag) 2003.
Steinberg, H. (2001): Kraepelin in Leipzig. Eine Begegnung von Psychiatrie und Psychologie. Bonn (Psychiatrie-Verlag).
Weininger, O. (1903, 1980): Geschlecht und Charakter. Neuauflage: München (Matthes & Seitz).

Schmerzfreier über Leiden sprechen?

Gedankenexperimente und Beobachtungen zu Ambivalenzen des Traumabegriffs

Angela Kühner

Mit extremem psychischen Leid oder mit tiefem Schmerz konfrontiert zu sein, stellt in vielfältiger Weise eine große Herausforderung dar: zunächst für die, die den Schmerz ertragen müssen, aber meist auch – wenn auch ganz anders – für die, die davon hören und damit umgehen wollen. In besonderer Weise ist das der Fall, wenn dieses Leid von anderen Menschen bewusst verursacht worden ist, wenn es also ein menschengemachter, ein »man-made« Schmerz ist. Schmerz als Folge von Gewalt durch Menschen kennt meist keine vollständige Auflösung, Überwindung oder »Wieder-gut-Machung«. Für das Opfer bleibt – mindestens – die trennende Erfahrung, etwas konkret erlebt zu haben, was die meisten anderen nur abstrakt wissen müssen (vgl. Reemtsma 1999). Umgekehrt erinnert das Opfer mögliche Zuhörer daran, »dass es so etwas gab, bzw. gibt« (vgl. Eitinger 1980, Kühner 2003).

Die Frage, »wie damit umgehen?« ruft nun prinzipiell ganz unterschiedliche Diskurse auf den Plan (vgl. den Beitrag von Karger im vorliegenden Band) und lässt sich politisch, moralisch, juristisch oder auch religiös beantworten. Am häufigsten wird zur Zeit die Antwort »Trauma« gegeben.

In diesem Sinne ist Schmerz nicht nur ein Element von Trauma, sondern umgekehrt kann man Trauma als eine von vielen Möglichkeiten sehen, über (eine spezifische Art von) Schmerz zu sprechen. Als Variante der Beziehung von Trauma und Schmerz habe ich im vorigen Text-Abschnitt die umgekehrte Bewegung versucht: Was ich sonst ganz selbstverständlich Trauma nennen würde, habe ich hier versuchsweise Schmerz genannt. Wozu?

Verschiedene Autoren haben in letzter Zeit eine ausufernde, inflationäre Verwendung des Traumabegriffs (exemplarisch Becker 2001, Lamott 2003) problematisiert und auf Ambivalenzen (Reemtsma 1999) dieser erstaunlichen Karriere hingewiesen: Wenn alles »Schlimme« unter dem Begriff Trauma zusammengefasst werde, dann verschwimmen Konturen und Erklärungskraft des Konzepts und es komme eher zur »Erkenntnisvermeidung« (Reemtsma 1993) denn zu Erkenntnisgewinn. Nimmt man diese Kritik ernst, dann muss man sich folgende Fragen stellen: Wovon könnten wir denn anstelle von Trauma sprechen? Was würde dadurch anders? Was sind Implikationen der Rede vom Trauma und was wären Implikationen möglicher

Alternativen? Warum und wann ist es »attraktiv(er)«, von Trauma zu sprechen?

Diese großen Fragen sind nur kontextabhängig zu beantworten, und niemand würde im Moment wohl ernsthaft eine Alternative zum Traumabegriff vorschlagen wollen. Stattdessen begnüge ich mich damit, im kleinen Maßstab zu untersuchen, was es bedeuten könnte, diese Fragen überhaupt zu stellen. Dazu skizziere ich zunächst einige Überlegungen zur Attraktivität des Traumabegriffs. Dann möchte ich an einem konkreten Beispiel aus dem im engeren Sinne psychologischen Gebrauch von Trauma mit dem Weglassen dieses beliebten Begriffs experimentieren. Ort meines Nachdenkens ist ein kleiner Ausschnitt aus dem weiten Feld des Operierens[1] mit dem Traumabegriff.

Annäherungen an die Attraktivität eines Begriffs

Obwohl »Trauma« für Schreckliches und Grausames steht, verbinde ich mit dem Begriff spontan viel Positives – es drängt sich der Vergleich mit einer Person auf: Der Traumabegriff ist wie ein freundlicher Kollege, dessen Hilfe ich in meinem professionellen Leben immer wieder gerne in Anspruch genommen habe. Als Mitarbeiterin einer feministischen psychosozialen Einrichtung war er in sehr schwierigen Situationen oft wie eine Retter in der Not: Es ist sehr schwer, nichts daran ändern zu können, dass jemand etwas Furchtbares angetan wurde. Aber mit »Trauma« kann ich sofort etwas anbieten. Wenn die Klientin sich vielleicht als »verrückt« erlebt, seltsame Phänomene an sich feststellt, dann kann ich ihr (und manchmal Angehörigen) in einem ersten Schritt bereits durch den Traumabegriff Halt geben. Und mir selbst auch.

In der konkreten Situation ist der Kollege ein Retter. Seine attraktive und faszinierende Seite wird sichtbar, wenn ich abstrakter darüber nachdenke, welche Rolle er im Feld der Psychologie spielt: Trauma stellt eine Nähe zum Gesellschaftlichen her. In gewisser Weise verkörpert der Kollege geradezu eine Schnittstelle zwischen Psychologie und Politik, durch ihn findet das Politische seinen Weg in die Psychologie wie durch kaum jemanden sonst.

Doch das Rettende und das »attraktive Politische« kommen auch zusammen: Der Kollege hat entscheidend dazu beigetragen, Menschenrechtsverletzungen z.B. durch Folter, besser anprangern und damit bekämpfen zu können. Insge-

1 Der Hinweis auf Ambivalenzen erscheint für das gesamte interdisziplinäre Feld des Nachdenkens über Trauma angebracht . In diesem weiten Feld könnte bereits die Prominenz/ das Übergewicht der psychologischen Welterklärung (vgl. Summerfield 1997) selbst als ein ambivalenter Effekt untersucht werden – z.B. als postkolonialen Export »westlicher Welterklärung«.

samt bietet er für viele Opfer von Gewalt eine vorher nicht da gewesene Chance, ihr Leid in anerkannten Begriffen zu artikulieren und dadurch besser gehört zu werden. Nicht zuletzt war es seine Regie, die den systematischen Austausch über therapeutische Erfahrung mit Menschen nach furchtbaren Erlebnissen ermöglichte und so nicht nur Behandlung, sondern auch Beschreibbarkeit verbesserte.

Theoretischer Einschub: Begriff, Konzept, Diskurs?

Nach diesem ersten Gedankenspiel drängt sich die Frage auf, inwiefern die hier formulierten Fortschritte tatsächlich an den Begriff gekoppelt sind. So hängt z.B. die hier als Vorteil hervorgehobene Artikulierbarkeit und Hörbarkeit von Leid (oder besser: von Be-Schädigung) maßgeblich von gesellschaftlichen und historischen Bedingungen und konkreten Interessenslagen (Brunner 2005) ab: Bestimmtes Leid wird unter bestimmten Bedingungen wirkmächtig artikulierbar, eine Feststellung, die uns von der Ebene des Traumabegriffs zur Ebene der Traumadiskurse führt. Der kleine Ausschnitt – die Darstellung der Attraktivität in einem bestimmten Kontext – wäre vom großen Feld also nur künstlich zu trennen. Der Traumabegriff ist »attraktiv« als ein Teil des Traumadiskurses.[2] Ähnliches gilt für den Aspekt der Rettung durch »Trauma« in der angedeuteten Beratungssituation: Gerettet wird die Beraterin subjektiv zunächst durch den Begriff. Dieser kann sie aber nur retten, weil sie bestimmte Konzepte damit verbindet, die sie handlungsfähiger machen. In diesem Sinne liegt zwischen Traumabegriff und Traumadiskurs also noch die Ebene verschiedener Traumakonzepte und deren Implikationen. Auf dieser Ebene wäre dann wiederum zwischen verschiedenen, zum Teil sehr heterogenen Konzepten von Trauma zu unterscheiden. Für das Gedankenspiel mit dem Traumabegriff verwende ich deshalb noch einen weiteren Kunstgriff: Ich ignoriere die Diversität der Konzepte und suggeriere eine gemeinsame »gängige Praxis«, d.h. ich beziehe mich im Folgenden implizit auf eine Vorstellung, die nach meiner Beobachtung im Moment in der psychosozialen Praxis vorherrschend ist.[3]

2 Die hier dargestellten Überlegungen verdanken sich u. a. Diskussionen im Kontext der Vorbereitung der Konferenz »Trauma: Stigma and Distinction« im September 2006, die solche Ambivalenzen auf den verschiedenen Ebenen des Traumadiskurses untersuchen wird (www.trauma-research.net).

3 Ich beziehe mich bewusst nicht auf einzelne Konzepte, sondern auf das, was davon nach meiner Beobachtung im psychosozialen Feld im Allgemeinen angekommen ist. Traumatisierte KlientInnen nutzen wie andere KlientInnen auch als erstes meist so genannte »Regeleinrichtungen« und werden dann im Zuge der Sensibilisierung für Trauma zunehmend an spezialisierte Ambulanzen oder TherapeutInnen weitervermittelt.

Lesarten einer Beratungssituation

Im Folgenden stelle ich zwei Lesarten einer Beratungssituation vor, eine mit und eine »ohne Trauma«. Ich werde dazu etwas ungerecht sein, d.h. eine sanfte Tendenz in der Arbeit mit dem Traumakonzept zuspitzen, um sie einer ebenfalls zugespitzten fantasierten Arbeit ohne das Traumakonzept pointierter gegenüberstellen zu können.

Ich beginne mit der Lesart »ohne Trauma«: Ich stelle mir eine Klientin vor, die mir zurückhaltend und zum Teil nur andeutungsweise schildert, wie ihr zuerst in ihrer Kindheit und später immer wieder Gewalt angetan wurde. Ich höre dieser Geschichte zu, sehe Bilder, versuche mir die Szenarien vorzustellen. Was würde ich denken, fühlen, tun, wenn mir nicht als erstes »Trauma« einfallen würde? Mit Trauma bin ich schnell bei der Klientin und mache mir Sorgen, dass sie beim Erzählen von den Erinnerungen überflutet wird (s.u.). Aber ohne?

Vielleicht würde ich »ohne Trauma« mehr bei der geschilderten Szene bleiben: Ich habe bestimmte Gefühle, Assoziationen, eine Haltung zu dieser Art von Gewalt. Vielleicht würde ich das Wort »Unrecht« denken. Oder das Wort »Verbrechen«. Aus der Alltagssprache kennen wir diese spontane Reaktion: »Das ist ja ein Verbrechen!« Bei der Lesart »ohne Trauma« erinnere ich mich demnach sehr schnell an die Begegnung von zwei Menschen außerhalb eines psychosozialen Settings: Eine erzählt einer anderen von Gewalt und sie würden vielleicht darüber sprechen, wie dieses Unrecht wieder gut zu machen, zu rächen oder zu bestrafen ist. Vielleicht würde die Zuhörerin fragen, was die Erzählerin über Strafe denkt? Wahrscheinlich würde sie sagen, wie sie ein solches Unrecht empfindet (»Das ist doch ein Verbrechen! Eine Sauerei! Eine Grausamkeit! So ein Schwein!«) Innerhalb unseres Settings sind so deutliche Reaktionen eher unüblich. Ich würde mich deshalb wahrscheinlich – auch ohne Traumabegriff – weniger mit meinen Reaktionen auf dieses Unrecht beschäftigen als mit den Reaktionen der Klientin. Auch ohne Trauma weiß ich, dass ich es mit einer komplizierten Mischung aus Gefühlen und Interpretationen zu tun habe, mit denen die Person – das Opfer der Gewalt – auf dieses Unrecht reagieren kann: vielleicht mit Scham, Ekel, Rachewünschen, Wut oder der Angst, dass es wieder passiert. Lenkt Trauma mein Nachfragen in eine bestimmte Richtung? Würde ich ohne Trauma offener danach suchen, wie diese konkrete Person auf das ihr angetane Unrecht reagiert? Vielleicht würde ich beim Sprechen tatsächlich länger beim Konkreten bleiben, wenn so ein abstrakter Begriff wie Trauma fehlen würde. Ich bin nicht sicher. Dennoch würde ich wohl irgendwann – auch ohne Trauma – in dieser Vielfalt komplexer Gefühle nach einem Überbegriff für die weitere Arbeit suchen. Wäre »Schmerz« so ein möglicher Überbegriff? Schmerz lässt sich zwar einerseits wie eine der vielen möglichen Reaktionen – Ekel, Wut, Scham – verstehen, ist aber zugleich unspezifischer. In folgender Aussage lässt er sich analog zu Trauma verwenden: Wie klingt der »Schmerz, den Sie seit diesem Ereignis in sich tragen« im Vergleich zu dem »Trauma, das sie durch dieses Ereignis mit sich tragen«? Wie würde ich über jemand mit einem solchen »Schmerz« denken im Vergleich zu jemand mit einem »Trauma«? Der Schmerz, so meine Assoziation, rückt mir die Person näher und ordnet ihr Leiden in das Kontinuum menschlicher Reaktionsweisen ein. Würde Schmerz zu sehr davon ablenken, dass sich das Leiden dieser Person ja gerade dadurch auszeichnet, dass sie etwas erlebt hat, was die normale Erfahrung von Schlimmem im menschlichen Leben sprengt? Würde ich mit Schmerz zu schnell über das Trennende (siehe oben) hinweggehen, oder mich vielleicht analog zur Extremtraumatisierung mit »extremem Schmerz« aus der Affäre ziehen? Statt des Ungewöhnlichen, Trennenden rückt Schmerz vertrautere Aspekte wie die von Verlust und Trauer in den Vordergrund. Der Begriff würde das Leiden sozusagen weniger »fremd« machen. Als Beraterin, die von Schmerz statt von Trauma spricht, würde ich vielleicht mehr auf den Verlust sehen und das Wissen über Trauerprozesse nutzen (vgl. z. B. Volkan, Zintl 2000).

Wie liest sich die Situation nun explizit »mit dem Trauma«?

Im Vergleich zu den konkreten Gefühlen als Reaktionen auf ein Unrecht markiert der Begriff Trauma sofort die therapeutische Situation. Aus zwei Personen, die über ein Unrecht und ein fruchtbares Leiden sprechen, werden hier viel deutlicher eine Beraterin, die etwas über Trauma weiß, und eine Klientin, die ein Trauma hat. Wenn der Begriff zur Verfügung steht, dann hat ihn die Beraterin sicher sofort im Kopf. Mit der derzeit vorherrschenden Vorstellung von Trauma wäre dann wahrscheinlich auch das Bewusstsein da, dass die Beraterin sehr vorsichtig sein muss. Trauma ist ein bisschen wie ein Warnsignal: Pass auf, was die Klientin tut, wenn sie zuviel von traumatischen Erlebnissen erzählt, könnte sie überflutet werden oder dissoziieren. Der Traumabegriff würde die Aufmerksamkeit zunächst auf die Angst bzw. Sicherheit lenken (vgl. Bourke 2005).

Als Beraterin wäre ich als Erstes damit beschäftigt, dass die Klientin Sicherheit und Stabilität braucht – vor allem anderen. Die Angst würde ich mit dem Traumabegriff interpretieren als Angst der Klientin, dass sich das ursprüngliche Trauma wiederholt. Es ist aber auch die Angst (von Beraterin und Klientin), dass sich die Wucht des ursprünglichen Traumas mit all seinen schlimmen Gefühlen in der Beratungssituation entfaltet. Diesem Kontext verdankt sich wohl die oben formulierte Assoziation, dass der Traumabegriff wie ein »Retter« erscheint, mit dessen Hilfe die Sache in den (Be-) Griff zu bekommen ist. Dazu nun folgende zugespitzte Selbstbeobachtung: Aus den vielen Gefühlen, den ekligen Details, den Rachefantasien, Aggression, dem Gefühl der Bedrohung, Ohnmacht, Wut, Schmerz schnüre ich so schnell wie möglich ein »Gesamtpaket«. Darauf schreibe ich dann das schöne saubere, sehr neutrale und wissenschaftliche Fremdwort »Trauma«. Ich gebe es in dieser Form der Klientin zurück, in der Hoffnung oder mit dem Hinweis, dass sie es bitte geschlossen lassen soll. Man könnte das auch Psychoedukation nennen. Ich fange an zu erklären, dass das, was sie da erlebt, typisch sei für ein Trauma. Ich erarbeite mit ihr, wie sie »Intrusionssymptome« reduzieren kann, wie sie mithin Kontrolle über sich wiedergewinnen kann. Das Trauma, das Geschehen, wird zu etwas Dritten außerhalb von uns, an dessen Handhabung wir gemeinsam arbeiten.[4]

Zusammenfassend kann man im Vergleich der beiden Lesarten sagen, dass der Begriff »Trauma« eine Distanz zum Geschehen herstellt, es fremder und abstrakter macht, während Schmerz sich konkreter auf das Geschehen bezieht und es damit der Zuhörerin näher rückt.

Da Schmerz auf eine Ursache verweist, lässt uns diese Lesart neugierig weiterfragen: Was ist der Grund für Ihren Schmerz? Bei Trauma dagegen sind wir eher weniger neugierig – wir wissen schon, »was das ist«. Pointiert kann man sagen: Schmerz öffnet, Trauma schließt – zumindest in diesem Experiment.

Abschließenden Überlegungen

Auch wenn es angesichts der positiv konnotierten Beschreibungen (»vertraut«, »nahe«, »öffnend«) auf den ersten Blick so scheint, lässt sich aus der Beobachtung nicht einfach die Aufforderung ableiten, dass Trauma hier durch Schmerz ersetzt werden sollte. Wann ein »öffnender« Begriff besser ist

4 An dieser Stelle ist – wie oben – der Einwand berechtigt, dass das Denken und Handeln der Beraterin in der dargestellten Beobachtung sehr von aktuellen Konzepten zur Traumaarbeit inspiriert ist (exemplarisch Reddemann/ Sachsse 1997). Es sind Konzept und Begriff gemeinsam, die die Gedanken der Beraterin in diese Richtung lenken; sie spielen hier besonders gut zusammen.

als ein »schließender«, wann Nähe zum Geschehen besser ist als Distanz, ob Konkretion der Abstraktion vorzuziehen ist – all das lässt sich streng genommen nur für einzelne Situationen entscheiden.[5] Dennoch will ich angesichts meiner (Selbst-) Beobachtung hier dafür plädieren, sich in der Beratung immer wieder vom Begriff Trauma und damit von der Illusion zu distanzieren, man wüsste schon, »was das ist«.

Mit dieser Formulierung spiele ich darauf an, dass die dargestellte Beobachtung auch einen »essentialistischen« Gebrauch des Traumabegriffs illustriert. Wieder ist der Begriff nicht die Ursache für seinen Gebrauch, am Beispiel wird aber deutlich, wie gut er sich eignet, eine solche »Essenz« zu suggerieren. Ich komme gleich darauf zurück.

Nutzt man das Ergebnis der Beobachtung über den konkreten Kontext hinaus, dann lassen sich die eingangs gestellten kritischen Fragen an den Traumabegriff nun anders formulieren: Wann ist ein Begriff sinnvoll, der eher abschließt und Distanz schafft? Wann will man auf fundiertes Wissen verweisen? Wann will man konkret sein, wann abstrakt bleiben? Und an die letzte Überlegung anknüpfend: Was sind die Vorteile eines essentialistischen Traumabegriffs und was sind seine Nachteile?

Hier kann die Analogie zu anderen Essentialismen lehrreich sein. So lassen sich im politischen Kampf um Anerkennung kultureller Differenzen manche Interessen derzeit nur im Rekurs auf essentialistische Konzepte durchsetzen (vgl. Benhabib 1999). Umgekehrt werden sich die gleichen Akteure in anderen Kontexten vehement gegen feste und oft implizit rassistische Zuschreibungen einer kulturellen »Essenz« wehren. Die postkoloniale Theoretikerin Gayatri Spivak plädiert als Ausweg aus diesem Dilemma für einen »strategischen Essentialismus«: Gerade weil sie um die Nachteile einer essentialistischen Konstruktion weiß, kann sie sie in manchen Kontexten gezielt einsetzen (Spivak 1984).

Kann etwas Ähnliches auch für den Traumabegriff gelten? Ich sah mich im vorliegenden Text jedenfalls einem verwandten Dilemma ausgesetzt: Ich kritisiere einen Begriff, auf den ich nicht verzichten will, obwohl ich doch ständig von seinen Nachteilen spreche. Die Konstruktion »strategischer Essentialismus« weist darauf hin, dass dieses Vorgehen angesichts komplexer Realitäten womöglich angemessener ist als jede vermeintliche Eindeutigkeit.

5 In der Beratung kann es je nachdem ja gerade darum gehen, gezielt Distanz zum Geschehen herzustellen, um so eine Stabilisierung zu erreichen. (vgl. Reddemann, Sachsse 1997, Butollo, Hagl, Krüssmann 2003)

Trauma steht ohne Zweifel für eine solche sehr komplexe Realität. Analog zum »strategischen Essentialismus« möchte ich meine Überlegungen deshalb mit dem Plädoyer beenden, die Ambivalenzen des Trauma- Begriffs als dessen selbstverständliche Begleiter zu betrachten, die uns zu differenzierter Auseinandersetzung und weiteren Gedankenspielen einladen.

Literatur

Becker, D. (2001): Trauma, Traumabehandlung, Traumageschäft. In: Moser, C., Nyfeler, D., Verwey, M. (Hg.): Traumatisierung von Flüchtlingen und Asyl Suchenden. Zürich (Seismo).

Benhabib, S. (1999): Kulturelle Vielfalt und demokratische Gleichheit. Frankfurt am Main (Fischer).

Bourke, J. (2005): Fear. A Cultural History. London (Virago).

Butollo, W., Krüssmann, M., Hagl, M. (2003): Trauma, Selbst und Therapie. Konzepte und Kontroversen in der Psychotraumatologie. Huber (Bern).

Brunner, J. (2005): Trauma, Ideologie und Erinnerung im jüdischen Staat. Zur Politik der Verletzbarkeit in der israelischen Fachliteratur. Psyche, 59, Beiheft , S. 91–105.

Eitinger, L. (1980): The Concentration Camp Syndrome and its Late Sequelae. In: Dimsdale, J.E. (Hg.): Survivors, Victims and Perpetrators. New York, S. 127–162.

Felman, S. , Laub, D., (1997): Testimony. Crises of Witnessing in Literature, Psychoanalysis and History. New York.

Kühner, A. (2003): Kollektive Traumata – Annahmen, Argumente, Konzepte. Eine Bestandsaufnahme nach dem 11. September. Berghof Report Nr. 9, Berlin. (Berghof Forschungszentrum für konstruktive Konfliktbearbeitung) (URL: http://www. berghof-center.org/publications/reports/preview/br9do.pdf, 22.08.2005).

Kühner, A. (2004): »Kollektive Traumata – Annäherungen an eine sozialpsychologische Diagnose mit Blick auf den 11. September«. Journal für Konflikt- und Gewaltforschung, 1, S. 97–120.

Lamott, F. (2003): Das Trauma als symbolisches Kapital. Zu Risiken und Nebenwirkungen des Trauma-Diskurses. psychosozial, 26/ 91, S. 53–62.

Reddemann, L., Sachsse, U., (1997a): Stabilisierung. Persönlichkeitsstörungen, 3, S. 113–147.

Reddemann, L., Sachsse, U. (1997b): Traumazentrierte Psychotherapie I (Stabilisierungsphase). Persönlichkeitsstörungen, 1, S. 97–140.

Reemtsma, J. P. (1993): Trauma. Mittelweg 2/3, S. 41–43.

Reemtsma, J. P. (1996): Historische Traumen. Mittelweg 5/2, S. 8–12.

Reemtsma, J.P. (1999): »Trauma« – Aspekte der ambivalenten Karriere eines Begriffs. Persönlichkeitsstörungen, 3, 4, S. 207–215.

Spivak, G. (1984): ›Criticism, feminism and the institution‹ interview with Eisabeth Gross, Thesis Eleven 10/11, S. 175–184.

Summerfield, D. (1997): Das Hilfsbusiness mit dem Trauma. In: medico international (Hg.): Schnelle Eingreiftruppe »Seele«. Frankfurt am Main.

Volkan, V., Zintl, E. (2000): Wege der Trauer: Leben mit Tod und Verlust. Gießen (Psychosozial-Verlag).

Autoren

Rudolf Bluhm, M.A., Düsseldorf. Arbeitsschwerpunkte: Systematische Sozialphilosophie,Analysen zu Knappheit, Macht und Moral. Zurzeit Arbeit an einer Phänomenologie von Schmerz.

Reinhold Görling, Prof. Dr. phil., Professor für Medienwissenschaft in kulturwissenschaftlicher Orientierung, Medien- und Kulturwissenschaft, Heinrich-Heine-Universität Düsseldorf. Arbeitsschwerpunkte: Medienkulturanalyse, Medientheorie, Allgemeine und Vergleichende Literaturwissenschaft. Ausgewählte Publikationen: Heterotopia. Literaturen einer interkulturellen Literaturwissenschaft, München 1997 (Fink); Kulturelle Topografien. (Herausg. zus. mit V. Borsó), Stuttgart 2004 (Metzler).

Christian Grüny studierte Philosophie und Linguistik in Bochum, Prag und Berlin, Promotion 2003 in Bochum, lehrt seit 2001 an der Universität Witten/Herdecke.

Rudolf Heinz, Prof. Dr. phil., Universitätsprofessor i. R. für Philosophie an der Heinrich-Heine-Universität Düsseldorf; psychoanalytische Ausbildung, psychiatrische Tätigkeit; Konzeption der psychoanalyse-kritischen Pathognostik; 1. Vorsitzender von Psychoanalyse und Philosophie e.V.; Vorstandsmitglied der Akademie für Psychoanalyse und Psychosomatik Düsseldorf e.V.; Gastwissenschaftler an der Klinik für Psychosomatische Medizin und Psychotherapie der Heinrich-Heine-Universität Düsseldorf. Ausgewählte Publikationen: Pathognostische Studien, Band I–IX, Essen 1986–2005 (Blaue Eule).

André Karger, Psychoanalytiker, Facharzt für Psychiatrie und Psychotherapie und Psychotherapeutische Medizin, wissenschaftlicher Mitarbeiter an der Klinik für Psychosomatische Medizin und Psychotherapie der Heinrich-Heine-Universität Düsseldorf, Vorstandsmitglied von Psychoanalyse und Philosophie e.V. Arbeitsschwerpunkte: Kulturtheorie der Psychoanalyse, Trauma. Ausgewählte Publikationen: Gewalt und Globalisierung. (Herausg. zus. mit C. Weismüller), Düsseldorf 2004 (Peras).

Bernd Klose, Dr. med., Psychiater und Facharzt für Psychotherapeutische Medizin, Psychoanalytiker (DGPT, DPG) in freier Praxis, Vorstandsmitglied im Institut für Psychoanalyse und Psychotherapie e.V. sowie in der Akademie für Psychoanalyse und Psychosomatik e.V. Arbeitsschwerpunkte: Transgenerationelle Traumadynamik, Psychodynamik schwerer psychischer Störungen (Psychosen, Suizidalität).

Olaf Knellessen, Dr. phil., Studium der Psychologie in Tübingen und Salzburg, Teilnehmer des Psychoanalytischen Seminars Zürich (PSZ) und Psychoanalytiker in eigener Praxis in Zürich. Verschiedene Publikationen zu Theorie und Praxis der Psychoanalyse.

*Angela Kühne*r, Dipl. Psych., wissenschaftliche Mitarbeiterin der Ludwig-Maximilians-Universität München (Department Psychologie, Reflexive Sozialpsychologie), 2000–2004 in der Sozialpsychiatrie tätig, z. Zt. nebenberuflich interkulturelle Fachberatung für das Frauentherapiezentrum München e.V.. Arbeitsschwerpunkte: Trauma aus Sicht der Sozialpsychologie, macht- und kultursensible psychosoziale Arbeit, Migration, Differenz. Aktuelle Publikationen: Kollektive Traumata – Annahmen, Argumente, Konzepte. Eine Bestandsaufnahme nach dem 11.September. Berghof Report Nr. 9, Berlin 2003. (Berghof Forschungszentrum für konstruktive Konfliktbearbeitung (URL: http://www.berghof-center.org/publications/reports/preview/br9do.pdf, 22.08.2005).

Bernd Nitzschke, Dr. phil., Dipl.-Psych., Psychologischer Psychotherapeut, Psychoanalytiker (DGPT) in eigener Praxis in Düsseldorf; Lehranalytiker, Supervisor und Dozent am Institut für Psychoanalyse und Psychotherapie Düsseldorf sowie am Institut für psychotherapeutische Forschung, Methodenentwicklung und Weiterbildung an der Universität Köln. Veröffentlichungen u. a. zur Geschichte der Psychoanalyse, darunter: Der eigene und der fremde Körper. Bruchstücke einer psychoanalytischen Gefühls- und Beziehungstheorie, Tübingen 1985 (enthält ein ausführliches Kapitel zum Fall Schreber).

Hajo Schmidt, apl. Prof., Dr., wissenschaftlicher Direktor des Instituts für Frieden und Demokratie der Fern-Universität Hagen, apl. Prof. für Philosophie der Fern-Universität Hagen, Mitglied der Core Faculty des European University Center for Peace Studies der UNESCO in Schlaining/Österreich, Leitung der Arbeitsgemeinschaft Friedenswissenschaft in NRW (LAG) (Hagen).

Christoph Weismüller, Dr. phil., ist Privatdozent am Philosophischen Institut der Heinrich-Heine-Universität Düsseldorf, Leiter des Instituts für philosophische Beratung und Pathognostik in Düsseldorf, ständiger Lehrbeauftragter an der Fachhochschule Düsseldorf, Dozent und zweiter Vorsitzender von Psychoanalyse und Philosophie e. V., Dozent in der Erwachsenenbildung in den Fachbereichen Psychologie sowie Musik, sowie Leiter der Zeitschriftenredaktion Psychoanalyse und Philosophie sowie des Peras Verlags. Zahlreiche Veröffentlichungen zu Pathognostik, Richard Wagner, Jean-Paul Sartre.

Hans-Jürgen Wirth, apl. Prof., Dr., Dipl.-Psych., Psychologischer Psychotherapeut, arbeitet als Psychoanalytiker in eigener Praxis in Gießen und als Professor an der Universität Bremen. Er ist Verleger des Psychosozial-Verlages. Ausgewählte Publikationen: Narzissmus und Macht. Zur Psychoanalyse seelischer Störungen in der Politik. Gießen 2002 (Psychosozial-Verlag). Der 11. September. Psychoanalytische, psychosoziale und psychohistorische Analysen zu Trauma und Terror. (Herausg. zus. mit Thomas Auchter u. a.), Gießen 2003 (Psychosozial-Verlag).

2004 · 140 Seiten · Broschur
EUR (D) 19,90 · SFr 34,90
ISBN 3-89806-201-5

In den Diskussionen um die Frage nach Ursachen und Folgen gesellschaftlicher Gewalt hat der Begriff des kollektiven Traumas zunehmend an Bedeutung gewonnen. Unter diesem Begriff werden Reaktionsmuster auf massenhafte Gewalt, einschließlich deren Langzeitwirkungen, verstanden.

Analog dem Verständnis des individuellen Traumas, ist die Annahme solcher spezifischen Reaktionstypen von Kollektiven und Kulturen auf extreme Gewalterfahrung intuitiv durchaus plausibel. Jedoch fehlen bisher angemessene Konzeptualisierungen dazu. Dieser Band stellt eine erste interdisziplinäre Annäherung dar.

Mit Beiträgen von: André Karger, Rudolf Heinz, Reinhold Görling, Bernd Klose, Hans-Jürgen Wirth, Hajo Schmidt

---

PSV
Psychosozial-Verlag

2004 · 251 Seiten · Broschur
EUR (D) 19,90 · SFr 34,90
ISBN 3-89806-933-8
Übersetzt von Karl-Udo Bigott
Mit einem Nachwort von Hans-Jürgen Wirth und 14 Fotografien von Raymond Depardon

Es geschah 1994, zwischen Montag, dem 11. April, 11 Uhr, und Samstag, dem 14. Mai, 14 Uhr: Rund 50.000 der etwa 59.000 Menschen zählenden Tutsi-Bevölkerung wurden auf den Hügeln der Gemeinde Nyamata in Ruanda mit der Machete abgeschlachtet – von Milizleuten und ihren Hutu-Nachbarn, tagtäglich von 9.30 bis 16 Uhr. Das ist der Ausgangspunkt dieses Buches.

Einige Tage zuvor, am 6. April 1994, war das Flugzeug des Präsidenten der Republik beim Landeanflug auf die Hauptstadt explodiert. Dieses Attentat hat die vorbereitete Ermordung der Tutsi-Bevölkerung ausgelöst: Sie beginnt in der Hauptstadt und dehnt sich dann auf das ganze Land aus. In Nyamata, einem Marktflecken in Bugesera, dem Land der Hügel und Sümpfe, beginnt das Morden vier Tage später. Nur wenige Tutsis überleben die Massaker.

Der Journalist Jean Hatzfeld hat Nyamata besucht und vorsichtig das Vertrauen einiger Überlebender gewonnen. Sie brechen ihm gegenüber ihr Schweigen und erzählen in einfacher fast poetischer Sprache, was ihnen widerfahren ist.

Diese Berichte von Kindern, Frauen und Männern sind ergreifend und erreichen mit ihrer authentischen Kraft eine allgemeingültige Dimension.

Jeder, der diese Berichte gelesen hat, wird sie nicht mehr vergessen.

Ausgezeichnet mit dem Preis »France Culture 2000« und dem »Prix Pierre Mille«.

www.ingramcontent.com/pod-product-compliance
Ingram Content Group UK Ltd.
Pitfield, Milton Keynes, MK11 3LW, UK
UKHW040025200726
13854UKWH00001B/365

9 783898 064859